思想 REFLEXION 17

死刑：倫理與法理

目次

死刑：倫理與法理

死刑存廢：政治思想與哲學的省思

國家做為「生命共同體」或「命運共同體」是國人耳熟能詳的觀念，但是其中蘊含著現代國家、暴力與死亡的主題，恐怕是主張者未曾意識到的思想基礎。

從四個城邦的隱喻談死刑存廢

我想要讓這個國家的「子民」變成「公民」。如果有死刑，我要讓現在台灣社會以「子民」為思維方式主導的死刑，轉變成以「公民」為思維方式主導的死刑。

毒藥與十字架

死刑的制度與執行，大體上「象徵」的作用比較大，絕大多數公民在心理上認為死刑的存在與執行，象徵了正義的存在與實現。

從憲法的比例原則思考死刑問題

本文主要提出幾個論點，都以憲法的比例原則作為衡量的標尺。比例原則清楚、明確、毫不含糊，直如熊熊火炬，高高擎起，便照亮遠路。

對廢除死刑的六個困惑

在以哲學分析深入地重建廢除死刑論的理由之後，我仍然保有六個困惑。我希望廢除死刑論者可以解答我的困惑，從而提出更好的理由：為什麼應該廢除死刑？

世界能從台灣學到什麼？*：

郝 瑞

何姿瑩，陳瑋鴻 譯

——從專制到民主；從奇蹟到焦慮；從中國到世界；從美麗島到垃圾島，又或者可能再度返回……[1]

當我受邀擔任北美台灣研究學會的主題演講者時，我便決定聚焦在「台灣的重要性」此一較爲廣泛的題目，以及研究臺灣之所以具有的意義；當然，談到台灣研究的重要性，顯然是因爲我們能藉此學習到什麼。所以，我決定把我的演講題目稱作「世界能從台灣學到什麼？」

此篇文章改寫自本人在北美台灣研究學會（The North American Taiwan Studies Association（NATSA））2006年7月於美國加州聖塔克魯茲舉辦的年會中所發表之主題演講。原本的講稿是針對一群大多是台灣出身、熟諳英文的聽眾而寫，如今幾經增刪，提供給更爲廣泛的一般台灣讀者，並且根據自2006年以來的諸多情勢更迭予以修訂。此篇文章爲何姿瑩和陳瑋鴻所翻譯，經陳瑋鴻修訂，作者業已檢閱並認可此篇譯稿。

1　Ilha Formosa在此翻譯成美麗島，考量點有二，一是「美麗島」一詞的本土使用脈絡清晰，二則是另外常用的譯名「福爾摩沙」較具觀光色彩，且該詞的歷史脈絡帶有殖民色彩。

　　事實上，我的確相信這個世界可以從台灣學習到許多全世界各地思想周慮的人們首要關心的議題，例如關於專制和民主、關於繁榮及其不滿的原因、關於民族、族群和階級認同的變化莫測，以及關於環境上的挑戰(畢竟在這個過於狹小的星球上住著太多人了)。同時，由於我認為台灣的前車之鑑是各地的人們都應該要知道的，我也想藉此挑戰台灣的學者們，希望他們[2]可以將這些議題的訊息一一傳達出去，向全世界說明這座島和它所帶來的啟發——不論正面或負面、激勵人心或提供警告—對世界各地的意義。在此，我想要探討最近25年來台灣的四種轉型，說明這些教訓是什麼，它們又構成了什麼樣的挑戰。這四種轉型即是：從專制到民主、從奇蹟到焦慮、從中國到世界、以及從垃圾島(如果幸運的話)返回，再次當得起「美麗島」(Ilha Formosa)的美名。

一、從專制到民主

　　在過去20年，台灣第一項重大的轉型，即是從戒嚴時期那井然有序卻殘酷的一黨獨大專制政體，轉型為混亂但卻如同各地其他國家之民主政體一樣保障公民權的政治型態。世界各國可以從這第一項轉型，亦即政治轉型中，學到什麼呢？

　　第一件可以學到的事情是，這樣一種轉型即使沒有美國的協助，也可能和平地發生。1987-1991年，是整個世界政治體系的關鍵

2　台灣女性主義者自己做過一次小型而並不具完備代表性的投票，多數人認為「他／她們」是they比較好的翻譯，但其中有一位認為直接用「她們」，另一位則認為「他們」即可。這背後的立場位置各不相同，經過考慮，暫且於此使用慣常的「他們」來表達不具性別的 they。

時刻；這段時間是戰後時期或說冷戰時期的尾端，許多國家皆經歷
了大規模的體制變化和重新洗牌。這些政治上的轉型形式不一，就
經歷轉變的國家內部的過程而言固然如此，就那些國家與世界強權
的關係來說也是一樣。然而，我將指出，台灣的模式是一種內部與
外部過程的獨特結合。基於這個理由，我認為台灣的政治轉型是最
成功的例子之一。台灣的政治轉型是和平的，並且毫無美國的協助
（美國甚至有所抗拒），因而顯得相當特別。如果我們比較台灣和其
他國家的轉型，我們就可以明白它為何特殊。

最糟糕的政治轉型，非南斯拉夫和高加索地區莫屬。在那裏，
當意識型態上多民族的共產政權退卻時，肆無忌憚的民族主義領導
者，挑動原先沈睡中的種族民族主義的情緒，引發了血腥的戰爭。
如今巴爾幹半島的戰火似乎停息了，但在高加索地區卻悲劇地持續
著。在高加索地區，分離主義運動即使不是美國直接資助，至少也
受到了美國的鼓勵，延續過去冷戰政策的一環。而在南邊的斯拉夫
地區，直到1990年代末展開干預之前，美國長期袖手旁觀，場面話
說了不少，卻僅暗中選邊，實際毫無行動。

稍微好一點的情況，也許是俄羅斯的政治轉型——曾經出現暴
力，但範圍有限也有所節制，腐敗和朋黨政治一度成為主流；如今
俄國已經演變為半穩定的新威權主義，原本支持該威權政府的美
國，雖然憂心忡忡，卻只能無奈地保持合作。

再更好一點的是東歐國家和歐洲的前蘇聯共和國。美國積極鼓
勵它們民主化，結果殊異，但大體來說成就了奠基於全民普選的穩
定政權，可惜極權主義仍有可能死灰復燃，有時候甚至激發如2004
年烏克蘭所發生的群眾革命活動。

在此之列，台灣實在是鶴立雞群，因為它的政治轉型是原先的
威權政體自己發動的——雖然我仍不認為任何人知道為什麼蔣經國

在臨終前決定要悔改其列寧主義；因爲台灣的轉型沒有暴力事件；
也因爲先前的威權政體和美國的關係友好，不像俄國、東歐和高加
索區處於對立，所以美國不曾鼓勵或提倡台灣的民主化。台灣的民
主化並非因爲美國的關係，而是儘管有個美國，它還是走向了民主。
這個世界可以從台灣得知，本土培育的民主化是可以成功的。我認
爲，民主轉型的過程直到2008年才完成。阿扁的第一次當選，結束
了一個列寧式政黨70年以上的統治(儘管到那時一般公認已無列寧
式政黨之實)。非常有趣的是，同一年在墨西哥發生了一樣的事，文
森福克斯當選總統，也結束了當地革命建制黨的統治。但直到馬英
九的當選證明了選票不僅可以將執政黨轉爲在野黨，也可以讓在野
黨再次重返執政，民主的制度才算確立。

　　全世界可以從台灣的民主轉型中學到的第二件事是，儘管所有
政治經濟學、階級、國際關係等等各方面的理論都不願意用個人來
說明歷史事件，但個別的「偉人」(不幸偉人多數仍是男的)其實可
以改變歷史。我指的是李登輝。我認爲，大家還遠遠沒有認識到，
在遠見、手腕和寬恕這些方面，20世紀末的政治人物中間，李登輝
堪稱翹楚。可以跟他相提並論的政治領袖，我只想到南非的曼德拉。
他們兩人都接管一個原是威權的政府，兩人都出身於當地不具權
力、卻爲多數主流的族群，兩人皆巧妙地結合了議會立法和幕後的
政治交易，讓原先的統治者挪離權位，在他們退出後並不挾怨報復。
兩人也都成立了委員會來調查並紀念各自國家政治壓迫的黑暗往
事，並且兩人也都按任期卸任，爲繼任者維繫了民主過程以及執政
的機會。即使李登輝所領導的是一個腐敗的政權，並且和台灣每個
重要的黑道都有連繫——這我猜想他有；即使如培瑞・安德森說的，
除了自己，他出賣了每一個人——這些和他所完成的和平轉移相
比，都微不足道。畢竟，曼德拉也從沒懺悔過他曾經是個恐怖分子。

　　這世界可以從台灣轉型到民主的過程學到的第三件事，是民主可以顯得混亂但照舊運作。許多人——大多數是台灣人或中國人——批評台灣的民主不道地。貪污、買票和賄選的情況猖獗，投票的時候，許多人考慮的是候選人給了我什麼特殊照顧，而非思想觀念或自由選擇。立法院裡，各個政黨縱橫捭闔，不講原則，只顧私利（台灣立法院的黨際分野比較像是一團犬牙交錯的模糊線條，而非一條明確的界線），還不忘上演拳打腳踢和豬血噴灑的對抗。這些景觀，令許多台灣的知識分子，或許也包括一些現在正在閱讀此篇文章的讀者，感到相當尷尬和難為情。

　　然而，我作為一個美國人，在參議院禮節和豆子湯[3]等古老傳統的表面下，實際觀察美國民主體制的內在運作後，就會發現投票率較台灣來說低得多；在選舉獻金的形式下，賄選買票更加大規模；政見訴求只剩下一個最小公約數：不計顏面的軍事愛國主義；執政黨視需要重劃選區，結果多數議員的席次幾乎不可能翻盤；而當今的反對黨滿腦子想的都是搗蛋與民粹。這時候，我開始為台灣真正的民主喝采，在那裏，人們會走上街頭，百分之七十或八十的人投票，政黨激烈競奪席次，翻盤是常事，政黨之間的合縱連橫以極不可思議的方式進行著。我認為，真實世界中民主所能達到的最高境界，也不過就是如此吧。

　　我要談的第四項教訓，對象是那些主張文明衝突論、亞洲文化論、或某些版本的儒家文明論的擁護者。必須指出，在台灣演化出來的這套即使不完美、但卻十分道地的民主制度，是出現在亞洲的土壤上，是由一群主要繼承中國文明的人民所鑄造的。李光耀之類的人聲稱，「西方式民主」對東方文化來說一點都不適用；至於中

3　美國眾議院和參議院的附設自助餐廳（cafeteria）皆提供豆子湯。

國共產黨則有好幾種藉口，包括跟李光耀類似的文化理由，以及跟從前的國民黨「訓政」論同調的「人民尙未成熟論」；對他們這些說法，台灣的民主回答說：「抱歉，可是我們已經幹了。」持平而論，臺灣在亞洲當然並不是特例，南韓也已經在同一個時期經歷了類似台灣的政治轉型——但台灣的確有其獨特的意義，因爲這場民主進程，竟然發生在一個講中文、以漢人爲多數族群的地區，從而中共感到威脅；不單是因爲台灣的自主，更是因爲台灣樹立了良好典範。台灣一舉顛覆了「西方式民主」這個說法。台灣的民主有什麼地方是「西式」的？所謂民主恰恰好與一個被叫做西方的東西連爲一氣，台灣和南韓——當然也包含更早的典範例如日本和印度——已經打破了這個想法。

　　第五、也是最後一項我認爲全世界可以從台灣的民主進程中學習到的就是，一個國家(country)——我用這個詞自有考慮，指的是一個由台灣、澎湖和其他一些離島等組成的疆域——可以由一套憲政民主來統治，即使在其政治與知識菁英之間、在人民之間，對於這套民主制度代表的究竟是誰——哪個民族——並沒有共識。

　　這似乎有點奇特。但眾多的研究都確認，台灣人對於自己屬於什麼民族，歧見很深。有一些人說他們是台灣人也是中國人，有些說他們是台灣人不是中國人，還有一批人數日減但仍不可忽視的人們，則認爲他們是中國人。有一些人主張最終的理想狀態是台灣與中國統一；另外的人則認定最後的理想狀態應該是台灣獨立成一個主權國家；還有許多人拒絕回答，只說偏好「維持現況」，儘管每一個人都知道，這個「現況」理論上無法永久維持，但卻似乎都同意現況可以、而且應該無限期地維繫下去。國家主權、主體性、文化和傳承都是聚訟紛紜的話題；不少人的投票至少有一部分是基於這些議題；爲了與中國的關係，人們可以結盟也可以反目，但自從

1990年代初期到中期，老將軍和老民代退休之後，至今沒有發生過憲政危機。民族主義的遊戲，是在台灣的政治規則之下玩的。這值得大書特書、刮目相看。很多其他年輕的民主政體，都可以做為借鏡。但是這點，也引導我們開始深思下面一種轉型；這個轉型雖然不值得如此慶頌，但仍帶給我們可貴的教訓。

二、從奇蹟到焦慮

　　政治轉型和先行的經濟發展——眾所周知的「台灣奇蹟」——並沒有同時為台灣人民帶來滿足或安全感，反而比較像是走向了長期的全國焦慮狀態和全島的自卑情結。換句話說，不僅金錢，連同民主都無法買到幸福。為什麼呢？更確切地問，為什麼一個富足、民主的國家如台灣仍然如此焦慮不安？檢視這個問題，世界或許將可從台灣身上學到更多教訓。我將觀察台灣全國焦慮症的三種病徵。

　　第一種病徵是恐懼經濟正在落後於人。自從1989年，每次我造訪台灣（我想大約有10次），從接機的人、計程車司機或者是寄宿的友人口中，我最常聽到的事情之一，是類似「台灣現在不行了」這樣的話，意思不是說現在台灣整體上有什麼問題，而是經濟正在走下坡。人才流失、資金外移、股市泡沫化、一兩次的貨幣危機、勞工短缺和引入外籍勞工的必要性、中國崛起的威脅、亞洲型流感、經濟的去產業化、無法夠快地轉型為高科技產業、在此起彼落的產業中失去競爭力、製造業外移的必要性、越來越仰賴在中國的投資……這份清單還可以一直往下列。不過台灣的人們生活仍相當寬裕，一般家庭都有一輛汽車、兩到三台機車、配備網路的電腦、數支手機、不可或缺的空調和許許多多連我們這些阿斗仔都完全沒見過的廚房器具。人們出國度假，經常在外面的餐廳享用大餐，將小

孩送去美國的研究所念書，當我們發給一名台灣學生入學許可時，入學委員甚至不必擔憂這位學生第一年的經濟資助，即便如此……台灣人仍然焦慮。

就像是在任何社會，確實有某些客觀原因引發經濟的焦慮感。例如全球彈性累積的資本主義是不可預測的，能源價格高居不下，而台灣國內只有少量的能源生產，並且高度依賴中國作為製造業平台、國內產品銷售的市場，以及甚至是──至少在私底下──廉價勞工的來源。又例如競爭乃是永遠都存在的。但是客觀而言，台灣家戶仍然是富裕且穩定，收入的貧富差距也還算低。那麼為什麼仍有經濟上的焦慮呢？對此我並沒有確切的答案，不過我還是想為世界提出一項啟發，那就是：快速的發展、繁榮和巨大的外匯順差都不足以為一個國家帶來經濟上的安全感，特別是如果它長久以來在政治上都懷著不安全感。

第二種病徵則是「無法成為美國」的焦慮感。我從兩個案例的分析展開討論，都是我研究生的報告：一篇是討論台灣的精神科醫生，另一篇處理的是關於烏克蘭新娘。

周仁宇在比較台灣和華盛頓州精神專科醫院的討論中，敘述他首度參訪州西醫院，也就是華盛頓州最大的公立精神科醫院的經驗：

我們前往的單位是州政府社會健康部（DSHS）稱道的「尖端司法精神醫學中心」。它的正式名稱是「司法精神醫學中心」（Center for Forensic Services（CFS）），是一棟在我參訪前幾個月的2002年4月剛完工、有嚴密保全的大樓。然而在參訪行程的尾聲，當導覽人員問我的感想時，我無法告訴他我對這趟拜訪的感覺。我大概是讚揚了這棟大樓的設計和園區的美麗，而當我這麼說時我確實是真心的。但當時我無法表達我真正的感覺，

因為那同時交雜著既熟悉又陌生、既清晰又模糊，還或許有點既吃驚又令人欣慰的感受。從我抵達醫學中心的第一刻起，我腦海中不斷浮現台北市立療養院[4]的景象。一些很熟悉卻又隱藏起來的東西被喚醒了。我告訴我自己：「這就是我們（台灣人）一直以來所追求的」

1997年，台灣精神醫學會的培訓委員會發出一份調查，給所有國內精神科住院醫師訓練機構的主任們，要求他們提供一份各自訓練課程必讀的書目。委員會隨後彙整了所有的回覆，並且提出了一份建議閱讀書單。244本的推薦書中，台灣人寫的不到十分之一。此外，那些國內出版的書，大部分是完全自英語編輯翻譯的文章。至於在司法精神醫學（forensic psychiatry）領域裡的七本建議書籍中，有六本是英語教科書。唯一用中文寫的，是一本台大精神科臨床案例報告的合集。

雖然司法精神醫學在台灣尚未真正成為精神醫學和法學共同關注的主題，但這項學科出現時（不是作為一般性的用途，例如開庭作證或性犯罪者，就是特別的案例，比如引發全國關注罪大惡極的虐童案）英語教科書的引導功能，就如同燈塔般指引著精神科醫師抵達港口。這或許有後殖民的因素在作祟，但後殖民的成分何自？是因為用美國的理論強加套用在台灣現實上，還是台灣的現代化使得美國的理論和當前情境息息相關？

換言之，即便是一名深綠、高度專業、快拿到他第二個博士學

---

4 現更名為台北市立聯合醫院松德院區。

位、並對美國實際生活有著廣泛經驗和眾多批評的人，仍然會對台灣能否符合美國的標準感到焦慮，而且不論好壞，認定現在的美國就是台灣的未來。

第二個案例中，曾薰慧探討為什麼儘管費用極昂貴且成功率低，一些身份地位向上爬升的台灣男人，仍然試圖從烏克蘭娶回新娘。譬如說，那些從越南娶回新娘的男人，比較害怕台灣的現代女性，而且尋找的是「乖」、勤勞、照顧好婆婆，也不過問太多的太太；但是試圖娶烏克蘭或其他東歐新娘的男人卻不一樣，他們追求的是光彩、階級地位、受尊敬，而如曾薰慧所闡釋的，這些東西常與美國聯想在一起：

> 然而，烏克蘭新娘的案例，必須考量東西方的動態關係：「白皮膚」在東方是如何廣泛被錯認為「西方化」、「美國化」和「現代化」的象徵。此迷思讓仲介生意在市場上能持續存在，其運作邏輯可概述為：所有烏克蘭人都是金髮白皮膚，而所有白人皆來自美國，美國又是一個現代化的完美典範，而現代化是值得嚮往的，因此烏克蘭女人也值得擁有。在此意識下，被商品化的不是這些白種女人的家務勞動，而是她們的「身為白人」。

很清楚地，對美國的著迷已經瀰漫成一種全國性的焦慮感。美國是如此重要，以致於連批判美國生活方式的台灣人，都得擔心無法與之相比，而男人甚至願意千里迢迢娶回來自像烏克蘭這樣一個遙遠又未知(而且事實上，也相當不像美國)國度的女人，只為了看起來他們有權利擁有可以冠以美國之頭銜的某物或者某人。

還有很多其他的例子，但我認為這對世界的啟發是，文化帝國

主義——無論有意或無意——塑造人們心靈的力量廣泛到了什麼程
度，即使是在像台灣這樣一個普遍受有高等教育、高收入、後工業
的社會也是如此。羨慕感並不局限在物質層次；在許多方面，台灣
的物質生活和美國相比有過之而無不及。其他許多國家的公民嚮往
美國，是因為其本國壓迫性的政府非常反美、或者當地社會的確缺
乏美國的物質生活條件和公民自由，但是台灣的美國夢，或說是美
國焦慮症卻不同，並不是本國的匱乏而起的反應。台灣的情形，促
使整個世界好好思考美國文化霸權的真正根源和機制。

　　第三種也是最普遍的症狀，至少是顯現在知識分子身上，即焦
慮於台灣仍然不是一個國族。我還記得2000年總統大選後的那個早
晨，我收到一封來自呂欣怡的電子郵件，標題是「阿扁，……哪裡
的總統？」：他真的會站在那裏，背後是青天白日滿地紅的國旗，
牆上掛著國父肖像，樂隊正演奏著「三民……主義……吾黨……所
宗」嗎？嗯，是的，實際上，他這樣做了八年。畢竟，除了他個人
的理財問題之外，他是個聰明又謹慎的人。他毫無選擇，得跟大家
一起玩「猜猜我是誰」的遊戲。但是我猜想，對此他的內心並不太
開心，其實大家也都不開心。對於制度的現狀——在這個富足小島
上有個運作良好的民主體制——大家都滿意；但是對於意識型態的
現狀——國名、國家象徵、護照——大家是一肚子氣。沒有人喜歡
這種現狀——藍營、綠營、知識分子、一般百姓，甚至中國共產黨
也不喜歡。對於各方來說，或許現狀是所有現實選項中較好的，但
這並不能說明什麼，而且結果上，導致的是這片全面發作的國族焦
慮症，或許我該的是說，國族不完全的焦慮症。就像所有的焦慮症，
它產生了各種悲傷、感人和有時顯得滑稽的故事，在台灣獨一無二。

　　許瀞文在她的博士論文中寫了一整章討論護照的問題。你抵達
機場，他們問你從哪裡來，你說台灣。除非他們聽成「泰國」，否

則他們會查手冊，然後告訴你：「抱歉，沒有台灣這個國家。」「嗯，我的護照上寫的是中華民國(The Republic of China)。」「喔，你是從中國來的。好的。」「呃，不是。真的不是。」到最後你通過海關，但感到有點頭痛，完全不是因爲時差的關係。幸運地，許博士找到了她一度放錯地方的護照，所以她得以出席今天的的研討會，但我幾乎以爲，找不著護照——無論多短暫——其實是一種弗洛依德式的非意外，並且跟持其他國家護照的人比起來，這種非意外在持用中華民國護照——當然，是在台灣核發的——的人身上更常見。

當然，不僅沒有台灣的護照，也沒有台灣的大使館(即便中華民國的大使館，也只在少數小國家存在)，只有「台北經濟與文化辦事處」。在世界衛生組織中沒有台灣，這在在平常時期或許不要緊，但碰到2003年的非典型急性肺炎(SARS)，就顯得非常重要。此外，在奧運會上，只有一團通常非特別知名的選手代表「中華台北奧委會」參加。幸虧紐約洋基隊不是一個官方的政府組織，所以在王建民還是非常著名的運動員的那段期間，他還能被說是來自台灣。

表面上，此處的問題正是陳嘉銘在NATSA的論文中指出的：台灣被困在一個不讓它展現自由主體性的國際體系中。從台灣的角度來看，這是一種說法，但對世界真正的啓發涉及了民族究竟是怎麼一回事——民族是一種由國家來陳述的人爲的建構物，而該國家的正當性受到了其他國家的承認；民族並非是源自共同歷史與文化、自然衍生的社會單位。許多國家當然實際上都包括了多個文化與多個種族，像是美國和中國。而我們也都從這兩國以及其他許多案例中看出，民族是必須被建構的。但是台灣的情況啓示我們從更深一個層次去批判民族這個概念，即使對於護照持有者和奧運選手而言，只有悲喜劇的感覺。民族不僅是被建構出來的，它還包括其他三件事：第一，即使這個國家在自己的邊界內(或者，以台灣來說，

它的海岸線內）掌握有效的控制力，民族的建構仍然可以被全然外在的因素所阻礙。其次，這個事實會令人困擾。在今日的世界，人們想要成為一個民族，想要有自己的國旗、政府和軍隊，還想要有自己的護照和奧運隊，就跟那些廣被承認的民族一樣。第三，這個問題誠然引發極大的民族焦慮感，卻只會造成少數的實際問題。台灣的國家（state）和家國（country）──不像民族（nation）──運作良好，日子「混」得比許多社會都高明許多。

三、從中國到世界

在2006年的研討會上，韓馬克的論文提醒，在現今既有的媒體和學術本位下，有些事情容易被遺忘：除了台灣和中華民國，這座島還有過其他的名字。大部份人都知道Formosa，但我們都忘記它還曾經被稱做琉球、自由中國、Nationalist China、和很多其他的名稱。我們也忘了，至少在某些語境下，「台灣」曾經不是指這座島本身。在1960或1970年代，在美國、日本或其他國家，當某人被稱為「支持台灣派」，那無關乎此人對台灣的立場，而是說他贊成與台北的中華民國政府、而非北京的中華人民共和國政府打交道。在那時代，同時與兩邊交往毫無可能。事實上，從當時福爾摩沙獨立運動分子的角度來看，所謂的「支持台灣派」其實是反台灣，因為他們所支持的政策，會強化國民黨的獨裁統治。在這個脈絡中，台灣一詞是「中華民國」在修辭上所謂的舉隅，指中華民國政府所宣示的領土中實際控制的一個小部分。面對著當時中國大陸正進行的文化大革命，台灣這個詞也意味著中國文化保守主義。

我提到這個名稱遊戲，是因為它是一個很好的切入點，可引導我們討論台灣第三次轉型的啟發，也就是從「中國導向」到「世界

導向」，也許在當今的政權之下還會半路又回頭。大約是民國五十七年和五十八年，我首度住在台灣的時候，外國人在台北看到的世界是一個移植異地的小中國。食物都是來自中國的39個省份和地方，而非台灣，另外還有平劇[5]，以及各種標語：「消滅萬惡毛賊，實現三民主義；反攻大陸，解救同胞」。其中，最醒目的標語是在台北車站的「毋忘在莒」，儘管我們從來不懂「莒」到底是什麼或者在哪裡。媒體封鎖了所有真實的消息，特別是任何有關中國事物的新聞──周恩來的照片出現在海外發行的《時代》雜誌或《新聞周刊》時，不是整頁被撕掉、塗上黑墨，就是(對我們來說最好笑的)被蓋上匪諜的字樣。

如我在其他地方談過的，當時人類學者也用自己的方式「傾向中國」。具有中華民國國籍的人類學者，延續著日本殖民傳統和中國的民族學傳統，投身於記錄南島民族村落的風俗與物質文化；但外國人類學者，一方面因為無法進入中國大陸，另方面也因為共產黨的革命已經把中國大陸的「中國文化」改變得面目全非，所以到台灣完全是為了研究中國。結果，政府遙想一個從來不曾存在過的中國，徒然地希望可以在反攻之後落實；而外籍人類學家，雖然鄙視這個愚蠢的政府，以為他還有任何統治中國的正當性，嘲笑反攻大陸的念頭，卻在新興、溪州或鯤鯓想像一個非常真實的中國──每一個方面都很真實，可就不是中國。史蒂芬·穆瑞和洪基隆譴責人類學家是國民黨的傀儡，或許是過謗了，因為他們大多數都恨國民黨。但是，穆瑞和洪基隆不無他們的道理。

如今，一如當時，這些當然都顯得古怪又過時。而台灣雖然苦

5　需要強調的是，平劇不僅僅是來自中國，它更是來自文革前古老的中國。

於算不上一個國家，它與世界接軌的程度，比起其他多數國家只有過之而無不及。台灣和世界有什麼連結，在此沒有必要贅述，但是台灣如何連結上世界的方式，卻可以告訴我們許多有關全球化的事情。

台灣轉向世界所提供的第一個啟發是來自奇蹟年代的經濟啟發，已經有些年代了。它告訴我們，對小國來說，停留在自身的經濟疆域之內是不可能的。眾所皆知，台灣在經濟上的致富與轉型，靠的機制是由國家主導、以出口為導向、生產消費品的工業化。它究竟是證明自由貿易好，還是證明反自由貿易好，端視我們怎麼看待這整個過程。一方面，早期進口替代政策中降低貿易壁壘的作法，以及1960年代中期轉變成促進出口，帶動了經濟快速成長的起飛，早已受到公認。若沒有貿易，台灣的經濟不可能這樣奇蹟般的方式來擴張。但同時，貿易的這番成長透過了許多財政與關稅政策的調整來管理，這樣造成的市場管制，真正的自由市場信徒會視為扭曲市場。貿易——無論透過自由、公平的市場，抑是經由管制，看你對經濟正義持何成見而定——貿易不僅是經濟成長的必要條件，也是台灣藉著各種連結從中國導向轉為世界導向的必要條件。傾向中國的意思就是自給自足，可是這種鎖國不會成功；台灣的經濟不可能局限在自己的疆域裡面而還有成長可言。

第二個啟發，就是不可能偏安在自己文化的疆界之內。當然，在過去戒嚴令、出版查禁、以及自由中國的宣傳充斥的時期，那是有可能的。但是，一旦解除審查，出版和言論自由化，並允許進口書籍雜誌後，小國的文化邊界就消失了。1997年，我與文化運動者陳其南到宜蘭探望我的學生呂欣怡，看過一個絕佳的例子。他們招待我的，是從建築看官方版的宜蘭文化史，後來呂欣怡寫成她書中的一章。宜蘭縣政府模仿19世紀福佬人的農舍，代表在當地居主的

河洛人口；圖書館則採用蘇州庭院風格，體現中華民國的影響，也可以更浮泛地說是帝制中國的仕紳文化；宜蘭歷史博物館是日本官員俱樂部重新裝潢而成，代表日本殖民的影響；一座新建的公路橋則照著現代主義建築師的想像，重現泰雅男人的弓箭和婦女的採集籃，代表的是山居原住民的歷史傳承；我還參觀了兩間政府補助的宜蘭厝，一間叫噶瑪蘭厝，完全憑猜想模仿過去宜蘭平原上噶瑪蘭族的房子，代表宜蘭平原的原住民；另一間則是北歐森林的現代風格，我猜想，代表的是全世界以及宜蘭的廣闊世界主義。

這些由文化思考者如游錫堃和陳其南等人所策劃出的設計，也許顯得有點樣板和過於刻意，但我把它們視為跡象或者外顯，所表達的是台灣進步的思考者的努力，想要避開文化民族主義和排他式文化沙文主義，當然值得頌揚。任何人想要用某種理由論證台灣民族主義，都不可能訴諸一種獨特的語言和文化。台灣的語言、食物、宗教、節慶和許多其他事物，都有其獨特的傾向和面貌，可是這些獨特性並不足以構成一種獨特的「民族文化」。我在台灣學會的福佬或閩南話，讓我可以在福建南部應付裕如；台灣的神祇（包括台灣的媽祖廟委員會），我能追溯到整個中國東南沿海區域；慶典節日則多多少少和漳州與泉州相同。事實上，幾年前我問了一個到過台灣的成都朋友，他覺得台灣怎麼樣。他說：「我非常喜歡台灣；台灣比中國還中國。」台灣真正獨特的事物源自本土南島文化，但非常可惜，在島內的文化「主流」中，只有非常微弱的影響力，另外就是來自日本殖民主義和近期從美國來的影響，可是話說回來，中國也有越來越多美國的事物了。

這裡學到的啟發並非台灣是中國的一部分──我個人是非常強烈地傾向另一邊的立場──或者是兩個民族可以有一個共同的文化──雖然這個提法我倒是可以安然接受。這裡的啟發是，台灣因為

環境使然，在文化上無法設立具有排他性的邊界；如果台灣想要建
立起任何民族意識，這種民族意識大概必須立足於歷史給予的各種
影響所組成的特殊混合物，而不是任何固有的、不變的傳統。結果
呢？雖非始料所及但十分可喜：台灣的本土知識分子必須要建構一
種不訴諸敵意的包容式的民族主義。由此得出的啓發是，如果民族
主義的宗旨是要建立公民的忠誠度，那麼這種不具敵意的、包容式
的民族主義的效果，跟許多民族主義政府——包括中國政府——所
操弄的原始情感的危險、具爆炸性的訴求比起來，至少毫不遜色。

　　當然，這裡仍然有危險；台灣在轉變爲世界導向時，這是我們
可以學到的最後的啓發。危險之一是，包容式的民族主義意識型態
似乎總是顯得虛弱，無法對抗中國民族主義原生而排他的主張。所
有與我在中國聊過天的人，幾乎都認定台灣是中國的一部分——甚
至沒有討論的餘地；李登輝和阿扁則都是日本人和美國人的傀儡，
日本人和美國此生的大野心就是看到中國分裂，好讓他們能延續自
1940年代被迫中斷的殖民壓迫；對此，中國人將欣然付出生命，以
防止台灣在名義上成爲獨立的國家，即便事實上台灣過去已經這樣
做了61年。英語世界的媒體升高了這樣的危險，因爲他們在發佈新
聞時，一定不忘加上「北京認定台灣島是爲一個叛離的省份」這樣
的陳腔濫調。

　　另一項危險則是族群間的緊張對立正在表層之下蠢蠢欲動。
2006年侯孝賢和其他人呼籲抗拒台灣文化的「閩南化」，可能並非
危言聳聽。當綠營廣被指責在經濟和外交方面的治理失敗時，閩南
化的策略當然很難抗拒。我自己也聽過三個不同黨派的原住民立法
委員都提到福佬霸權的威脅。當台灣傾向中國時，這種危險無足掛
齒；中國民族主義不會利用漢人內部的任何差異，而原住民很遺憾
地所占人口比例太低，意義不大。對世界來說，可以學到的啓發是，

包容的政治共識必須維持下去，否則民主就會變得脆弱不堪。如今，
政府既然在文化與經濟傾向上再次往中國靠攏，政治共識的包容性
要如何維持，值得關注。我抱持樂觀的態度，但也不會完全不把我
那些深綠朋友們的警告當回事，他們認爲所謂「台灣」這回事即將
瓦解。這或許又是民族焦慮感的徵狀吧。

四、從垃圾島到美麗島？

　　1991年夏天，正值台灣塑膠業時代的高峰，我短暫拜訪了台北
縣三峽鎮附近我那熟悉的「第二個家」。數天後我人到了中國，在
筆記上我寫著：

> 台灣是座垃圾島。我們通常認為環境問題多半是水汙染和空氣
> 汙染，或者可能是各種開發帶來的棲息地的破壞。以上所有狀
> 況都發生在台灣，但垃圾是最主要的問題。街道上成排的垃圾，
> 在河川上也漂浮成排，垃圾從每個門廊和每棵樹上滿溢出來。

> 　我不認為台灣人比（例如）中國人來得更不髒亂。舉例來說，生
> 態環境問題（包括垃圾）的意識是存在的，甚至連犁舌尾的居民
> 都有過示威抗議，而且1989年我在大豹溪調查問卷時，回覆我
> 的居民也都經常提及垃圾是當地的缺點。所以到底是怎麼回
> 事？

> 　我認為主要的問題純粹是數量和密度的問題。一罐冰汽水在成
> 都是三塊人民幣，那真是難得的享受，如果一定要喝，大多數
> 人大概一個禮拜不會超過一罐。但是在台灣，二十塊新台幣並

沒什麼大不了，所以當天氣炎熱而你又必須在外面跑的時候，當然就會買一罐汽水。所以每平方公尺就會有更多易開罐。在台灣這個商品多樣豐富的社會中，消費商品都得包裝，用的多半是塑膠或其他相同有毒物質。以致於這些垃圾不斷加乘……

最弔詭的是，每個人都在抱怨垃圾問題。譬如說，事實上犁舌尾的居民有組織起集體行動，抗議垃圾在村庄旁持續的傾倒和堆積。他們阻擋了卡車，今年稍早也抗議遊行了好幾次，並最終阻止了垃圾公司在當地的傾倒。然而，在道地的東方社會的鄰避情結[6]之下，垃圾公司找不到任何其他地方傾倒垃圾，幾周以後，他們又開始傾倒，但這一次，就沒有任何示威抗議了……

目前情況已經好很多了，但如我們所知，台灣要從垃圾島再回復成美麗島恐怕還有一段路要走。最近一次我造訪三峽附近的村庄時，我的寄宿家庭拿出一本我的書《犁舌尾》，翻找書中1970年代初期的舊照片懷舊，拿給和我同行拜訪台灣的美國籍同事夫婦看。我們翻到一張照片，山坡上有幾片種稻的梯田，沿著小河蜿蜒著，樹木和紅磚屋座落在河流的上方。"li kua: hit gu kat sui...a jima pi: kat bai! "[7]這似乎是每個人的感受，至少是對鄉村景觀而言——再也不存在綠色田野間的紅磚厝建築，事實上連田野都很少見了，更多的是毫無規劃、不搭調到刺眼的建築物所構成的社區；再也沒有水牛從暮色中漫步回家的鄉村牧歌景色；再也沒有蒼翠茂林裡的泥土小

6　鄰避情結，是NIMBY的廣用翻譯，而NIMBY則是Not in my backyard(不要在我家後院)的縮寫。

7　閩南話：「你看那時候美多了，現在變得較醜。」

徑，連結山脊兩側的小鎮。在都市方面，大城市的空氣汙染相當糟
糕——雖然我總是用盲目愛台灣的方式，指出台北的汙染與武漢或
成都根本不能相比。舊台北車站前取代「毋忘在莒」標語的噪音測
量器已經消失好些年了，而噪音的程度也的確有改善。但地方太小，
人太多、汽機車也太多；台灣沒有那個城市，足以作為控制汙染的
模範。

　　儘管如此，最嚴重糟蹋環境的時代的確已經過去，而從這項轉
變如何發生，我們來看看世界能從台灣學到的第四類啟發。

　　首先一個啟發，魏樂博教授在他最近兩本書中清楚倡議，那就
是環境意識和政治民主相輔相成。這不只是常見的老調重彈，說民
主制度確實遏止了獨裁、壓迫性政府、及其工業部門或裙帶企業對
環境的破壞掠奪，雖然中國晚近的情況很明顯地從反面證明了這一
點。重點在於，如魏樂博所指出的，環保運動可以促成草根性的政
治組織，並且由此促成整個社會的民主化與政治參與。在高雄後勁
首次抗爭運動中，非常清楚地展現環保抗爭和政治反對派的發展如
何可能攜手共進，呂欣怡已有紀錄。

　　第二個啟發是環保抗爭和運動未必專屬於是菁英，儘管環保主
義本身也許是一種菁英的意識型態。理查・懷特在他一篇已成經典、
討論華盛頓州的〈你是環保人士，還是工作謀生的人？〉[8]一文中指
出過，生活在一個環境中的人，會關心該環境的保存，以便繼續在
其中生活；不論是美國西北海岸區森林的伐木工、南台灣山區的魯
凱獵人、還是高雄骯髒的工業郊區的藍領工人，這一原則都適用。
南部抗議中油五輕廠的產業工人、北部阻止垃圾車的村民、或者是

8　Richard White, "Are you an Environmentalist, or do you Work for a
　　Living"，收錄在 *Work and Nature*（1994）一書中。

集結起來阻止隘寮壩堰興建的原住民聯盟，他們全都是關心家園的當地居民。在1980年代末和1990年代初，這些抗爭行動都冒著不小的風險（雖然和早先10年相比，風險還是小得多了），而這些抗爭都是為了家園。

第三個啟發是環保運動和政府有時可能是對立的，但有時可能結盟。當政府和企業成為發展的火車頭時，後勁的抗爭者和其他許多人都是在政府當局的對立面，但台灣目前正瘋狂著迷於發展地方特色的產業或者景觀，讓外地人來吃、來照相、來買回去當做到此一遊或送人的裝飾禮品，以資提振經濟，那麼這些地方必須要看起來乾淨體面。當我回到鶯歌時，我感到非常驚訝，因為當地已經幾乎沒有燒窯了，所以也不再有煙囪，取而代之的是——理所當然——漂亮的陶瓷博物館，以及一條完全不老的「老街」，禁止車輛通行，鋪著精美的假鵝卵石，充滿各種有趣的商品，例如我的朋友馬騰嶽帶我去那裏時，送給我一個陶瓷製的鳥鳴笛。在地文化運動對我上述提及的包容性認同的形成，是相當重要的，它也成為環保人士的盟友。可是你去那裡——不論「那」是哪裡——的時候可別開車。

這個議題將我們帶回阿扁身上。如果他最大的成就是當選總統（指第一次當選），那麼他第二項重大成就——而且我猜想這是他當初為何會當選的主因——就是他推行垃圾不落地的政策。前美國眾議院議長帝普·奧尼爾的名言：「所有的政治都是地方性的」，也許有點誇張，但在環保問題上，台灣證明了這句話幾乎是永恆的真理。

結論

　　所以，世界有許多可以從台灣身上學到的啟發——大多是正面的，有些則是警告，但毫無恐怖之事。問題確實很多，有理由擔心，也有理由堅持去尋找解決辦法。不過，從一個局外人的角度看，仍有很多理由對這個島嶼持正面、積極的態度。學者的習性與全民的焦慮感讓我們好批評。跟著人說「台灣現在不行」是很容易的事，但想想過去30年這座島嶼已經走了多遠。在批評與讚揚之間應該保持平衡，那麼世界在未來還會有很多可以從台灣學到的事物。

　　郝瑞(Stevan Harrell)，美國西雅圖華盛頓大學人類學系教授，亞洲語文學系兼任教授。自從1970年起從事台灣和四川的田野研究。主要研究範圍包括家庭人口學，族群關係，基層教育，傳統物質文化與翻譯理論。近年研究方向是環境人類學與歷史生態學。正在撰寫 *An Ecohistory of People's China*（人民中國的生態史）。

「昂納克寓言」：
東德吞併西德的「反事實推論」

秦　暉

秦暉按：2009年10月22日，在紀念柏林牆倒塌20周年的前夕，我在柏林小亞歷山大街李卜克內西大樓內德國「左翼黨」中央辦公處，與漢斯‧莫德羅先生進行了一次會談。事先商定談兩個小時，此後莫德羅要回家見另一客人。結果由於談得投入，莫德羅又打電話告訴夫人延長一小時。這是我此次德國之行中個人訪談時間最長的一次。

莫德羅先生是前東德（民主德國）最後一任共產黨（統一社會黨）總理、共產黨的後繼黨民主社會主義黨名譽主席，近年該黨與西德共產黨、德國社會民主黨拉方丹派聯合為左翼黨後仍為主要元老之一，並當選德國議會和歐洲議會議員。莫德羅1928年出生於德國波莫瑞（波羅的海沿岸）地區一個工人家庭，1949年入黨後長期從事共青團（自由德國青年聯盟）工作，1967年起為黨中央委員，1971-1973年任中央宣傳鼓動部部長，1973年起任德累斯頓區黨委第一書記。作為青年團出身的幹部，莫德羅在黨內屬於思想比較開放者。1989年東德爆發要求民主的運動，莫德羅在德累斯頓與民眾對話，成為東德地方大員中第一個轉向民主的人，作為黨內改革派當時影響很大。柏林牆倒塌、昂納克下臺後，他於當年11月成為政治局委員並出任總理，被視為「東德的戈巴契夫」。他在東德第一個提出了兩

德統一的建議。但1990年他作為執政黨第一候選人在東德首次民主
大選中失敗下野，在後來德國統一的實際過程中已經處於反對黨角
色，因而對這一過程及統一後前東德地區的轉軌過程批評甚多，近
年來更多次表示對中國的羨慕。

這次談話就從他對轉軌的批評開始。

秦暉：9月份羅莎盧森堡基金會（RLS）在北京有一個轉軌研討
會，好像莫德羅先生當時也去了。他們也給我發了邀請，但是因為
當時我在東南亞未能參加。後來我看了一下討論會的一些材料覺得
挺感興趣，我們也都知道莫德羅先生在20年前曾經有過我們大家印
象非常深的一些大膽行動。我不久前在7月份的時候還去過德累斯
頓，當年莫德羅先生曾經在那裡參與了當時的變革。

20年以後我們都在考慮這些問題，我先向莫德羅先生提幾個問
題。第一，可能大家都知道，前東德地區大批工廠關閉以後，製造
業一直就沒有重新振興，以至於出現一定程度的去工業化。雖然經
濟增長了，但是代之而起的第三產業和旅遊業並不能提供充分的就
業。儘管統一以後其實德國政府極力促進西德的資本向東德的製造
業投資，但是效果一直很不理想，您覺得這是為什麼？

莫德羅：兩個德國之間的統一從國家層面上來說已經完成了，
經濟和社會政策兩方面還沒有。

所謂統一在國家層面上，主要是有兩個層次，一個是民族國家
的建構，還有一個就是國際方面。形式上就是由兩個議會——（東
德）人民議院和（西德）聯邦議院，在1990年秋天作出決定，然後有一
個協議。兩個議會之間的協議我不想對它評價，我覺得很多問題的
提出就是錯誤的。如果從這種錯誤來看，它有兩個基本問題：

一個問題就是所謂經濟的私有化，在對國有企業開始進行整頓

治理之前，就把企業給私有化了。

　　第二個問題是有不同的所有制，把現在擁有的財產還給原來擁有這個財產的人，而沒有對現在擁有的人給予補償。發生這種情況是通過所謂的託管局，由它來進行這種私有化進程。那時候我所領導的政府在1990年3月1日同意成立這樣一個託管局，但我們當時的目標是要穩定工業。如果企業私有化的話，也要由他們的雇員和工作人員來參與，來擁有這個股份，不是這樣一種完全轉讓給別人的方式。後來繼任我的下一屆政府，由他領導的這樣一個政府，做一個新的託管局，就導致一種狀況，在三到四年之內，到1995年85%原來由國民公有的成分變成了私人所有，10%由外國資本擁有，只有5%的成分是由前東德，也就是東部的公民所占有。那麼就導致由西德的康采恩所擁有的工廠慢慢都被消滅掉了，用這樣的方式來消除他的競爭對手。

　　另外一個導致東德地區非工業化的原因，就是在經互會體制下的貨幣聯盟。到1990年(7月1日)，蘇聯還有其他東歐國家都發生巨變。經濟互助會的貨幣基礎，不是實施自由貨幣兌換，而是以盧布來進行的。我舉東德為例，比方說聯合收割機由三個國家共同來生產，匈牙利、捷克，還有東德。匈牙利生產前面收割的那一部件，然後捷克生產另一個部件，東德來組裝。捷克跟匈牙利生產的部件，其價值通過給他們提供機器來補償。由於經互會的解體，整個這種交易就完了。東德如果想要這種聯合收割機，他就要向捷克買這種生產部件，反過來也同樣如此。東德當時外貿75%是跟社會主義國家，25%是跟西方國家的貿易，其中在西方國家25%的比例中有三分之二是跟西德進行的貿易，由於這種政策就導致了東德經濟的崩潰。現在人們說從1991年到1997年，德國東部有一個很大的經濟發展的活力，這是錯誤的。因為這種計算的基礎不是以1989年為基準

的，它是從1990年末開始計算的。當時經濟已經在谷底了，把這個
谷底作為計算基礎。不是從東德的高峰時候算起，而是從低谷開始
計算，每一個進步當然都是顯得非常大了，這也是一種政治上的欺
騙。西德人總是說東德人把經濟搞那麼糟糕，我們得給他們幫助，
他們甚至都不感激我們。這種政治上的衝突，政治上彼此之間的距
離越來越被拉大。要是從統計數字來看，2003年或2004年期間的發
展水準只不過達到了1989年的水準。

在經濟方面還有另外的因素，西德當時是世界貿易額最大的國
家，現在中國已經超越了德國，如果從出口的百分比計算，8%是來
自於德國東部，這是在整個德國經濟中所占有的比例。1989年到1990
年初，在東德有1630萬人口，現在德國東部只有1440萬，失業率是
德國西部的兩倍。你可以看出這種發展，它不僅僅導致了東德經濟
的崩潰，而且導致了政治矛盾不斷發展。還有一個因素我想說的是，
工資水準按100%算的話，德國東部人的收入相當於西部地區的75%
到80%[1]。在德國東部的勞動不是按照德國西部水準來給報酬的。換
句話說，在20年前統一之後，德國的經濟制度導致現在德國東部地
區的經濟狀況，造成兩部分直接的、很深的裂痕。

秦暉：東德經濟垮掉的原因和私有化的過程，按照莫德羅先生
的說法是很不公平的，您對此做出了很多說明。但是我覺得，不管
這個過程公平不公平，也不管東德的經濟原來垮到了什麼地步。最
令人迷惑不解的就是垮了以後，為什麼西德資本沒有向東德投資？
不管以前的事情怎麼樣，您剛才講西德把這個工廠接管了以後，就

1　按：一般認為前東德地區的人均收入現在為西部的85-90%，這主要
　　因為能幹的人都跑到西部去了。東部的老年人與失業者等靠福利供
　　養者比例較高。但就就業人口而論，現在東西部基本是同工同酬的。

讓它倒閉了，沒有在那裡進行更新換代。

比如說我們都知道東德的茨維考是一個汽車城，汽車企業被西德接管了以後，並沒有在那兒生產西德的汽車。西德的企業大量跑到中國去生產汽車，中國現在奧迪、賓士都生產得很多。我現在的問題就是，前面的我們不講，為什麼西德的製造業資本不向東德投資而願意到中國去投資？

您剛才也提到，東德現在的工資還是和西德有一點差距，儘管有這個差距，西德的資本家似乎並不太想剝削東德的工人，他們很願意去剝削中國的工人。我曾經問過在上海的大眾汽車（即台灣的福斯汽車）企業工作的一位朋友，我說大眾汽車為什麼不在東德生產而願意跑到情況更差的其他轉軌國家，好像我聽說他們在羅馬尼亞就有工廠。

當然在中國的工廠更是著名，為什麼他們願意跑到這些地方去生產？眾所周知，就是因為缺乏來自西部的投資，才使得東德的製造業沒有能夠重新振興。因為原來不管發生什麼事，只要後來有大規模的投資，那個情況就會像中國一樣，而不會像現在的東德一樣。但是為什麼不會這樣呢？關於這個事情，那位大眾汽車的朋友有一個解釋。

那位朋友的解釋說來非常諷刺，恰恰是因為劇變以後的制度安排，才使得東德和其他轉軌國家不一樣。因為兩德合併以後，通過全德政府的轉移支付，很快就實現了勞工權利、社會福利的拉平和收入的接近。這裡我要講，他只講接近沒有講相同，就像您講的那樣，東德工人的工資比西德還是有一定的差距。他講的差距沒有您講的大，但是即使按您所說，這個差距比起其他轉軌國家的工人工資與德國工人的工資相比，那還是要小。

總之相比1989年以前，東德工人與西德工人收入之間的差距也

還是減少了。他認為正是由於這個原因，西邊的資本在東邊不能得到多少廉價勞動力的好處，更不可能辦血汗工廠、以產品來反銷西邊。而他們更願意就地雇用土耳其或者巴爾幹地區、包括中國的這些廉價勞工，或者到其他更窮的轉軌國家去投資。甚至不遠萬裡跑到中國去輸出資本主義，也不願意在東部剝削自己的同胞。您覺得他說的這個話有沒有道理？

正如您講的，他就是一個西德人，他的確有您剛才講的那種言論，就是他認為西德人好像是進行了很多財富轉移，尤其他認為轉軌過程中最大的錯誤就是實行了東西馬克一對一的兌換[2]，他說假如不這樣，東德的工人就會像中國的工人差不多，成為很廉價的勞動力。西方的資本就會大量地湧入，西德的資本就不會跑到中國，而是願意跑到東德來。

當然我理解這種抱怨，照現在這個樣子，如果西德的資本不向東德投資，但是又由於東德人的購買力在統一以後，的確有了很大的提高，當然比西德還差一些，但還是有了提高，因此西德企業在兩德統一以後，真正做的事情就是向東德傾銷商品，這又導致了東德企業進一步的衰退。東德的民眾對此抱怨，我認為完全是可以理解的。

那麼，西德方面他們自己也說，就像您剛才講的那樣，說他們

2　當年東、西馬克實際幣值約為1：4，統一時規定個人一定限額內的東馬克可以按1：1兌換西馬克，限額外的東馬克則按2：1兌換。實際全部存量東馬克的平均兌換率約為1.8：1。但是同時還規定東德一切日常支付（工資、納稅等）今後都改按1：1支付西馬克，這比存量馬克的兌換率影響更大，因為過去東德一般工資按面額與西德的水準相近，但實際價值就只有西德的四分之一。現在改支付同面額西馬克，等於基本拉平了東西德的工資水準。

爲東西德馬克的一比一兌換及轉移支付付出了很多，他們也有抱怨。可是假如有另外一種轉軌方式的話，這種狀況會不會改變呢？

有人說東德至今沒有製造業的復興，沒有很高的就業率，這是現在兩個影響東部人情緒的主要原因，如果出現另外一種辦法，可能會改變。甚至有可能兩德的統一不是以西德統一東德、而是以東德吞併西德的方式實現。你覺得有這種可能嗎？

莫德羅：的確應該有另一種辦法。但怎麼進行？從西面所引發的「發展」，85%的東德國民所有的財產，85%都被西德的工廠所擁有。德國歷史上從來沒有這樣的一種機會，東德的全民所有財產被西部拿去了，這樣一種絕好的機會從來沒有過的。這裡面存在的問題，對德國來說具有普遍意義。

在資本主義市場上是沒有道德可言的，它的一個運行法則，馬克思斷定得很正確——利潤。如果沒有利潤您就倒閉。

秦暉：爲什麼它沒有利潤？

莫德羅：從他們當時的判斷，按照西方人的眼光，德國東部的市場只能獲得很少的利潤。

秦暉：爲什麼？

莫德羅：集中於您的朋友所講的分析，我們來看一看汽車業，在統一的時候，東德汽車工業是落後的，當時我們生產製造汽車的一個原則，我們所製造的個人小汽車是兩衝程的發動機，不是四衝程的。在整個全球而言，只有日本在研究做這個。

秦暉：我知道，衛星牌汽車，在茨維考生產的。

莫德羅：還有愛森納赫生產的瓦特堡牌。但是它們都有問題。首先是關係到發動機的問題，不管是衛星牌汽車還是瓦特堡牌汽車，都是兩衝程的發動機，它的汽油在發動機裡與廢氣會有混合，（所以費油、高污染）這是我們當時的水準。據日本人的研究，他們覺得

兩衝程發動機具有未來發展的潛力，但是沒有證實。之後兩德統一了，東德這個市場擁有1600萬人，東德人都要買車，他們錢少，他們買不起新車就買舊車。

當時東德在統一之後的5年，到1996年，出現了一個巨大的舊車市場，整個歐洲都沒有過的。西德汽車工業當時有很大的利潤，他們就這樣來分析東德這個市場。他說在呂瑟爾斯海姆生產瓦特堡，建立新的汽車廠，是歐寶。歐寶是美國人的公司。

美國人通過歐寶進入東德市場。一方面東德人的收入水準低；但另一方面他們素質能力高、技術水準也高，這方面人才都有，所以它有更好的選擇。

對歐寶來說，它選擇的方案是什麼呢？在呂瑟爾斯海姆那兒建一個廠，還是乾脆把它給關了？我們就說大眾汽車公司吧！我也去看過位於上海的汽車廠，他們在這邊採用的是另外一種戰略：開始的時候，在上海製造汽車設備，它並不是說建一個新廠，用新設備，而是把在歐洲用過的這些設備拿到上海去。但是在東德沒有這樣做。

秦暉：為什麼？

莫德羅：為什麼這樣？是因為政治上的因素！在德國我們一方面有政治上的因素，當時的科爾總理，他說我們希望在德國東部有一個漂亮的風景，這話並不是指在田野裡都種油菜，然後讓風景更漂亮。他主要是從政治上考慮減少人們的不滿程度。歐寶本來是想造成導航燈塔這樣一個宣傳效應，結果它只是唯一的一個燈塔。

其次，在德國，政府政策跟市場經濟從來不是統一體。在政治層面他們（對於促進投資）允諾了很多，但是經濟界並沒有跟著政府政策走。大眾汽車的工廠說在中國發展一個市場經濟，而且是一個很大的市場。但是在東德沒有一個大的市場，比較一下，拿中國13億人口跟東德的1400萬人口比較，東德這個市場是沒有意義的，中

國那個市場才有價值。

秦暉：為什麼您只講東德市場？不能出口嗎？大眾在捷克和羅馬尼亞生產的汽車不就是銷到西班牙、葡萄牙等地的嗎？科爾總理希望在前東德造就美麗景觀以減少人們的不滿，東德人認同他這個希望嗎？西德資本家會因為他這個希望就不來投資了嗎？按您所說，東德人似乎並不認同科爾先生的「好意」，資本家更不會按政治家的「好意」行事。那麼為什麼現在的事實又是如此呢？

莫德羅：那第三個因素就是在中國工資更便宜。大眾汽車公司從一開始，就是採用另一種戰略。在歐洲一開始它就越過東德，然後到捷克去。現在您要買一部斯柯達，您就等於買一部大眾和奧迪。因為發動機是奧迪產的，其他的是大眾。他們唯一在捷克所做的，在經濟方面他們接受了一個大的組裝廠，是以前斯柯達這個公司。

大眾到了捷克接受這樣一個大的裝備廠以後，他在裝備廠周圍有很多小的部件供應商，這些小廠，比方說像雨刮這樣的小部件。載重卡車把發動機運到這裡，為了不讓載重卡車空車跑回去，就讓它們同時把這些汽車部件運到其他國家去，運到西班牙這些國家去，捷克工業就變成了這樣一個「斯柯達」模式。

在羅馬尼亞以前生產過一個汽車品牌叫達西亞，現在達西亞也是屬於大眾。他們不讓您用原來的名稱，原來這個名稱也有價值、也有自己的定價。而大眾車必須要貴，不能便宜賤買。但是昂貴汽車市場是很小的，我要賣斯柯達，斯柯達可以便宜了，它的工資水準也低，這樣有一個很大的價格方面考慮。從25,000歐元一直到12,000歐元這樣一個價格，這就是他們的戰略，這是他保留原來工廠的戰略，但這種戰略不符合東德的情況。這只是一個例子，其他這些工業部門也都是一樣的。

比較有戲劇性的就是造船工業，還有列車車廂製造。比方說列

車車廂，在東德時代對中國還起了作用。當時東德的列車車廂製造是有很高水準的，但是我們所造的列車車廂，我們也只需要其中的部分產量，其他的都供應出口。我們跟中國有一個合作，大概從1984年開始到1990年，有400名中國工人和工程師在東德學習如何製造列車車廂，他們在那裡接受培訓，然後回到中國來負責製造生產。

東德的這種政策不是對中國進行投資，而是東德幫助培訓中國的高品質技術人員。我知道這件事情，當時我是負責人。

秦暉：我聽說過，這個廠就在你們德累斯頓專區的包岑，它也是歷經劇變後的大淘汰仍能生存下來的前東德高水準企業之一，現在聽說讓加拿大一家公司買去了？當時中國最高檔的軟臥車廂就是從你們這個廠進口的，中國車輛製造業還介紹過包岑廠的管理經驗。1980年代時你們是計畫經濟的「科學管理」，而中國剛剛走出文革的大混亂，學習你們確實很有效。1990年代你們這一套走到了盡頭，放棄這一套就付出了很大代價。而我們由於本來就沒有什麼「科學管理」，從大混亂轉向新的秩序，不管是包岑廠那樣的秩序還是「市場化」的秩序，反而都覺得很受益，至少在一段時間是如此。這恐怕是我們與你們的一個重要的區別。

莫德羅：但是這樣的好工廠他們不喜歡。資本家在東德地區進行整體上的破壞。西德資本家不希望在東德地區有競爭對手，他們自己有這麼強大的出口能力，這是他們所不需要的。

秦暉：我覺得莫德羅先生講得很對，資本總是唯利是圖的，您剛才講的有一句話，就是政治家的許諾往往抵不過資本家的謀利欲望。

莫德羅：我給您提供一個資訊，這樣就可以更好地理解。都說在財政和金融領域有巨大的從西部到東部的轉移，他們給了東部幾萬億。假如說在德國東部，他們造軍營，比方說供一個團或者一個

師使用的軍營，這個錢其實也是從援助款裡面出的，但是他們會說整個這筆錢都是用於德國東部建設。

　　大概在一年前，我們就拿軍隊來說，一個東部士兵，他的軍餉要比德國西部的士兵少多了。我們還就以這個為例，比方在阿富汗，德國派兵有7000人，7000人裡面的42%都是東部人。那麼因為東部的士兵占了阿富汗駐軍幾乎一半的人數，他們就要考慮了，不能讓東部人掙的軍餉比西部人少，比方說西部人掙1000，他們只掙800。東部出身的士兵數量已經占了將近整個德國軍隊的一半，這樣必須考慮給他們平衡了，因為這不是在和平時代，而是在戰爭時代，年輕人的失業率又特別高，他們必須去那些能掙錢的地方。他們去參加戰爭，就好像在中世紀一樣，就是想要掙錢的，純粹為了掙錢，跟愛國主義沒有任何關係。

　　秦暉：其實剛才您講得很對，資本是唯利是圖的。現在的問題就是資本好像在東德無利可圖，而在中國這樣的國家特別有利可圖，這是您剛才也不斷提到的。因此我這位朋友曾經提到過，我剛才已經講了，他說其實東德是可以打敗西德的，如果採取某種方式的話，兩德統一可能會以東德吞併西德的方式來實現，您覺得有這種可能嗎？

　　莫德羅：沒有，不可能，這是不可行的。我們原來那一套已經失敗了，如果搞民主的話更不可能。西德人口比東德多那麼多，光投票表決就不夠。

　　秦暉：關鍵就在於您剛才已經講了資本是唯利是圖的。

　　莫德羅：這又是別的問題。東德是東歐國家的一部分，它也是華約成員國。在東德有36萬蘇軍，蘇聯當時在戈巴契夫治下，已經出現了整個解體的徵兆，那麼在東德根本就不可能有別的出路。你看在1989年11月17日，我當時組閣，並且我深信東德會繼續存在下

去，我們需要的就是改革，必須進行改革。到1990年1月份，我當時明白了這樣不行，華約已經不存在了，經互會也不行了。作爲西方和東歐之間的一個島，一個小小的東德，遊弋於其中，這是不可能的，必須找一個建設性的辦法來尋求解決，但不能以失去整個東德人利益爲代價，這也就是當時我對政府所做的努力。

秦暉：莫德羅先生您其實很清楚，如果按照原來的體制，這位朋友所講的這個前景是絕不可能出現的。而在民主改革的情況下，也不可能出現這種情況。

因爲正如您剛才講的，東德的人就比西德少那麼多，如果按照投票原則，東德也是少數。但是他認爲假如採取除這兩種方式以外的某種方式，還是有可能出現這樣一種局面，您願不願意聽聽他的方案呢？

莫德羅：什麼方案？

秦暉：如您剛才所講，政治家的許諾是抵不過資本家的貪婪的，那麼資本家在東德他不能得到利潤，而在中國能夠得到利潤，爲什麼不能相反呢？他說假如你看看另外一些國家，我們完全可以設想，假如20年以前沒有發生民主化，但是昂納克先生忽然間對市場經濟的花花世界發生了濃厚的興趣。

當然這不可能發生，我們這位朋友只是在做一個假設，昂納克不可能，但是其他人是有可能的。比如我們中國。假如昂納克對花花世界發生了興趣，那麼他完全可以維護、維持柏林牆不讓東德人出去，但是他可以向西德的資本敞開大門，西德也向東德的商品敞開大門。而且他可以用專政手段保證西德的資本在東德能夠賺到利潤，就像現在他們在中國能夠賺到的那麼多錢。他也不搞什麼高福利，也不搞什麼一比一的馬克兌換，更不搞什麼西方式自主工會，而是充分發揮類似於我們中國農民工那樣的優勢，廉價的苦力和隨

便就可以剝奪的公民權利，還可以用鐵腕手段來減員增效，可以任意的把工人趕走，把企業想給誰就給誰。工人不准有工會，農民不准有農會，誰要罷工誰就是「破壞招商引資」，就「專政」伺候。

我們這位朋友說，假如這樣的話，西德的資本還用得著跑到中國去嗎？不一窩蜂的擁入東德才怪呢？連什麼土耳其的人、巴爾幹的人都不用了，就像中國的農民工一樣，比誰不好使喚啊。

假如這樣的話，這個東德將會多出10倍的煙囪，而東德這些廉價商品將會完全占領西德市場，西德的所謂的福利社會和強勢工會將不復存在，在資本大量外流、血汗工廠商品的大幅衝擊之下，強勢工會將不再有談判的力量，福利制度也不可能與血汗工廠競爭。那麼在這樣的情況下，西德只有向東德學習，當然我講的不是指的昂納克式的東德，而是「中國式的」東德。

你們左翼黨的另一位領導人拉方丹先生所極力提倡的這個民主社會主義或者稱作福利國家，在這樣的背景下將蕩然無存。而在這樣的過程中，西德工人如果不接受這個現實的話，那麼將爆發嚴重的階級鬥爭，甚至大規模的動亂。那麼，不管是西德在動亂中滅亡，還是西德由於學習東德的那一套，由於學習您很羨慕的我們中國的那一套辦法而重新振興，這實際上都等於是併入了東德。

當然，這種結果並不是社會主義戰勝了資本主義，而是野蠻資本主義戰勝了人道的資本主義，血汗工廠戰勝了福利國家。這種假設我們如果僅僅就東德而言是沒有意義的，因為事實上沒有發生這樣的過程。但是從全球的眼光看，不能說沒有發生這種過程的可能，那麼我也想問，作為一個左派活動家，您會歡迎這樣的結果嗎？您怎麼看待這樣的一種可能呢？

莫德羅：有兩個問題：一個問題就是說在歐洲到底有沒有這種可能性，就像鄧小平在中國所做的發展，其次像這種設想在當時的

東德或者說現在這個東德，在當時的發展過程中是不是可以設想？

首先呢，鄧小平在中國所推動的，在1980年代所推動的這些發展，在當時的歐洲、在東歐國家他們都沒有理解，都沒有明白，這也是我個人所經歷的，我可以來這樣解釋。在我一生中第一次去中國，是在1959年11月、還有12月份我也去過中國，五個星期的時間我從哈爾濱到廣東。當時我把中國跟東德作了一個比較，當時的東德更活躍，尤其在企業裡面，不像中國那麼僵化。

但是就說這個，我們把這叫平均主義，當時在中國，也不是按照個人所能然後來分配的，我不會忘記在南京工廠的參觀，當時我想知道那些有能力的工人掙錢是多少？後來他們這樣告訴我的，看看我們現在生產怎麼樣，生產發動機的，很大的這種，用起重機把它取下來放在機床上，然後用大的機床，每一個機器部件要來加工，還有一個人他要把車出來的東西拿走，就是車出來的廢件把它拿走，然後再重新開始，他們做不同工作的人工資都一樣，當時我們就不明白。操作車床的人跟搬部件的人掙錢怎麼是一樣的。所以這方面有必要進行改革。

存在一個很長的階段，中國跟東歐還有蘇聯之間沒有關係，從1961年開始直到1986年雙方處於這麼一個狀態。1978年，鄧小平在中國開始改革開放，搞改革搞發展，那麼就是說在中國所發生的事情，有這麼一段八年的時間，東歐的社會主義國家根本就沒有意識到其中所蘊含的意義。1987年戈巴契夫想去中國訪問，昂納克也想搶在戈巴契夫之前訪問，但最後波蘭的雅魯澤爾斯基搶在了最前面。

當時大家只是看看，沒有一個人把中國的經驗帶回家，雖然我們大家都是友好國家，都是朋友，但是沒有彼此學習。那麼就導致了社會主義國家東德、還有蘇聯，他們就錯過了這樣一個改革的機會，所以最後導致了整個制度的崩潰。

那麼現在德國有這樣一種理論，說發生了一個和平的革命，在20年前發生了一場革命。但照我看來這絕對不是革命。假如把東德作爲發源地的話，它絕對不是向外的這樣一種革命，當時西德政府很小心，就是要保證這個所謂革命不要朝外發展——引發到德國西部，這樣一個政府與反對派的圓桌會議只是在東德，然後1990年以後絕對沒有在德國西部有這樣一個圓桌會議，我認爲這是一種向內的爆炸、向內部的一種瓦解，我們失去了穩定。

當時只有一個很短暫的穩定階段，也就是我的政府時期，在1989-90年2月份的時間。當時在1989年12月7日，在整個東德有這樣一個民意測驗，當時我作爲東德的總理，得到了82%的東德人的擁護，而議長[3]當時只獲得了63%擁護，當時是向內的這樣一個穩定，西德把這個穩定給破壞了。那麼1978年到1990年之間，在這個社會主義國家所錯過的機會再也無法贏回來了。

然後我還想講一點就是，你們今天所提出來的這個問題，我們很難詳盡地予以討論，因爲這很困難，非常困難。不過我的話聽起來顯得有一些自大：在我短短的執政時間內，在經濟、法律和司法方面，我們所頒布的法律都超過了東德的20-30年之間的總量。我們所做的努力對於現在，對於未來也是需要重視的、有意義的，所以在你們學術機構跟盧森堡基金會之間通過熱烈的講座、也有過熱烈的討論。不是說要向你們傳授我們的教訓，而是告訴你們，我們當時怎麼弄的、怎麼做的。主要是想刺激我們的思考，然後要想達到這種思考的刺激，就需要討論，跟其他同志不同的是，我有另外一種設想。

3　指東德基民盟領導人德梅齊埃，他在次年大選中擊敗莫德羅成為東德第一個非共產黨人總理，也是東德的末任總理。

最近幾年我經常去拉丁美洲，委內瑞拉、烏拉圭等國家，尤其是去古巴。他們開始了關於「21世紀的社會主義」這樣一個討論，會是怎麼樣一個社會主義，不會是中國式的社會主義，你們有你們自己的特色。

秦暉：您認為中國有社會主義嗎？

莫德羅：你們有你們的人民，拉丁美洲有他們自己的民族，是完全不一樣的。一個適合所有人的模式是不可能會有的，但是基本的因素我們是可以考慮的，然後我們可以對它進行討論。那小小的古巴島不可能有這麼大的力量，發展出像中國這麼大的力量，他們所活動的是在另外一種維度的。我認為還是有必要的，彼此聲援、彼此支持。這其中存在一個斷代問題，你是在我之後的第三代，我們應該對話，如果不對話，那麼這就斷代了，斷裂了，本來應該一代代的這樣延續下去的，然後到這邊就斷了，出現了一個真空，這樣很不好。所以應該考慮怎麼做。

我先去了北京，後來我去了河內，然後三星期前我還去了莫斯科。在莫斯科，我跟社會民主黨人和共產黨人進行了討論，討論俄國跟當時東德之間的差別。你說得對，我們是生活在這樣一個全球化的時代，在這個全球化的過程中，中國有一個特別的份量。我們不說它是什麼世界強權也好，其他什麼也好，現在的世界有70億人口，中國有13億人口，這麼大一個人口的大國，當然可以推動全球化。那麼雙方進行對話，這肯定是有意義的。

秦暉：對，這個當然是這樣，而且我覺得全球化的確是一個非常重要的因素，但是您考慮過這個全球化會造成野蠻資本主義戰勝人道資本主義的後果嗎？我剛才講的東德吞併西德，當然只不過是一個笑話，但是在全球範圍內不是沒有這種可能。

其實我們都非常地珍視，不管是戈巴契夫也好，還是以您為代

表的當時的改革派也好，你們這樣的一種民主社會主義的訴求，我們爲你們沒有能夠得到機會而感到非常遺憾，但是我們並不認爲我們抓到了這個機會。

我想民主社會主義有兩個基點：就是民主與社會主義。當然在冷戰時代就有這樣一個問題，如果有社會主義，但是不民主，或者如果民主，但不是社會主義而是資本主義，那麼民主社會主義和這兩者中的哪一種更接近呢？更重要的是，民主社會主義者怎麼看待專制資本主義呢？也就是說，既不民主也不社會主義。民主社會主義者如果說和民主的資本主義者或者不民主的社會主義者尚且有合作的可能的話，那麼他與專制資本主義者有合作的可能嗎？

老實說，其實我也是一個有左派情結的人，我也爲社會主義的失敗而感到惋惜，但是我覺得人類現在有比這更糟糕的事情，那就是不僅是社會主義的失敗，很可能資本主義社會積累起來的這個文明成果，包括你們德國的所謂社會市場經濟也好，福利國家也好，拉方丹先生推動的那種民主，包括民主的資本主義也好，都有在全球化過程中碰到新障礙的可能。

您可能知道現在很多右派經濟學家有這樣的說法，比如說我們一個華人經濟學家叫張五常，他說現在的世界大勢是歐洲學美國，美國學中國。

莫德羅：什麼？誰學誰？

秦暉：歐洲學美國，美國學中國。

莫德羅：就是您剛才所說的那樣？

秦暉：恐怕無論是自由主義的支持者，還是社會主義的支持者，都不願意看到我剛才所講的情況。中國雖然經濟高速增長了30年，現在世界上不管是來自左邊的，還是來自右邊的，對中國都有各種各樣的稱讚，尤其在經濟學領域。但我們覺得問題非常嚴重。我看

了一下9月份盧森堡基金會在北京的會議，我本來很想參加，但是沒有參加，我覺得這個會議上有一個很濃的氣氛，就是覺得東歐沒有搞好，而中國搞得很好。我覺得恐怕外界對中國的認識是不是會有點問題？

莫德羅：有一個非常複雜的大問題，我試圖給它分類回答。你剛才講了一個概念，民主社會主義、民主資本主義，還有專制資本主義等等概念。

翻譯插話：兩極理論，中國現在既缺乏民主主義，也缺乏人權嘛。

秦暉：既缺乏自由，也缺乏平等。

莫德羅：我對中國也很了解，我去過中國八次，對我來說這個不是我的問題。如果我們對話也應該彼此能夠很明白，我不想把新的問題弄進來。就是說我們在歐洲想的跟你在中國想的不一樣，這是一個什麼樣的過程？它跟傳統有很大的聯繫。我們所採用的概念可能會有不同的設想，會有什麼樣的危險呢？我們說不到一塊去了，等於要學會跟彼此對方討論。

我上次在北京的時候跟一個擔任中文翻譯的女士談到，她說你用德語講，我不可能簡單的翻譯成中文，必須要成為中間人─介紹性這樣一種角色，這也是從科學角度應該要思考的一個問題，後來還是盡可能簡潔的。

要是說到民主和資本主義的話，在歐洲原則上是這樣，我們是議會政黨民主制，我們每四年選舉一個議會。政黨後來形成議會，他們也在議會有自己的一席。我給你看看，為什麼德國左翼黨是像現在這樣一個組成模式，形成了這樣一個左翼黨。議會民主制有三個基本內容：工會，社團，然後各種政治運動。（用筆在紙上比劃）這裡面是政黨，這是議會。你從工會裡面不能直接接入議會，在議

會政黨裡面你可以提出很多要求，你不能直接就進入議會。你只能
通過政黨，只有通過政黨才能進入議會。

我們原來的民主社會主義黨，它是由原來的統一社會黨產生
的。我們在德國西部沒有建成，而西部工會越來越活躍。他們想改
變現狀，但是他們自己做不到。他們後來自稱爲社會政黨，這是另
一種選擇，他們不是政黨，他們只是一種社會運動。後來弄不了了，
那麼我們最好就把這兩個合而爲一吧，我們都變成政黨了，這樣我
們就可以進入議會了，並且還成功了。我們一開始有54個議員，現
在是76個議員了，現在這些工會成員也都進入議會了。

還有一個因素是需要重視的，我在聯邦議會做了4年的議員。
1992年《馬斯特裡赫特條約》通過，因爲這個協議歐共體就變成了
歐洲聯盟。聯邦議會必須要投票同意，我當時也在議會委員會裡面
處理這件事情。當時我跟聯邦的總理科爾有一個爭論，當時我要求
由全民投票表決是否批准《馬斯特裡赫特條約》，而不只是由議會
來決定。

科爾說：「莫德羅同志，你還不明白議會民主制，我們在議會
的議員都是由人民選舉的，所以我們是爲了人民來決定做這個。我
們沒必要再問一下老百姓了，因爲就是他們選我們的。」你說這是
什麼樣的民主，這就是這樣的民主。他做的決定是人民的命運，等
於600個議員來決定8200萬人民的命運。當然不能每一個問題都要通
過公民投票決定，可是這是深深影響每一個人命運的決定。當時在
愛爾蘭就沒有通過民意公投，所以沒有批准，大家都罵愛爾蘭。

秦暉：我也覺得加入歐盟這麼重要的問題應該有個全民公決。
可是當年東德加入華約又是誰投票的呢？

莫德羅：這已經過去了。再強調一點，不要高估資本主義政黨
制度，尤其在德國還有一個特別的地方。1949年（西德）剛剛成立的

時候,議會裡面有三個政黨,兩大一小,小黨去找哪個大黨,那個大黨就可以執政了。自民黨去找基民盟,那麼基民盟就執政,它去找社民黨,社民黨就執政。後來有了四個黨,社民黨去找綠黨,基民盟去找黃色的自民黨。德國這樣一個民主的不幸,第五個黨——左翼黨也出現了,這第五黨誰都不要。邏輯上來說應該是社民黨,但他不願意要。他為什麼不願意要?因為原來社民黨的主席[4]現在是左翼黨的主席了,這是一個不可低估的因素。

從我這個角度來說,如果左翼黨更多朝右邊發展的話,那麼在這個社會上她就沒有意義了,你乾脆就把社民黨跟左翼黨合而為一了。社民黨的危險就是說它現有21%的選票也就沒了,它不會成為大黨。這種問題就會出現。政黨在這個社會中處於什麼樣一個位置?是由政黨自己來決定地位的嗎?還是由老百姓選民來決定的?如果我自己能決定的話,那麼53%是選我自己,但是人們有自己的利益,他要自己代表自己的利益。

我剛才畫這三個圈,三個不同構成部分就有問題了。你要是不入一個黨派,你就不可能贏。現在所有人都想要民主資本主義,如果民主資本主義不進行改革的話,那也不行。現在這個資本主義是民主的,然後就一直保持下去,這樣當然不行了。世界在變,資本主義世界也要變。

關於市場經濟,當然我們談論的是社會主義的市場經濟,而不是社會市場經濟,這是一個關鍵問題。我想搞福利政策需要有能力的經濟,不管是對社會主義來說,還是對中國社會市場經濟。因為我自己不能決定我給出去多少,我沒有的,我不能給出去啊。我相信中國政府現在願意給老百姓更多,出得更多,這是資本世界裡面

4　即拉方丹。

出現的一個問題。但是他們利用這個製造了更多的債務，一部分債務在中國。中國的盈利越來越小，它還願意有多長時間把這個貸款給出去，這就是全球性的、涉及所有人的東西。在東德這也是一個根本性的導致失敗的原因，我們有一個社會福利大廈，從它的基礎而言，這不是由經濟上能夠支撐得了的。

秦暉：您理解的「社會主義市場經濟」似乎是比德國現在這種「社會市場經濟」擁有更多的、或者說是太多的福利，是嗎？過去的東德也許是這樣的。可是中國，您可以問問我們很多訪德、旅德的中國人的觀感，對於你們的現在，就是說不是東德的過去，而是被西德統一後實行「社會市場經濟」的今天，他們最普遍的感覺是「這麼高的福利把人養懶了」。這樣的高福利在中國人看來簡直是天方夜譚！現在的中國人不敢想像，過去沒有「市場」的「純社會主義經濟」中大部分中國人也是不敢想像的。當然官員例外，「經濟能不能支撐福利」只有對他們才是個問題。

莫德羅：是嗎？我給你講一個例子吧，東德的收入我們假設是100%的話，付房租是10%-12%的收入，平均水準。而西德40%的收入用於支付房租，還要加上政府、國家從我手頭拿出去很大一部分，讓我交稅。關於交稅數額，假如說我是就業人員，我半年的錢歸我自己，半年的錢上交國家，這些稅收用在什麼地方？現在我們面臨危機，所以資本主義還沒有達到有效的這樣一個階段。他們有很多一攬子方案，防止危機的深入。所有這些方案都是為了拯救銀行，防止經濟的風險，30億歐元是歐寶汽車公司得到的。

我現在已經81歲了，1929-30年那時候的經濟危機，我那時候還是一個小男孩，我當時也經歷過。當時的經濟危機導致了大量的失業，結果法西斯在全國掌權了。納粹政府建造大量的設施，對西面的選擇就是造軍事防線，在東面就是造高速公路。六年之後他們就

開始發動戰爭。

那麼現在呢？所有這些一攬子方案都已經用完了之後，工作怎麼搞？所有人都說經濟必須要增長，但是朝哪邊增長？朝市場方面嗎？那中國得買更多的東西，但是中國是要賣東西，印度也得要買更多的東西，但是印度也想賣東西。在現在這個世界上，在什麼地方我還可以把我的東西賣到那邊去呢？美國人把他們駐在伊拉克的軍隊調到阿富汗去，他們把他們的裝備更現代化。你要看看北約的軍備比在冷戰期間投資更多。

因爲戰爭的籌集儲備更困難了，戰爭已經開始了。他們唯一的途徑就是裁減用於社會福利的支出。所以我在越南跟我的朋友們也是討論這些問題。所謂社會主義的市場經濟也是一種投機，每個人都想基礎設施應該改善，因爲我們現在要實踐的是社會主義的市場經濟。我們要按照我們的可能來滿足人民的期待。我現在聽德國自民黨主席韋斯特韋勒所講，這是他們最重要的理由，我們的消費太多了，我們所生活的已經超出我們所能夠支付的能力，他們都是這麼說的，我們現在的褲腰帶必須勒緊一點。資本主義者說我們必須要勒緊褲腰帶，這個會有什麼樣的影響？會造成什麼樣的後果？會導致什麼樣關於社會地位的鬥爭？他說並不是那麼簡單，他們指望通過拿幾萬億，然後貸款，然後負債，這樣就可以解決問題，但根本上是這個制度本身有問題。

不要光講，要採取措施，銀行總裁們不應該掙那麼多錢。在救助之下，他又可運行了，他又要走老路了，我覺得這對我們來說也是一個問題。對於資本主義發展的分析不夠徹底，資本主義對我們來說只是一個表面的東西，就像一大團蒸汽一樣的，中間是什麼東西我們不知道。所以要採取什麼步驟？要朝民主社會主義方向發展。呵，我們可以討論到明天早上，把民主社會主義寫下來1、2、

3、4……

秦暉：我想，回答民主社會主義是什麼，這是個非常複雜的問題，的確就像你講的那樣，到明天早上我們可能都得不到答案。但是回答民主社會主義不是什麼，我想這要有用得多。所謂不是什麼：

第一，沒有民主。

第二，沒有社會主義。

而社會主義，假定我們說它是平等的話，那麼當然就可以把它量化。粗略地講就是一個社會貧富差距越大，它就越不是社會主義。所以由於概念的模糊，我們現在很難斷定，瑞典、德國或者英國是不是民主社會主義。但是我覺得至少我們中國不是，這是確定的。我覺得在1989年以前，很可能中國是像戈巴契夫，包括你們在1989年試圖做的這些事情，試圖朝著這個方向發展的這樣一種前景，但是1989年以後情況就完全改變了。

您剛才對西方資本主義的評價，不管是政黨制度還是市場制度的缺陷的分析，講得很到位。事實上這種體制，不管是政治上還是經濟上也都在不斷的變化重組之中。但是我覺得我剛才講的那個，我們姑且說是一個寓言吧，關於東德和西德統一的另一種寓言中，實際上也有你剛才講的這種弊病，不是越來越少，而是越來越多的趨勢。我想其實要了解這一點，不需要看批評中國的言論，我們只要看讚揚中國的言論就會知道。

這些年來，中國由於經濟高速增長，一開始是贏得了一些不滿意西方現成模式的左派經濟學家讚揚，但是最近這幾年不滿意西方現成福利制度的右派經濟學家也開始讚揚中國。左派讚揚中國是因為中國沒有搞自由放任，而右派讚揚中國是因為中國沒有搞福利國家。可是他們雙方都有一個共同的思考路徑，那就是認為中國如果沒有搞其中的一個，那麼就必然會搞另一個。左派經濟學家認為中

國既然沒有搞自由放任，那麼勢必有很多平等的措施。那麼右派同樣認爲既然中國沒有搞福利國家，那一定是自由競爭非常充分。

可是他們都沒有考慮過另外一種可能，那就是這個社會既沒有自由也沒有福利，至少這兩個層面的水準都很低。今天西方的思想家好像都不考慮這種可能，這是可以理解的。但是我們知道19世紀的很多思想家，其中包括我們都熟悉的左派思想家，包括馬克思在內。我們都知道馬克思對於自由競爭的批評，但是馬克思從來認爲，他那個時代的國家管制要比自由競爭還要糟糕。比如說你們主張國家管制的德國歷史學派比主張自由競爭的古典經濟學派要糟糕，主張國家管制的重商主義比主張自由競爭的重農主義更糟糕。這是爲什麼？今天你們西方人可以不去想，但我們中國人就不能不想了。

莫德羅：我先講一下我的看法，首先不管跟中國討論，還是討論中國，都提出了一個問題，提出一個什麼樣的問題呢？假如說你要承擔對13億人口這樣一個責任的話，你會怎麼樣做？雖然對實際情況不是很了解，但是你至少可以先提供建議，應該怎麼辦？你無法迴避這樣一個問題，彼此再進行討論。我曾經對一個小國承擔過這樣的責任，所以我知道是什麼樣的答案。

如果我們在彼此討論中不尊重對方的文化，在我們的討論中沒有這樣一種文明，那麼這是不行的。我們也經歷過德國的媒體對中國的奧運會是如何反應的，我們也知道書展是怎麼開拓的。人們試圖更多攻擊中國，而不是理解中國，我認爲這不是對話的基礎。

我的考慮是什麼呢？我們在北京有一個盧森堡基金會辦公室，我們的考慮是，我們的基金會跟你們明年還搞一個講座，可以爲了彼此的共同目的來進行探討，對我們自己來說也是一種幫助。

我去年去古巴，古巴黨中央有一個人給我打電話，當時問我是不是願意對他們黨中央工作人員做一個報告，來談民主德國失敗的

原因。我兩天都工作到半夜寫了這麼一個報告，我們自己在這邊也在考慮為什麼會有這樣一種發展，有一些什麼樣的經驗，什麼樣的認識我們可以談。談21世紀的社會主義的話，我們不能這樣來談21世紀，好像20世紀沒有一樣。我們不光議論拉丁美洲的查韋斯和莫拉萊斯，而忘記了還有一個中國，所以我提這樣的一個具體建議。

秦暉：其實有一點我們是共同的，我們都對本國的狀況很不滿意。也可以這樣說吧，我們在本國都是類似於「非主流」這樣的狀態。但是你有一個基金會，我沒有。所以我非常樂意跟你們交換意見。老實說9月7日（盧森堡基金會北京的會）我是準備去的，如果不是在國外的話。我的確對盧森堡基金會所要談論的問題很感興趣。

我太太曾經在中央編譯局工作，他們曾經參與過馬恩全集MEGA版的翻譯。我參加法蘭克福書展以後，也曾到處打聽過你們的迪茨出版社[5]現在還有沒有，展臺在哪里。正如同你所講的，20世紀是不會過去的，其中包括左派思想家的遺產也不會消失的。但是如果我們對目前面臨的種種問題沒有清楚的認識，不管是左派還是右派都不可能有前途。

秦暉，北京清華大學歷史系教授，政治大學客座教授，著有《田園詩與狂想曲》、《問題與主義》、《傳統十論》、《政府與企業之外的現代化》等書，從事農民史、經濟社會轉軌比較等領域的研究。

5　德國老牌左派出版社，19世紀創建，以出版社會主義思想理論及學術研究著述出名，納粹時期被查封，戰後分別出現東、西兩個迪茨出版社，西迪茨仍保持社會民主黨色彩，東迪茨成為東德官辦出版社，1991年後改為民營，現在聽說東西迪茨已經合併。

馬來西亞華人：

文化與文學

歷史與平等價值：
初論馬來西亞華人的文化追求

許德發

一、前言：邁向怎樣的新國家？

在2008年3月8日的馬來西亞第12屆全國普選中，向來毫無懸念會囊括三分之二國會席次的國民陣線(簡稱國陣)遭遇了歷史性的挫敗，這使得馬來西亞社會及其政治陡然出現了新的形勢。國陣(尤其是巫統)之慘敗使得過去一直被認爲不容置疑、甚至不可碰觸的「馬來主權」議題在選後變得熾熱起來，這讓人隱隱然嗅觸到國家正在發生急劇的深層變化。選後不久，從馬來保守派的吉蘭丹王儲東姑莫哈末法力斯(現爲蘇丹)在「馬來人團結大集會」上率先提出，非馬來人不應挑起馬來人權利與特權議題，也不應爭取平等，因爲那是1957年獨立前夕的制憲博弈之下，當年270萬名其他族群取得公民權的交換條件；再到反對黨領袖安華公開宣示以「人民主權」(Ketuanan Rakyat或People supremacy)替代「馬來主權」(Ketuanan Melayu或Malay supremacy)之後(〈推翻「馬來支配權」論述，安華率眾高喊人民作主！〉，2008)，乃至於今年宣稱以維護馬來特權爲宗旨的「土著權威組織」之成立，這間中所糾生出來的種種爭執雖有升溫之勢，但若與過去勢必要引發風聲鶴唳的種族緊張境況相

比，此中確已發生不可謂不巨大的進展了。

實際上，這項論爭雖主要先發自馬來社會內部，但其後也引發其它族群捲入爭議，這表明在爭取建構一個開放的、健康的、沒有使人畏懼的公共輿論空間上（這個空間自當包括不禁止人們討論諸如馬來特權、回教地位等所謂敏感的議題），國家已經跨出了一大步，而這正是邁向建立一個平等社會的首要一步。有關馬來主權議題之爭論不禁引人深思，即國家究竟應該邁向一個怎樣的境況？馬來主權議題可說是馬來西亞邁向平等社會的魔咒，也是華人社會長期追求的平等夙望所不能繞過的一座大山。在很大的程度上，馬來人特殊地位論述主要建構於歷史因素之上（詳見下文），那麼在歷史因素與平等價值（華人所追求的普遍價值）之間，我們應當如何兼容以及在兩者之間維持適當的限度？本文嘗試從此議題及爭論切入，概括地檢視馬來西亞華人社會對馬來特權所能接受的限度，並從而試著縷析和歸納華人社會在文化（尤其在教育）上的平等訴求之目的和形態。這裡也必須說明，華人社會追求平等的面向極廣，涉及經濟、社會與政治等領域，而箇中所求似有不完全一致之處，唯此處未能詳論。

二、「土著」及其在國家中的位置

眾所周知，所謂馬來主權的依據在於馬來人自認乃土地之子或土著，而馬來（西）亞就是他們世代相傳的領土、原地。因此，馬來主權意指作為主人，他們天經地義地擁有國家權力機關的掌控及主導權，並享有有別於移民後裔社群的權利[1]。然而我們審視歷史，有

---

*　本文初稿曾於「海外華人的文化變遷與文物維護」國際學術研討會

關領土和歸屬權之爭奪原本就是人類最原始的千古難解之題。究竟
「土著」定義爲何，其實也並非那麼不證自明。最近著名的馬來評
論作者法力斯在其一篇文章中就叩問道：那些住在馬來西亞經已五
百年的華人、印度人要如何才能算是土著（Farish Nor, 2008）？實際
上，舉例而言，在印度尼西亞加利曼丹的華人就已被承認具有土著
地位了。

一般而言，「土著」或「土人」都是外來者對一個領土的原始
居民的稱謂。從國際脈絡而言，國際法上也尚不存在任何可被普遍
接受的「土著」定義，因爲到目前爲止，專門規定土著問題的國際
文件爲數甚少，參加國數目還很少（白桂梅，1997：59）。1982年成
立的聯合國土著人口工作組爲工作之便利給「土著」下了一個相當
長的工作定義，其主要內容是：土著社會、土著人和土著民族是指
承認他們自己是被征服的領土上原始居民的後裔，他們自己認爲他
們與主流社會是不同的，他們要根據自己的文化形式、社會機構和
法律制度將祖先的領土及族類特性維護、發展並世代相傳，他們也
要保持祖先的土地、文化、語言等的歷史延續（白桂梅，1997：59）。
當然，這顯然是針對西方具體情境而言，因爲美國、加拿大或澳洲
土著時至今日仍處於被歧視的地位，不能平等地享有所在國家公民
應該享有的所有經濟、社會、文化、公民和政治權利。但在馬來西
亞，土著卻是一個族群的自我稱謂，當下他們的領土也沒有被征服，
甚至在政治上、文化還處於霸權的位置上。

（續）

（由「中華民國海外華人研究學會」主辦，假臺北中央研究院人文
社會科學研究中心會議室舉行，2008年12月12日至14日）上發表。

1 有關馬來原地／領地主義分析，見拙作〈華人「承認的鬥爭」及其
政治困擾〉（2007）

　　馬來西亞的「土著」觀念最初出現於1920年代，即當華族、印度族大量遷居至此之時。1927年6月，一位署名拉夫迪(Lufti) 的作者在*Seruan Azhar*雜誌上發表了一篇 "Mereksa Darihal Bumiputera Dengan Bangsa Asing" 文章中最早使用了「土著」(Bumiputera)此一概念(見Siddique and Leo Suryadinata, 1982)。此後，馬來領袖爲了因應大量華、印族的遷入而宣導種族主義思想，從而提倡此片土地決非「無主之地」(terra nullius/vacant lands)，而馬來人正是這片國土的主人(詳見許德發，2007)。追溯起來，此概念在1940年代馬來人反對英國政府計畫實施擬賦予非馬來人平等公民權的「馬來亞聯盟憲法」時被具體化，過後更被用作爭取獨立的理念，並且最終寫入獨立憲法之中[2]。這段歷史進程其實正是巫統所促動和參與，因此這套論述與巫統息息攸關，並成爲該黨章程和政治鬥爭目標。根據馬來西亞獨立後的聯邦憲法153條款，最高元首被賦權以維護馬來人、沙巴及砂拉越土著的特殊地位，同時保護其他族群的合法權益。在此條款下,特殊地位的定義在於保障土著在公共服務領域(中央政府)、獎助學金、教育及培訓機構的合理百分比名額(或稱固打)，同時保護地位也延伸到任何聯邦法律中所規定的任何需要准證及執照

2　二戰之後，英國重返馬來亞，並於1946年提出建立「馬來亞聯盟」(Malaya Union)的構想，試圖建立一個多元民族國家，即賦予華人及印度人享有與同馬來人一樣的公民權利。此外，也欲建構一個中央集權的西方式代議民主政體，廢除各州馬來蘇丹權力，但這引起馬來人強烈的抗爭，最終迫使英國政府不得不取消此構想，並於1948年改以以馬來人為本位的「馬來亞聯邦」(Malaya Federation)替代之，這就是馬來西亞馬來特別地位的起源。1957年獨立建國時所頒布的「馬來亞聯邦」(Federation of Malaya)憲法即奠立於此。蘇丹權力、馬來族群特別地、伊斯蘭的國教地位等，遂成為馬來西亞憲政的基本原則。

的領域(Federal Constitution, 1999)。但是,我們應該從更廣闊的角度來看所謂馬來特別地位,而不應單視此一條款爲憲法中馬來特殊地位之全部。實際上,那些標示著馬來人歷史承續與傳統因素的君主地位、國語(憲法152條文)及回教地位,都是其中憲制馬來特殊地位之有機組成部分,不可切割[3]。

由於這些條款是由所謂代表巫、華、印三大族群的巫統、馬華公會和印度人國大黨在獨立前所達致之協議,華人及印度人被視爲已經肯認了馬來人具有特殊地位,以換取非馬來人——所謂的非土著兼移民社群成爲馬來(西)亞公民的條件。這個協議後來被巫統稱爲是三大族群間的「社會契約」,因此經常被作爲堵住各種追求「平等」的歷史憑藉。在經歷1969年五一三種族衝突事件之後,1970年代政府更通過各種政策(如「新經濟政策」)把馬來特權之範疇加以泛化,並加以「煽動法令」之頒佈和執行而將之絕對化、鞏固化,從此被高度標示爲完全不容置疑的既定建制。前首相馬哈迪就表示,如果其他國陣成員黨質疑「社會契約」(既然社會契約不存在),那麼馬來人也應該勇敢提出要求,以收回獨立當年國父暨巫統主席東姑阿都拉曼給予部分非馬來人的公民權(《星洲日報》,2008年10月28日)。

在有關「馬來特權」爭議中,一項焦點是:究竟馬來主權和憲法中馬來特殊地位是否乃同一回事。一些論者認爲,憲法上的馬來特殊地位與馬來主權是兩回事,因此廢除馬來主權充其量只是放棄一個政治名詞,根本不會否定憲法中馬來人在語言、宗教和土地方

3　馬來學者三蘇即認爲,馬來主權的憲制地位自1948年就得到維護,即當馬來性(Malayness)的三大支柱即語言(馬來語)、宗教(回教)及王室(蘇丹)被列入「馬來亞聯合邦憲法」之時(Shamsul, 1997: 244)。

面的特殊地位。這種看法認爲馬來主權是巫統延伸憲法中馬來人特
殊地位所產生的政治鬥爭名詞，在憲法中並不存在(《聯合早報》，
2008年5月2日)。這確實有其依據，然而我們若回到歷史語境來看，
兩者雖不盡相同，卻有緊密的內在聯繫。事實上，是巫統通過制定
憲法中的馬來特殊地位條款來實現其馬來主權的追求與立場[4]， 當
時的華人也是這樣認知的。當時的華人社團就激烈反對一些相關條
款，認爲這將置華人等非馬來人於二等公民的地位。他們要求「特
殊地位」條款以15年的時間爲限，甚至還被當時英國政府所成立的
「李特憲制委員會」所接納(Federation of Malaya, 1957: 73; Khor Teik
Huat, 2008；崔貴強，1999)。從實際的層面上看，憲法也如實確保
了馬來語、回教及馬來君主的本質化地位，並完全的肯認了馬來人
與國土的本質性關聯。也許我們可以這樣分疏兩者之間的不同之
處，即馬來主權是巫統民族主義實際政治操作中的意圖，它進一步
使巫統在政治上得到霸權或完全主導的地位，而這包括獨立後體現
在國會選區不公平的劃分、新經濟政策等政治性謀略上(參見
Freedman, 2001: 411-440)。換句話說，它是衍生自「特殊條款」的
執行方式和政策，顯得比條款本身更具霸權性與壓迫性。

三、馬來人／歷史與華人／普遍價值之間的限度

從有關的論爭當中，儘管種種跡象表明馬來人內部已經發生變
化，而且似乎駸駸然出現了諸如學者法力斯(Dr. Farish Nor)、阿茲

---

4   巫統部長拿督沙禮爾(Sharir Samad)曾指出：「馬來主權在憲法上
   是實在的東西，並不是巫統執意要高喊馬來主權；而是在捍衛憲法
   153條文上所闡明的馬來主權概念。」(《星洲日報》，2008年4月
   29日)

利拉曼（Dr. Azly Rahman）、評論人哈密迪（Wan Hamidi Hamid），前
法律部長再益（Zaid Ibrahim）等自由派（liberal）[5]，還有以階級爲綱的
各種其他意見源流，如希桑姆丁（Hishammudin Rais）、社會主義黨
等（亦參見Shanon Shah, 2008），但值得我們叩問的是：主流馬來人
一般比較開明的意見所能接受的限度和底線爲何？扮演激進馬來人
利益群體的喉舌《馬來西亞前鋒報》最近刊登一位讀者投函，很令
人索味，他說隨著人民思維的改變，「馬來主權」一詞已不再適用
於當下的政治環境。這位名叫朱基菲里沙烈的讀者進一步說，這種
口號不但使馬來人無法獲得全球他族的支持，也會被視爲不肯努
力、把別人當成奴隸及剝奪他人權利之傲慢和貪婪的種族。他問道，
馬來人也不是不可以接受外來移民，但爲何要讓這個字眼破壞馬來
人的真正形象？因此，他建議尋找一個更好的字眼來取代「馬來主
權」，比如「馬來人權利」（Hak Melayu）即已足夠（引自《聯合早報
網》，2008年5月1日）。見微知著，從這些比較具批判性的論析中，
顯然可見這些人儘管可接受屬於巫統「馬來主權」論之廢除，但大
致上仍然認同馬來特殊地位的條款或馬來人權利，甚至即便連反對
黨安華在申張其「人民主權」概念之際，也一樣沒有否定憲法中「馬
來特殊地位」，以及馬來文與回教地位的權利。換言之，他們只是

5　實際上，一些馬來右派分子也把這些支持平等原則的馬來人稱爲不
　　懂歷史的「自由派馬來人」（Melayu Liberal），而且充滿貶義的指責
　　這些人的思想形成自以華人爲基礎的政黨如馬華公會及民主行動
　　黨的衝擊，同時也受美國影響（見Nik Nazmi Nik Ahmad, 2008）。然
　　而，實際上，他們的思想還複雜些，他們一些是使用新馬克思理論
　　爲其論述資源，如在美國大學執教的阿茲利（Dr. Azly Rahman），其
　　見解可見 A Malay view of "Ketuanan Melayu," http://azlyrahman-
　　illuminations.blogspot.com/2008/02/155-malay-view-of-ketuanan-mela
　　yu.html, 04-02-2008.

質疑上述的巫統論述、屬於政策面、謀略面的「馬來主權」，並無動搖屬於憲法層面上的「馬來特殊權利」部分之意圖。在很大程度上，這甚至可以解釋為他們仍然認同於馬來人對土地的特別關係。然而，在針對文化語言及社會政策上，他們會傾向秉持相較開明、容忍的態勢，這可由反對黨陣線執政的州屬對獨立中學的資助(贈送地皮，以地養校)、華文小學的制度性撥款、頒發永久地契予華人新村居民等政策窺見。無論如何，他們的具體政策與進一步之主張仍待觀察。

　　儘管馬來西亞社會的多元化是一個客觀現實，但對許多馬來人而言，馬來特殊地位卻是歷史事實。他們自認在其他族群到來之前已經在此定居，並建構了自身的統治制度。因此，馬來(西)亞的歷史絕不是空白一片的，打從馬六甲王朝時代始，他們就建立了以馬來統治者為主體的馬來主權國家之延綿系統，而這個歷史事實必需持續下去。對那些保守分子而言，他們也認為，其他族群的湧入是殖民地統治的結果，這也扭曲了歷史的自然發展。因此，既然馬來社會建制、傳統是固有的，那麼外來者更需要「調適」自己於固有的馬來歷史境況之中，多於要他們放棄某些特徵與要求(詳見Ratnam, 1965: 30；許德發，2007)。因此，建立一個以馬來人為主體的國家是馬來民族主義者的理想，一切語言、文化單元化都是此一民族國家構建政策中的一部分。馬來民族主義其中一項概念，就是馬來人的困境在於「在自家中被奪取」(dirampas segalanya di rumah sendiri)，故必須從奪取者英殖民和移民者手中「奪回」(merampas kembali)其失去的政治、經濟及文化等主導權(Shamsul, 1997: 245)。不難理解，他們之中甚至認為現有華小等其他源流學校之存在已是一種「妥協」，故而有以消滅之為其「最後目標」者。他們希望最終可以建立一個以馬來文為媒介語的統一教育系統。在文化

上，也嘗試推介所謂的「國家文化」政策，強調馬來文化與回教文明是作爲國家文化的基本核心。（詳見陳祖排，1987）

持平地說，我們不能完全否定或無視歷史事實。當然，這種觀念與歷史事實即使有其理據，也絕不能合理化過去苛刻的單元化及歧視政策。許多華人就駁斥道，馬來人也多從印度尼西亞群島過來，最近民政黨婦女組主席陳蓮花在駁斥巫統黨員的「華人寄居論」時就認爲三大族群都非原住民（〈藉原住民土著論反擊「寄居論」，陳蓮花痛批友黨選後羞辱民政〉，2008；*Utusan Melayu*, 13 Oct. 2008），但實際上，在當時（殖民地之前）馬來人的觀念之中，印尼和馬來半島都是馬來世界（Nusantara Melayu）的一部分（*Utusan Melayu*, 15 Oct. 2008）。他們自古以來即隨意往返，而馬來西亞和印尼當今的國界是後來殖民者強加所造就，卻未必是馬來人自然的觀念。誠然，即便今日許多達雅人（Dayak）也仍然日常地跨越於砂拉越與加利曼丹邊界兩地之間，因爲他們仍舊缺乏現代的國家觀念。以聯合國剛於去年通過的《土著人民權利宣言》而言，它呼籲保障土著人民保持和加強祖先的土地、文化、語言等的歷史延續，以及按照自身需要和願望選擇發展道路的各項權利，這雖是針對歐美國家現象而言，但在某種程度上似乎也指明原住民族維護自身歷史延續是被視爲符合人權宣言的（《新華社》，2007年9月14日）。由此而言，我們必須承認，歷史及其延續性必須得到某種程度的尊重。

然而事情總有另一面。在面對歷史遺留所造就的「馬來主權」論述下，馬來（西）亞華人社會長期進行著抗爭。依照備受華人社會尊崇、有馬來西亞華人族魂之譽的林連玉的說法，華人的抗爭可一言以蔽之爲追求「民族平等、語言平等」（何啓良，2001）。從歷史視角窺視，在1957年獨立前夕，當各方在爲獨立制憲角力時，極具代表性的千餘個華人社團代表即揭竿而起，與馬華公會針鋒相對的

在吉隆坡舉行了「全馬華人註冊社團爭取公民權大會」，揭開了華人至今未止的平等追求序幕[6]。大會即席通過四項議案，即所謂的「四大原則」。從1956年4月開始至1957年7月以前，凡是華人社團具有全馬性的會議，都特別通過一條議決案，對華人四大要求表示支持（《南洋商報》，1957年8月9日）。他們對憲制提出以下「四大要求」：

　　（一）凡在本邦出生的男女均成為當然公民；

　　（二）外地人在本邦居住滿5年者，得申請為公民，免受語言考試的限制；

　　（三）凡屬本邦的公民，其權利與義務一律平等；

　　（四）列華印文為官方語言。（全馬華人註冊社團代表大會，1956）

　　大體看來，華人社會對憲制的要求開宗明義地定位在「平等」的話語上，並訴諸普遍人權的支撐點上。從獨立建國至今50年來，「平等」形成為華人社會、政治運動的主軸與動力，並儼然出現了一種「平等敍述」。事實上，任何人都不能否認價值或正義偶有其歧義性。華人社會追求的普遍公民權可說是不容置疑的正義，但與此同時，誠如前述，土著的主權訴求也建基於一種難以輕易否定的歷史因素之上，因此問題在於兩者之間的限度或均衡點應該如何擺置。平等權利概念是普遍價值，但我們又要如何兼顧歷史事實、承續性和遺留呢？華人可接受的限度或均衡點究竟如何？

　　華人社會對此可說呈現二大分流。其一是馬華公會，與巫統合作談判，並接受所謂的「社會契約」或既成事實，立場自屬保守，但也具體。概括言之，馬華公會以外的第二種立場，是一股體制外

6　華團代表大會代表著華人民間力量，其出現標誌著華人社會對獨立制憲立場的二元分歧。它與另一體制力量的馬華公會之糾葛，可見崔貴強，1989；Khor Teik Huat, 2007: 85-128.

的反對力量，而且似乎更獲得普通華人的支持。從獨立前劉伯群、林連玉時代的公民平權運動、華教運動到民主行動黨的「馬來西亞人的馬來西亞」概念爲止（參見謝詩堅，1984；祝家華，1994），他們顯然追求相對多元的立場，但也沒有進一步具體探討歷史限度的問題。記得1990年代初大選中華人選票大量投向反對黨後，時爲巫統青年團長的納吉即曾詰問道：究竟華人要什麼？納吉的問題雖然說明了巫統的權力傲慢，但也透露出馬來人自認他們作爲主權擁有者，已經對華人作出了讓步。馬哈迪最近不就說了，「馬來西亞是唯一允許國民保持種族特徵，不像其他發達的西方國家的人民使用同樣的國語、同樣源流的學校和採納當地人的文化」。在馬來領袖之中，這種話語俯拾皆是，它儘管值得訾議，但我們若進一步詢問華人最終要什麼，似乎很多華人都未必能具體答得上來。

對華人社會而言，我們實際面對的困擾大體可以以歷史與平等價值來理解。「歷史」因素確實是華人社會所必須要直面的、甚至肯認的客觀事實[7]。所謂「平等價值」，則是華人社會本能性的對政策壓迫的反抗之價值追求。在很大程度上，華人社會的現實困境可說就是困夾於歷史與平等價值政治之中，如何在此張力中求得合乎現實和正義原則的均衡點，是一大艱難的過程。

四、文化多元主義政策與華人的文化追求

接下來，本文將嘗試基於一些華人社會過去的運動及行爲，來

7　「歷史」也可指出華人與自身中國歷史傳統的糾結。在本土化與固有文化傳承之間，華人社會無疑也產生了理智和情感上的矛盾，這是華人的另一困擾，然此處不贅。

界定及分析華人社會的具體文化目的，與其對馬來人所要求的歷史
延續性之可接受限度。研究西方少數族群和移民利益的加拿大學者
威爾‧金里卡(Will Kymlicka)的研究成果，可資我們借鑑。金里卡
指出，歷史上的移民和少數民族雖都遭遇到相同的「民族國家構建」
政策的壓力，但是他們的反應方式卻是不一樣的(金里卡，2005：
162)。金里卡根據西方社會的情境提出少數族群及移民社會的兩种
總體要求，即少數群體傾向於奮力保持或建立他們的社會性文化，
他認爲這是一種「民族國家」的建構，旨在傳播共同的民族認同、
民族文化和民族語言的政策。而在移民社會方面，則只要求「多元
文化主義政策」。易言之，他們接受固有國家主流文化形態，也願
意融入國家主流，而只是希望國家能夠同時承認他們的貢獻、使用
自身語言和文化權利(金里卡，2005：160-186)。但無論如何，儘管
這兩個群體在自身的權利追求上各有不同，但有兩個共性：其一，
要求公民個人所擁有的一系列共同的公民權利和政治權利，而這些
權利在所有的自由民主國家中都是受到保護的；其二，這些要求指
向同一個目標，即要使種族文化群體的獨特身分和需要得到承認與
包容。

那麼華人社會的總體要求是屬於哪一種形態呢？要回答此一問
題，我們有必要對華人移民史稍作回溯。從一開始，華人移民社會
所面對的挑戰就是：要麼融入主流社會，要麼就是重新構築自身的
社會文化體系，而最終是爲了保留華人的身分認同[8]。從19世紀中葉
開始，隨著早期華人人口的穩定增長，華人社會即大量設立自己的
學校、報館和各種團體組織，如會館、廟宇等(詳見顏清湟，1991)，

8　這也就是爲何馬來西亞華人社會常有一種「自以爲是」的說法，那
　　就是「馬來西亞華人是海外華人中最像華人的華人」。

也因此形塑了一個華社內在基本自足的體系，使其歷史、文化記憶在這土地上得以維繫和傳承。換句話說，主要由上述華社三大支柱支援了各種集體歷史、文化記憶的管道與載體，比如教育、文學、民俗等等，使華人記憶得以傳承與維持。其中學校與報館之創立正是社會性文化再生產中的關鍵一步，因為這才保證了語言及與之相關聯的傳統和習俗傳給下一代。這三大支柱相互連接，形成了在政治、社會、文化各領域上護衛、代表華人的機制。然而必須說明的是，此種「基本自足」的體系仍舊存在著先天結構上的缺陷。此結構性問題其來有自，即先天的移民性，註定馬來西亞華人社會與文化發展是經由歷史的跳躍和社會結構的不完整開拓而來的(見許德發，2006)[9]。因此，社會相對完整化與文化建制化，就是華人社會孜孜以求的「最終目標」(許德發，2006)。不難理解，華人社會存有一種「華文大學情結」，這也就是為何我們常在馬來西亞華社聽聞類似「建立從華文小學到大學之完整教育體系」的說法了[10]。

但是，從移民到公民的社會結構之形成必須經過一段漫長時間的建構過程。實際上，在現代國家或社會中維持一個獨立的社會性文化是一項雄心大志的、艱苦的事業，也是一個太龐大而可望不可即的事業。一個族群自身社會文化的發展，需要龐大而完整的公共機構和政治權力來支撐，若不然，則必定要付出何等的艱辛努力，

9　第一、它是一個從屬的社群，未能在這片土地上當家做主，自然也沒有國家所擁有的各種機關。第二、由於海外華人移民社會的構成是來自於眾多個人的遷徙，而不是整個中國社會塊板式的移植。這先天性註定它的社會結構是斷裂的、與中國本土不同，也不成熟、不完整。比如它沒有健全的士階層、從上而下的領導層以及大學或研究機制等等(許德發，2006)。

10　有關華文教育發展，見Tan Liok Ee, 1997；柯嘉遜，1991。

這其實已預示了馬來西亞華人歷史記憶與文化傳承及文化再生產上
的艱難與問題之重重。所謂的華社「第二稅」，乃至於社會運動領
導者公民權之被褫奪與入獄等等，都是這個重建文化體系工程中不
可謂不大的慘痛代價。金里卡根據魁北克的歷史經歷指出，只有當
一個族群在語言、教育、政府就業和移民方面擁有實實在在的龐大
而完整的公共機構和政治權力的時候，它才能保持和再生產其社會
性文化（金里卡，2005：162-166, 180）。進一步的說，除非語言在包
括政治、經濟等領域，如法院、立法機構、福利機構、衛生機構等
等政府機構內獲得具「公共語言」的實質性權利，有關語言才能生
機勃勃（金里卡，2005：163）[11]。然而，華人社會卻從未要求具備如
此廣泛的語言和文化權利。

　　華人社會在文化教育上求之於官方或國家的，其實就是要求公
平的國家資助以及自由的運用，並不是否定馬來文作爲官方語言的
地位。具體而言，在獨立時期或1960年代，華人社團或華校教師總
會曾極力要求華語華文與淡米爾文同列爲官方語文之一，其目的其
實更是爲了保障華文學校之不被剷除[12]，而不是爲了建立國中之
國，當然更不是如金里卡所言的「少數族群的民族建國」目的。林
連玉在1985年提到爲何爭取華文爲官方語文時明確指出：

---

11 除了華文學校，華人社會僅僅在一些路牌、招牌、填寫銀行支票等
　等細微的局部上要求中文（及華人文化）可以在公共領域被允許使
　用，與金里卡所列出的領域之廣泛簡直不可同日而語。
12 在獨立前夕，主要由教總向來聯盟爭取，及在憲制談判期間由全馬
　註冊華團通過「四大原則」爭取。1960年代，則是由教總主席沈慕
　羽（也是馬華公會青年團副團長）發動「馬來西亞華人註冊社團」，
　要求政府列華文爲官方語文運動，結果以失敗告終，沈氏也被馬華
　開除黨籍（教總33年編輯室編，1987）。

那是1952年11月8日，我和周曼沙、沙淵如代表華校教總到二王樓去謁見副欽差大臣麥基裡萊先生，從他那裡知道政府要消滅華校所持的理由是華文非馬來亞的官方語文。……既然當局以官方語文為武器要來消滅我們，我們要避免被消滅必須擁有同樣的武器才可抵抗。因此教總就於1953年4月全國華校董教代表第二屆大會時提出爭取華文列為本邦官方語文之一。從此可知華校教總爭取華文列為本邦官方語文之一純是自衛的、求生存的（林連玉，1985）。

林連玉在1955年著名的「馬六甲會談」時，也跟巫統主席東姑如此說：

英文是外國語文，不配作為馬來亞的共通語文。要作為馬來亞的共通語文，必須是馬來亞的民族語文：第一是巫文，第二是華文（林連玉，1985）。

由此可見，華教人士是肯認了馬來文在即將獨立的新興國家中的首要地位的。再舉例而言，在1983年為回應「國家文化」政策之威脅而發表的〈華團文化備忘錄〉之中，華社難得地略有觸及所謂的「歷史問題」。該歷史性文獻指出，「我們不否定馬六甲王朝的存在以及蘇丹政體的延續性，不過誰也不可以否定其他民族的合法存在以及參與建國的事實。」（姚新光，2001：18）顯然的，他們只要求承認馬來西亞當下的多元事實，而不是否定其歷史事實。因此，以上述金里卡的術語和分類類型來說，華人社會的總體要求比較屬於西方的移民社會，即「願意融入國家主流，而只是希望國家能夠同時承認他們的貢獻、使用自身語言、文化權利」的「多元文化主

義」。

顯而易見，自獨立之後的50年以來，馬來西亞華人不管在文化
上、生活上更加本土化，同時或許由於形勢亦比人強，對於自身利
益的追求更顯示了某種程度的「保守化」，比如對於華文作爲官方
語言的訴求，已幾近明日黃花，無人再提，而對於馬來文作爲國家
語言亦認同有加，無人質疑。毋庸置疑，幾乎所有的少數族裔文化
群體都希望融入主流社會，華人社會也如此。華人社會追求自身的
認同與文化建構並非抗拒融合，而是追求一種兩全其美的多元文化
方式，讓國家的整體包容性和整合可以更進一步。自獨立建國前夕，
華人社會一些領袖曾罕見的提出一個較具體的遠景，當時的華團赴
英倫代表之一的陳期岳旅歐歸來後即指出，應當「效法瑞士的四大
官方語言政策，但人民以國家爲效忠對象。」(《南洋商報》，1957
年7月1日)

儘管華人的立場極爲複雜、含混，難以一言以蔽之，但歸納起
來，我們大體仍然可以這麼說，當今華人社會至少在已明言的層次
上，還可以接受有關馬來人地位的憲法條款(即使憲法不平等是不合
乎正義精神的)，但反對推衍過當的「馬來主權」論述與政策[13]。這

---

13 以提倡建立「馬來西亞人的馬來西亞」目標為政綱的華人基礎政
  黨，即民主行動黨也從不至於質疑憲法中保障馬來人特別地位的
  153條款，只是要求所謂馬來特別地位僅限於在此條款下所列明的
  「土著在公共服務領域(中央政府)、獎助學金、教育及培訓機構的
  合理百分比名額(或稱固打)」等等。實際上，華人社團在獨立前夕
  的立憲運動時期，即申明不反對「153條款」，只是反對其無限期
  延長(見《中國報》，1956年8月25日)。當時的華人社團也贊成經
  濟扶弱政策。當然，如果從社會正義角度上來說，一個民族或原住
  民是否應該基於他們與土地的淵源而享有特別權利，尤其他們又處
  於多數民族地位，這是可爭論的。

似乎與前面提到的馬來社會較開明的自由派源流之底線有接近之
勢。對許多華人而言，如果說馬來主權所指涉的是馬來君主[14]、馬
來語作爲國語(但不否定其他語言的權利)等等這些元素，尤其是馬
來文化作爲一種官方儀式和象徵，那麼我們從華、印族晚近20年來
的言行而言，尤其是對新一代華人來說，這些似乎都已不是、也不
成問題了[15]。甚至於經濟上的扶弱政策，華團早在1950年代即已提
出。因此，儘管不容易言說，但華人社會應該嘗試讓馬來社會瞭解
他們對本土歷史傳統承續上的具體態度。華人要求承認他們的平等
地位大體是較溫和的、並未有過激之行動，因爲他們在對待馬來西
亞與馬來人之間存在的特殊歷史淵源上，呈現一種逐漸(完全)承認
與接受的總體趨勢，而只是認爲歷史淵源不該造成歧視。華人社會
所要求的是其文化權利得以落實，以保有更爲完整的公民權。

　　如果要具體形構華人所追求的國家建構形態，或許類似於塔米
爾(Tamir)理念型的「自由主義的民族主義」可概括形容之。在「自
由主義的民族主義」國家內，國家把對相互競爭的優良生活觀的評
價視爲公民社會中的個人事務，讓他們自行選擇。國家的任務僅是
試圖發展和維繫公民們在一個倫理共同體中的共同歸屬感，由此人
民就更可能履行對於自己同胞公民的義務，使少數群體的權利得到
滿足，而「自由主義的民族主義」在此過程中取得的成功，成爲通

14　前引拿督沙禮爾所認爲：「這取決於人們如何詮釋。我認爲，馬來
　　主權所談的東西關係到蘇丹制的存亡。要廢除馬來主權，就等於是
　　要修憲，廢除蘇丹制，以推行總統制。」(見《星洲日報》，2008
　　年4月29日)。

15　以作者的觀察，若基於歷史淵源，馬來文化作爲一種形式、國家象
　　徵或儀式而被國家／官方化，這是華人社會比較輕易可接受的，也
　　是華人社會所肯認的。但若涉及某種特殊權利、利益的層面，則較
　　具爭論與複雜。

向社會團結的、獨特的自由主義方法(塔米爾,2005;Tamir, 1993)。
誠如前述,華人社會並未要求完整、全面的文化和語言權利,因此
並沒有挑戰馬來文／馬來文化作為國家的象徵與形態。尤有進者,
華人社會也一直積極支持建立「馬來西亞民族」目標,不管華文小
學或華文獨立中學之課程都以培養國家意識為其教育宗旨。實際
上,多元文化政策的要求看似為了滿足少數華人群體的利益、幫助
他們自我發展,但實質的目的乃是促進民族國家內部的整合。金里
卡正是以多元文化主義的公民權(multicultural citizenship)概念,為
解決少數群體權利需求問題提供了思路,從而最終實現民族國家建
構的目的(金里卡,2005;朱聯璧,2008:15)。

　　然而問題在於,由於歷史的因素以及馬來人的危機意識,使得
他們發展出的民族建國主義是一種威權制度,它封閉、仇外,而非
以啓蒙運動的理性和普遍人道主義為基礎之開放、多元兼容的民族
主義。這正是馬來西亞問題久久不能解的關鍵所在。

五、結論:設身處地的雙向理解與同情

　　總的來說,若我們承認馬來人作為土著族群的歷史事實的話,
相對於北美、澳洲的情況,我們可以說馬來人有其幸與不幸之處。
就其幸而言,馬來人身為所謂的「土地之子」顯然沒有像美、加的
印地安人、澳洲的毛利人那樣,被其殖民者及後裔所超越及主宰;
但就馬來人的立場而言,其不幸則在於,雖然有人口上的優勢,但
它卻無法模仿一般的民族國家那樣,完全宰制少數族群,實施單元
化的國家文化,而是必須確認國家的多元事實,並與他們分享某種
政治權力,及在宗教和文化上容忍其他少數族群的自主性。我們從
比較的角度來看,也以一種設身處地的方式來思考,雖然作為移民

社群的華、印度族有其悲劇,他們為自身積極爭取政治與文化權利值得同情,同時符合當今多元化的潮流和正義原則,但馬來人一直強調其擁有的特殊(土著)的地位、與其他族群有別,亦有其言之成理之處,我們不能一概加以否定(參見蔡源林,2004:18)。

然而,以當今的政治現實而言,馬來主權之消解與否,及在馬來西亞歷史延續之限度上該如何劃線,這在很大程度上還得盯視馬來人自身的動向。此次的論爭大體就是由馬來人所引發的。因此,對於馬來西亞的不平等政治,華人公民社會除了批判之外,還需要有一點等待內在演變的耐心。畢竟對許多馬來人而言,從歷史到多元現實之間,可能還需要一段轉折和陣痛的歷程,而這個過程看來還有待更長的時間來完成。顯然,如何在歷史和普遍平等價值之間尋得一個平衡的、合乎情理的基準,仍然考驗著全體馬來西亞人的智慧與耐力。

參考書目

白桂梅,1997,〈土著人與自決權〉,刊於《中外法學》,第6期,頁59-69。

蔡源林,2004,〈從伊斯蘭法的公共論述看馬來西亞社群主義的建構〉,《亞太研究論壇》,23:15-36。

陳祖排(編),1987,《國家文化的理念:國家文化研討會論文集》,吉隆坡:馬來西亞雪蘭莪中華大會堂。

崔貴強,1989,《新馬華人國家認同的轉向,1945-1959》,廈門:廈門大學出版社。

何啟良,2001,〈百年連玉──論馬來西亞華人政治史上的林連玉〉,發表於林連玉基金會主辦:「林連玉百年冥誕國際學術研討會:教

育、啓蒙、創新」，吉隆坡，9月16日。

教總33年編輯室編，1987，《教總33年》，吉隆坡：馬來西亞華校教
　　師總會。

〈藉原住民土著論反擊「寄居論」，陳蓮花痛批友黨選後羞辱民政〉。
　　「當今大馬」新聞網（www.malaysiakini.com），2008年10月10日。

金里卡著、鄧紅風譯，2005，《少數的權利：民族主義、多元文化主義
　　和公民》，上海：譯文出版社（英文2001年版）。

柯嘉遜 ，1991，《馬來西亞華教奮鬥史》，吉隆坡：華社資料研究中
　　心。

《聯合早報》，2008年5月1日。

《聯合早報》，2008年5月2日（〈朝野政黨馬來領袖青年團：馬來主權
　　不等於馬來特權〉）。

林連玉，1985，〈答東姑〉，11月15日（http://www.djz.edu.my/resource/
　　HWJYDG/2005-4/hwjy4（PDF）xiuding/linlianyuzhenxie.pdf）。

《南洋商報》，1957年7月1日（〈馬華請願團代表陳期岳，返甲在機場
　　發表談話〉）。

《南洋商報》，1957年8月9日。

〈推翻「馬來支配權」論述，安華率眾高喊人民作主！〉，「獨立新聞
　　在線」網站（www.merdekareview.com），2008年4月15日。

〈《前鋒報》讀者：「馬來主權」一詞不適用於馬國政治環境〉，「聯
　　合早報」網（www.zaobao.com），2008年5月1日。

全馬華人註冊社團代表大會（PMFCA），1956年8月，《全馬華人註冊
　　社團代表大會致李特限制委員會備忘錄》。

塔米爾著、陶東風譯，2005，《自由主義的民族主義》，上海：世紀
　　出版集團（英文1995年版）。

謝詩堅 ，1984，《馬來西亞華人政治思潮演變》，檳城：友達企業有

限公司。

《星洲日報》,2008年4月29日。

《星洲日報》,2008年10月28日。

《新華社》,2007年9月14日。

許德發,2006,〈民間體制與集體記憶—— 國家權力邊緣下的馬華文
    化傳承〉,《馬來西亞華人研究學刊》,9: 1-18。

——,2007,〈華人「承認的鬥爭」及其政治困擾〉,發表於馬來
    西亞華研、華總主辦「馬來西亞華人的貢獻與國家進展」研討會,
    吉隆坡,10月6-7日。

顏清湟著,粟明鮮等譯,1991,《新馬華人社會史》,北京:中國華僑
    出版公司(英文1986年版)。

姚新光(主編),2001,〈華團提呈之《文化備忘錄》全文〉,於《馬
    來西亞華人文化節資料集(1984-2000)》,吉隆坡:華總—全國華
    團文化諮詢委員會,頁16-21。

《中國報》,1956年8月25日。

朱聯璧,2008,〈「多元文化主義」與「民族—國家」的建構——兼
    評威爾・金里卡的《少數的權利》〉,《世界民族》第1期,15。

祝家華,1994,《解構政治神話——大馬兩線制政治的評析
    (1985-1992)》,吉隆坡:華社資料研究中心。

Federal Constitution, 1999. *Federal Constitution*. Kuala Lumpur:
    International Law Book Services.

Federation of Malaya, 1957. *Report of the Federation of Malaya
    Constitutional Commission*, Kuala Lumpur: Government Press,
    February.

Hirschman, Charles, 1986. The Making of Race in Colonial Malaya: Political
    Economy and Racial Ideology, *Sociological Forum*, Vol. 1, No. 2.

（Spring）: 330-361.

Khor, Teik Huat, 2008. Towards the Larger Objective of Malayan Independence: The Chinese Community and the Independence Movement, in Voon Phin Keong(edit), *Malaysian Chinese and Nation Building Before Merdeka and Fifty Years After*, Volume 1: Historical Background and Economic Perspective. Kuala Lumpur: Centre For Malaysian Chinese Studies, pp. 85-128.

Kymlicka, Will, 2001. *Politics in the Vernacular: Nationalism, Multiculturalism and Citizenship*. New York: Oxford University Press.

Nik Nazmi Nik Ahmad, 2008. Dilema tongkat Melayu（馬來人拐杖的困境），in *Malaysian Insider*（馬來西亞局內人網站），9 October(http://www.themalaysianinsider.com).

Noor, Farish A., 2008. The perils of assimilationist politics, in *Aliran* (http://www.aliran.com).

Rahman, Azly, 2008. A Malay view of "Ketuanan Melayu," http://azlyrahman-illuminations.blogspot.com/2008/02/155-malay-view-of-ketuanan-melayu.html（04-02-2008）.

Ratnam, K. J., 1965. *Communalism and the Political Process in Malaya*, Kuala Lumpur: University of Malaya Press.

Shah, Shanon, 2008. Ketuanan Melayu rebutted, in *The Nut Graph*, 24 Nov. (http://www.thenutgraph.com).

Shamsul, A. B., 1997. The Economic Dimension Of Malay Nationalism -- The Socio-Historical Roots of the New Economic Policy and Its Contemporary Implications, *The Developing Economies*, XXXV-3 (September): 240-61.

Sheridan, L.A., 1961. *The Federation of Malaya Constitution: Texts,*

Annotations and Commentary, Singapore/ New York: University of Malaya Law Review and Oceana Publication.

Siddique, Sharon and Suryadinata, Leo, 1982. Bumiputra and Pribumi: Economic Nationalism（Indiginism）in Malaysia and Indonesia, in *Pacific Affairs*, Vol. 54, No. 4.（Winter, 1981-1982）: 662-687.

Tamir, Yael, 1993. *Liberal Nationalism*, Princeton, NJ: Princeton University Press.

Tan, Liok Ee, 1997. *The Politics of Chinese Education in Malaya 1945-1961*, Kuala Lumpur: Oxford University Press.

Utusan Melayu, 13 Oct. 2008（NGO bidas Lian Hoe/非政府組織評擊蓮花）.

——, 15 Oct. 2008（Penghijrahan Melayu dalam zon budaya sendiri/馬來人在自身的文化區中遷移）.

許德發，馬來西亞蘇丹依德裡斯教育大學中文系高級講師。研究興趣是中國近代思想史、馬來西亞華人研究，正從事馬來西亞族群關係研究。

在文學研究與創作之間：
離散經驗*

李有成、張錦忠

　　單德興：各位老師，各位同學，非常歡迎大家在這個陰雨的星期六下午來參加這場學術與知識的盛會，外面雖冷，裡面卻很溫暖，典型的外冷內熱。大家也曉得紫藤廬是個鬧中取靜的地方，本身就有其特別的政治與文化歷史意義。今天的對談是中華民國英美文學學會所舉辦的系列活動之一，而且很特別的是，以往的活動主要著重在文學研究方面，但今天的兩位主講者除了自身豐富的文學研究經驗之外，還有豐富的創作經驗和編輯經驗。除此以外，他們飄洋過海來到台灣，因此還有相當豐富的離散經驗。今天對談的題目是「在文學研究與創作之間：離散經驗」。我們很高興能請到台灣外文學界兩位非常知名的學者，第一位是李有成教授，第二位是張錦忠教授。

　　在座應該有不少李有成老師的學生，就算不是他的學生，也讀過他的著作，甚至可能還讀過他的文學創作。李老師出生於馬來西亞，畢業於師大英語系，之後在中學任教一年，接著就到台大外文

＊　這場對談係由中華民國英美文學學會主辦，於2010年10月30日週六下午在台北市紫藤廬茶藝館舉行，單德興擔任主持。對談稿係由吳哲硯整理。

研究所唸書，我們就是在碩士班時認識的，後來我們繼續在博士班唸書。碩士班唸的是英美文學，主要是美國文學，博士班唸的是比較文學。李老師在唸碩士班時就到中央研究院工作，那時候是在美國文化研究所，後來改名為歐美研究所。他最先擔任助理，後來是助理研究員、副研究員、研究員、特聘研究員，套用我們的話說，就是一路從基層幹起，資歷完整。

　　張錦忠老師也是在馬來西亞出生，後來到台灣也是在師大唸英語系，接著到中山大學外文研究所唸碩士，緊接著進入台大比較文學博士班，取得博士學位，而在那之前，就已在中山大學任教。他們兩位在來台灣之前，都有非常多的創作與編輯經驗，來台灣這些年來，除了自己在學術上累積的成果之外，還教導出很多學生。我們今天很榮幸能邀到兩位來跟我們分享他們的心得與經驗。

　　李有成：謝謝單老師的介紹，也謝謝英美文學學會馮品佳理事長安排今天的對談。我看今天在座有不少熟人，所以我們就比較輕鬆一點來談。我事先曾經跟張錦忠老師商量要怎麼對談，或者有什麼議題值得談，我們決定還是從我們切身的經驗談起。我最早談離散的議題是1993年的一篇論文，討論的是印度裔女導演米拉奈耶（Mira Nair）的作品《密西西比的馬薩拉》（*Mississippi Masala*）。我主要想藉這個電影文本思構一套離散詩學。當時很多想法都受到英國黑人文化研究的影響，像霍爾（Stuart Hall）、季洛義（Paul Gilroy）這些人對於離散、國族、身分認同、民族主義等觀念，對我有相當多的啓發。剛好就這些議題而言，《密西西比的馬薩拉》是個非常豐富的電影文本。這個電影馮老師也談過，我想在座很多位也應該很熟悉。這麼說來，從1993年到現在已經很多年了。最近四、五年，中山大學剛好在教育部五年500億的經費補助下，人文與社會科學中

心希望規劃一個比較大型的研究計畫，張老師和王儀君老師就來找我，問我能不能籌組一個研究群。我們就這樣召集了一個15人的跨校的研究群，研究離散文學。這四、五年來，我們每隔三、四個月就見面一次，討論相關的議題，或者聽取群組的成員報告自己的研究計畫或論文。後來有一部分成果就收集在我和張老師合編的《離散與家國想像》這本論文集裡。允晨出版社的廖志峰先生很有膽識，願意出版這麼一本近六百頁的學術著作。這也可能是華文世界第一本較大規模討論離散這個議題的著作。

就像剛才單老師說的，我和張老師其實有很多經驗是重疊的，都是從馬來西亞到台灣來唸書，然後留了下來，在這裡工作，跟大家一起。從這個角度來看，我們是離散社群的一部分。我們的祖先最早從中國離散到馬來西亞，我們又離散到台灣來。離散一開始並不是很愉快的經驗，歷史上許多族群的離散經驗其實都滿悲情的。我們剛來的時候人生地不熟，後來慢慢調適，融入這個社會，跟這個社會一起成長，一起發展。不過因為歷史經驗不同，個人際遇不同，我們看問題的視角可能又會跟在座有些人不太一樣。張老師跟我還有一個共同點，我們都曾經是文藝青年，寫過詩、小說及散文。剛來台灣的最初幾年，大概是1970年代初，我寫了一些詩，事後回頭看，這些詩其實有相當濃烈的離散味道，只有在離散的情境下才會寫出這樣的詩。即使在台灣住了四十幾年之後，完全是台灣社會的一份子了，我在思考某些問題時，某種離散的感性還是存在的。譬如說最近兩、三年，我寫了兩首詩討論身分認同的問題，都先後入選台灣的年度詩選，有一首題目叫〈我問土耳其朋友阿里一個有關身分的問題〉，題目很長，因為問題很複雜，所以我故意採用一個冗長的題目。後來我還寫了一首〈我再問土耳其朋友阿里一個有關身分的問題〉，處理的議題稍有不同。你必須要有一個離散的情

境，必須要有一個不一樣的視角，處理這方面的問題才能看到不同
的意義。

我大概到哪裡都很難談民族主義，因爲我不知道要談哪一個民
族主義。在馬來西亞，多元種族，多元文化，多元宗教，你的民族
主義跟別人的民族主義未必一樣，不同民族主義之間可能會產生衝
突。即使是同一個民族，不同的人也會有不同的視角和看法。在台
灣也是一樣。你去問原住民，他們也許會覺得他們沒有漢人的那種
民族主義，他們談的也許是部族主義。你去問外籍配偶，他(她)們
談民族主義大概也不一樣。甚至漢人之間也因爲歷史經驗或者個人
遭遇不同，對民族主義的內容也互有爭執。我常覺得，談民族主義
不是那麼有「生產性」，而且民族主義很容易被政治社會操弄，最
後淪爲排外或排除異己的意識型態，甚至爲政治或文化的法西斯主
義鋪路。我覺得更應該談、更值得談的是公民權，包括經濟公民權
和文化公民權。不管是先來後到，不管是屬於那個民族、那個族群、
那個性別、那個階級，不管是土生或者外來，只要是公民，公民權
利都是一樣的，沒有人可以歧視你，沒有人可以剝奪或削減你的公
民權利。因此我們應該多談公民國家(civic state)，少談民族國家
(nation-state)。甚至談離散都可能有較大的空間，這個議題我等一
下再談。

在學術界三十幾年，其實我的研究似乎都和離散有關。像早期
研究索爾·貝羅(Saul Bellow)，他本身是猶太人，他的小說所處理
的多半是美國猶太人的問題。我後來研究非裔美國文學，再後來和
單老師一樣，做亞裔美國文學研究，或者近年來發展亞裔英國文學
研究，我討論的作家和處理的議題多少都和離散有關。換言之，離
散在國家之外、家園之外，在創作和學術研究方面爲我開拓了一個
相當寬廣的空間。我對離散看法大概是「處處無家處處家」。剛才

說過，以前談離散，不免跟孤單、苦悶、悲情有關，不過最近幾年，我在思考離散現象時，覺得應該需要做比較大的轉變或調整，因為整個情境不太一樣了，離散經驗也與過去不同。待會兒我再進一步談談更廣泛的離散議題。

　　張錦忠：謝謝德興老師的介紹。剛才有成老師說我們很多經驗是重疊的，的確如此。我在馬來西亞時就讀了很多台灣文學，因此對台灣頗熟悉。高中畢業後就去工作，想再唸書時就想到台灣，於是就來台參加聯考。我在1981年來台時的身分是「僑生」。那時台灣理所當然把不同國家的華人公民都當作「華僑」。所以我來台的第一個疑問就是「為什麼我是僑生？」我是馬來西亞的公民啊。「僑生」的稱謂讓我思考「身分」問題。馬來西亞華人的祖先從中國離散南洋，到了我們這一輩，至少已是第三代了。像我這樣的第三代華人離鄉去國，我稱之為「再離散」或「後離散」。留台「僑生」是冷戰時代的產物。我和有成就是在冷戰的歷史脈絡裡，被丟到這個離散情境，所以離散不是我們的選擇。留台大馬僑生可以說是個「離散馬來西亞社群」。不過，「僑生」的同質性也不是那麼高。有些人原來唸獨立中學，有些人來自國民型或國民中學。其實我來台灣唸書，也是受到有成老師與張貴興等留台前輩的鼓勵。唸師大時我常去找有成老師請益聊天，漸漸受他影響，覺得留在台灣唸碩士班也不錯，所以畢業返馬時就已打算要再來考研究所。後來就到中山大學唸碩士班，畢業後留在系上教書，接著又到台大唸博士班，並在高雄定居。

　　我做研究也是追隨有成老師的腳步。剛才有成老師提到他早期做猶太作家與黑人作家研究，那其實就是離散美國文學。我唸博士班時有成老師在台大開課，我就跟他上「當代文化理論」等課，讀了一些黑人文學與裴克（Houston A. Baker, Jr.）、蓋慈（Henry Louis

Gates, Jr.)及一些黑人女性批評家的文論,也寫了報告談黑人文學批評。後來有成老師和單德興在中研院歐美所推動亞美文學研究時,我也恭逢其盛,寫了有關林玉玲(Shirley Geok-lin Lim)的論文。林玉玲是亞裔美國學者兼作家,也是離散馬來西亞小說家與詩人。她是我研究馬英文學及離散論述的起點。後來繼續研究陳文平、林幸謙等馬英和馬華作家,都是從離散論述的視角出發。這幾年來有成老師在中山大學人文與社會科學中心主持離散論述研究的計畫,群組成員有十多人,包括在座的品佳老師、德興老師、劉于雁老師和我。

　　我和有成老師一樣,都曾編過《蕉風》與《學報》(有成老師編時還是《學生周報》)。刊物缺稿時,編者有時也得下海補白,我也因此寫了一些詩與小說。那是1970年代末、1980年代初的事了。那個時代馬來西亞的種族政治讓大家處於一種苦悶的氛圍。而在國際政治上,中國開始改革開放,但鎮壓異議仍是常態。所以我那時的詩文都帶點政治意味,但又不能直接寫,比如說魏京生被判刑時,我寫了一首詩叫〈M的夜行〉,為什麼是M,而不是W呢?因為在那個時代寫一首涉及中國政治的詩,肯定是敏感問題,所以只能暗喻,不能明寫,就像很多書寫政治的超現實或現代主義作品那樣。我的短篇集《白鳥之幻》裡有一篇〈北回歸線〉,寫一個中年左派男子從新加坡乘夜車北上。可是寫得太含蓄,很少人看得出來是在寫馬共,但如果明寫馬共可能會被視為馬共或其同路人。另一篇〈白鳥之幻〉其實就是寫五一三。我剛來台灣時還繼續寫詩。記得大二時寫了一首〈桃花源〉。桃花源這個意象頗有意思。離散族裔往往是在尋找一個家園,或一個政治的桃花源。

　　究竟在台馬華作家算不算馬華作家?我來台二十幾年,但是一直都在參與論述馬華文學,最近甚至在報紙寫時評論政,可以說我

離開馬來西亞這個國家，但沒有離開過馬華文學這個文化場域。一個人離開原鄉後，要多久才融入另一個新的環境？在生活上這大概不是問題，但在創作上呢？有人曾經質問在台馬華作家：「你們在這裡喝台灣水，吃台灣米，為什麼卻書寫熱帶雨林？為什麼不寫台灣經驗？」我覺得問這些問題的人是文學外行。

李有成：張老師提到可能有人會質疑在台的馬華作家為何不寫台灣的題材，其實不是沒有，李永平和張貴興都寫過。不過要真正能夠深入一個新環境，使之成為創作的題材，並不是那麼容易的事。哈金要寫了多少小說之後，才開始寫美國經驗？他之前的所有小說，都是以大陸的歷史或政治事件為題材，可以說都是在清理他和大陸的關係。一直要到2007年的《自由生活》(*A Free Life*)之後，他才開始寫美國華人的移民經驗。2009年的《落地》(*A Good Fall*)就是以紐約法拉盛為背景的系列短篇小說集。這是需要時間去醞釀的。

剛才張老師還談到詩的問題，我想到阿多諾說過：「在奧什維茲之後寫詩是件野蠻的事。」我最近讀紀傑克(Slovoj Žižek)，他不認為應該是這樣。他說猶太人大屠殺之後還是可以寫詩，因為詩的表達比較間接，詩處理的通常都是無法直接表達的題材，最難寫的還是散文，因為散文比較直接。像張老師說的政治議題，在某些情況下以詩處理反而比較方便。

我最近回馬來西亞看了一下，的確是有一種離散的感覺。當年我離家去國時，家裡就是父母和弟妹們，沒太多人，現在卻是個不小的家族，大概有二、三十人，除了母親之外，我是家裡的大家長了，孫子輩的都叫我伯公或舅公。我們常說「開枝散葉」，離散就是這個意思。如果是個人的話，就變成一個家族；如果是個族群，就成為一個社群或共同體。早期中國人移民到東南亞，到美洲，一開始不是很多人，時間久了就變多了，整個族群就變成很大的離散

社群。離散有時候是個人的選擇，有時卻是出於國家所採取的政策。
紀傑克有一本書專門談暴力，他提到主觀的暴力和客觀的暴力。客
觀的暴力中有一種系統性的暴力，指的是政治或經濟上不合理的安
排所造成的暴力，有時候不容易看得見，但你知道它的存在。有些
人為了躲避這樣的暴力，自這樣的暴力中逃逸，只好選擇離散，選
擇去國，到別的地方尋找希望，尋找較合理的生活。

　　離散其實也是個距離的問題。距離很重要，距離帶給你不同的
角度、不同的視野，你看問題因此可能跟在地人看問題很不一樣。
我們在很多作家身上可以看到這個現象。哈金是個好例子。他如果
沒有離散經驗的話，很可能寫不出許多以中國大陸的歷史事件為背
景的小說，大陸那個時空環境大概也不允許他寫這些小說。離散所
帶來的距離對他非常重要。魯西迪（Salman Rushdie）是另一個例子。
他如果沒有離開印度，沒有離開巴基斯坦，大概不可能寫出這麼多
跟印度和巴基斯坦的歷史有關的重要小說。他有一些小說，在巴基
斯坦是不可能寫出來的，那個環境不允許他寫。我想類似的例子很
多。離散在這種情形下變成了一個具有生產性的空間，一個在家國
和居留地之外的第三空間。

　　我最近還注意到與離散有關的另一種文學現象，也就是所謂的
第三文化文學（the third culture literature）。現在很多文學創作無法納
入國家文學的範疇來討論。有些作家的經驗比較cosmopolitan，他們
可以到處走動，在不同國家居住。他們的作品很難歸類，因此就被
稱為第三文化文學。這類文學跟離散有關，但又不太一樣，因為這
些作家的流動性很大。離散通常是離開母國之後，到另一個國家居
住，流動不會這麼大。比方我很喜歡的一位旅居英國的德國作家謝
柏德（W. G. Sebald），我稱他為「一人離散」（"one-man diaspora"）。
他長年住在英國（他在2001年不幸車禍去世了），可是他的作品總是

跟德國有關。即使他寫英國時，字裡行間仍不免指涉德國。離散因此是一個相當複雜的概念。我希望把離散模塑爲一個批判空間。在《離散與家國想像》這本書的〈緒論〉裡，我借用文化人類學家阿帕杜萊（Arjun Appadurai）的概念，把離散轉變成一個公共領域；換言之，面對居留國的種種衝擊，如種族歧視、社會不公、經濟剝削等問題，離散者可以提出批判。有了這個距離，離散者也可以對其母國的種種政治、經濟與文化上的措施表示自己的看法。不論透過論述或是創作，都可以將離散開拓爲具有批判性的公共領域。像我剛剛提到的哈金和魯西迪都是現成的例子。張老師還提到林玉玲，她的《月白的臉》（*Among the White Moon Faces*）就是一本典型的離散回憶錄。她在回憶錄中左右開弓，對美國社會的建制性種族和性別歧視固然大加撻伐，她在接受訪問時也強烈批判馬來西亞的語文政策、經濟與文化政策。她毫不隱晦地指出，她寫回憶錄的目的之一是要告訴馬來西亞的華人，他們沒有必要接受不公平的待遇。她希望她的回憶錄能留下一個記錄，讓馬來西亞的華人了解過去在他們身上發生的事，他們應該知道自己的歷史。這些例子告訴我們，離散是個相當精彩的空間，很多議題都可以在這個空間裡開展。

　　剛才張老師也談到國家文學的問題。林玉玲的回憶錄其實有兩個副書名，美國版的副書名是「一位亞裔美國人的家國回憶錄」（"An Asian-American Memoir of Homelands"），星馬版則是「一位娘惹女性主義者的回憶錄」（"Memoirs of a Nyonya Feminist"）。娘惹指的是那些深受馬來文化——包括衣著、食物、語言等——影響的土生華人婦女。像這一類的文學作品很難擺在單一國家文學的領域來討論。現在林玉玲的作品大致是放在亞美文學或後殖民文學來談。馬來西亞的國家文學沒有她一席之地，因爲馬來西亞的國家文學規定必須用馬來文來創作，其他用英文或中文創作的文學作品，都不算

國家文學。像魯西迪的小說所處理的很多題材，跟英國沒有很直接
的關係。哈金大部分的小說寫的主要也是中國經驗，跟美國沒有什
麼關係。國家文學這個概念其實是有其局限的。今天有很多文學現
象和文學事實──包括剛才提到的第三文化文學──是很難放在國
家文學的範疇來討論的。從這個角度來看，離散就變成了一個相當
重要的空間，讓某些文學事實或某些作家找到歸屬或棲身之地。

　　張錦忠：我就接着有成老師的話，談談「離散空間」。台灣文
學場域除了提供一個離散空間讓在台馬華作家去思考家國的問題
外，也提供一個相當健全的創作空間讓這些作家發揮才華。如果李
永平、張貴興或黃錦樹當年不來台，他們會不會寫出那些在台灣出
版的作品呢？張貴興在砂勞越時已發表了不少感性浪漫的散文，但
如果不來台，他會寫出《猴杯》和《群象》這樣的小說嗎？李永平
的《海東青》寫台北，可是近年來他又回頭寫婆羅洲。這個離散空
間讓李永平找到重新回顧原鄉的距離，也讓黃錦樹在小說裡遙望南
馬的園坵與土地。

　　有成老師剛才提到第三空間，我想到離散文學處於家園與居留
國之間，其中一個可以思考方向就是「去國家」。在民族主義框架
內的國家，往往是很不好的東西，通常不是對他者造成白色恐怖，
就是以國家機器打壓異己。離散文學在去國家之後，要如何生存？
我們談文化身分、文學身分，或文化公民權，基本上也是在談去除
國家疆界的限制。離散作家在不同國家流動，作品可以歸屬不同的
「文學共同體」。

　　離散作家在原鄉和居留國之間流動，難免會碰到國家文學、離
散文學等問題。例如馬來西亞規定國家文學非以馬來文書寫不可，
其他非馬來文創作只是「馬來西亞文學」。因此林玉玲的作品只是
馬來西亞文學，不是國家文學。這當然有點荒謬，所以我認爲最好

不談國家文學，只談馬來西亞文學，不然就是開放國家文學的語言限制。幾年前莊華興、黃錦樹和我編了一本華馬小說選集《回到馬來亞》，我們將林玉玲等馬英作家的短篇及林天英等用馬來文書寫的作品譯成中文。過去我們談馬華文學時，只看到華人的中文創作，可是像林玉玲這樣接受英文教育的華人，她對土地、國家或周遭環境的想法和感情，馬華文學的讀者可能從來沒有想過。這本選集透過翻譯，讓同一國家內同一族群的小說表現跨越不同語言邊界。

　　我覺得今天的對談題目的「之間」二字很有意思。在離散論述的辯證思考中，這個原鄉和居留國之間的空間，這個不知是什麼地方的空間，或「本來沒有」的空間，反而變成另一個可能的空間。這也符合有成老師說的「處處無家處處家」或第三空間的概念。離散固然是流動的狀態，不過，到底流動比較悲慘？還是在一個地方住了幾十年比較可憐？值得我們重新思考。今天的「家園」，對很多人而言，已經不在地球上的某個空間，他們的生活世界是在Facebook或iPhone裡。網路的流動空間讓這個年代的離散不一定是悲情，而可能是優勢。

　　透過離散文學論述，我們也可以重新思考若干課題，例如前面講的文學公民社群或有成老師提到的第三文化文學，以及裡頭的「時差」問題：有些人在這個時代還是很民族主義，或國家主義至上，認為只要你不在馬來西亞，寫的就不是馬華文學。我也不能說他們不對，但從離散的觀點看，我不會這樣想。我在跟碩士論文寫林玉玲的學生討論時，提到林玉玲不用馬來文創作，因此被排除在國家文學之外，可是她到了西方用英文創作，英文不也是美國的強勢語言嗎？那為什麼就可以接受？其實中間的差別是：在美國，用英文或非英文寫作，沒有人會一天到晚提醒你──你寫的是否國家文學。

　　單德興：兩位講者已經有了兩輪的互動，接下來是不是讓講者

和聽者之間有一些互動？

廖志峰（允晨文化出版社）：今天很高興來這裡參加英美文學學會舉辦的對談。我有一些想法想跟大家分享。當初李老師和張老師找我們出版《離散與家國想像》這本文集，我對這題目很感興趣，因爲我被這題目觸動了。我們從前讀白先勇的《台北人》，白先勇筆下的台北人也是離散的一群。就像剛才李老師提到的，他的祖先從中國到南洋，而他再到台灣，其實這個過程一直在重覆，在地理上現在可能不是中國－南洋－台灣，而是上海－香港－台北－洛杉磯，或是到歐洲，過程其實一直在變動。我那時候讀到《離散與家國想像》這本書時，心裡想到，相對於這個離散經驗，對台灣來說，我們其實在追尋一種身分。剛才張老師提到文化公民權，那就是說我們的歷史、我們的身分。讀這本書時我就重新思索：那到底是什麼？可能不是那麼容易回答。我是用出版嘗試回答這個問題。相對於離散，我們要問：「我們在地的在追尋什麼？我們的歷史到底是什麼？這樣的歷史該怎麼去看？」這樣的追尋可能會激發下一世代的作家從身分的追尋去找出創作的泉源。台灣在1960年代之後，好像比較缺少生命力的作品，剛好馬華的一些作家填補了這一塊。像我最近讀李永平老師的《大河盡頭》，那個歷史其實很豐富，他在裡頭成長，在裡頭追尋他對那個國家的美感距離。

李有成：我想廖先生說得很對，身分的追求相當重要。同樣地，我們談離散，可是如果沒有離散經驗怎麼辦？世界的60億人口中，離散的人口大約有2、3億，畢竟是少數，那該怎麼談？就像剛才廖先生提到的，在本地生活的人，需要尋找一個身分；離散的人其實也要建立身分。這就是安身立命，就是尋找什麼可以抓得住的東西。就算我們沒有離散經驗，我們的四周圍就有很多離散的人，因此我在《離散與家國想像》書裡的〈緒論〉提到離散感性，或者離散意

識的概念。我們要如何處理與離散他者的關係？台灣有很多外籍配偶、外籍勞工，面對這些他者，培養離散感性或者離散意識是很重要的。巴特勒(Judith Butler)有一本書叫《生命脆危》(*Precarious Life*)，在911事件之後談生命的脆弱、生命的無常，面對這樣的生命，她主張非暴力的倫理。想想如果你不幸生在伊拉克，你該怎麼辦？白宮或五角大廈裡面幾個八竿子跟你毫無關係的人就可以決定你或者你的家人的命運。生命脆危——就是脆弱和危險，你的生命不一定是你所能夠掌握的。美英入侵伊拉克，七年下來，伊拉克人死了不下十萬人，還有約五百萬人流離失所，他們又招誰惹誰了？我們對他者其實是負有責任的。

　　我們要如何對待他者呢？1980-90年代歐陸很多我們熟悉的思想家都在思考這個問題，像哈伯瑪斯談後國家，談要包容他者；德希達談待客之道，談悅納異己；列維納斯談對他者的倫理責任；克麗絲緹娃談陌生人，談沒有民族主義的國家。這些思想家差不多同時都在談這些問題，都在思考要如何面對他者，面對陌生人，因為歐洲許多國家都必須面對移民帶來的衝擊。因此我說我們即使沒有離散經驗，也不妨培養離散感性或者離散意識，才知道如何面對我們周遭的他者或離散族群。我有一次到南部某大學演講，就有學生告訴我，有一次他坐火車，整個車廂裡只有他和幾位外籍勞工，他說他很害怕。我說這些外籍勞工恐怕更為害怕，因為對他們來說，你是主人，他們是外來者。我們許多人也有機會到各處旅行，我們也有機會變成他者，因此設身處地思考，如何面對離散他者確實是個倫理的問題。

　　張錦忠：剛才廖先生提到馬華作家在台灣算是填補創作空間。台灣作家當然一直在台灣這個地方創作，一直是在地作家，但問題是，「在地」的「地」究竟在哪裡？農村嗎？台灣很多農地都被買

賣掉了。相對於離散，鄉土文學有個「地」在那邊，但也不是那麼
固著，人也在城鄉之間流動。我們讀黃春明、王禎和，或者宋澤萊
的《打牛湳村》系列，都有「地方感性」（sense of place）在裡頭。
那種地方感性也是會變的，因為社會在發展，城鄉變遷，包括生態
環境被破壞，於是只能寫城市，但我們寫城市又不像美國小說家寫
紐約，從《大亨小傳》到很多當代小說，都在寫紐約。在白先勇的
《台北人》之後，有哪些寫台北而讓人印象深刻的作品？大概就是
李永平的《海東青》與《朱鴒漫遊仙境》吧。王拓也寫過《台北，
台北》，不過那是頗粗糙的現實主義寫法。其次就是台灣社會發展
了幾十年下來，生活經驗的匱乏讓很多作家活在虛擬或網路世界的
當下，你跟他們說在地或離散，都沒有太大的意義，很可能他們連
回憶都是虛擬的。

紀元文（中央研究院歐美研究所）：馬來西亞只承認以馬來文創
作的文學才是國家文學，可是這個國家是由多種族組成的，為何沒
辦法承認各種族的文化公民權？是否因為文化資源受到國家分配所
造成的影響？在全球化之下，離散或他者的觀念會否讓馬來西亞主
政者反省這個問題？

張錦忠：執政的馬來政府持種族中心論，馬來人認為土地是屬
於馬來人的，全球化的概念大概也起不了什麼作用。馬來西亞有國
語法令，既然有國語，「國家文學」當然要用國語書寫。1971年，
政府部門召開了一個「國家文化大會」，與會者絕大多數都是馬來
人，他們提出必須以馬來文書寫才算國家文學。基本上這是一個後
殖民現象，國家獨立之後要本土化，要找一個可以認同的東西，就
建構出一個「土地之子」的種族化論述，將華人和印度人視為外來
者，將華文、英文、淡米爾文文學排除在國家文學之外。當然也不
是沒有馬來知識分子在反省這個課題，只是要從這樣一個單一語言

意識型態走向多元文化主義，可能還需要一段時間吧。

李有成：馬來西亞的國家文學的確不是法律規定的，但卻是執政者的政策。最近馬來西亞執政黨最大的成員黨巫統（巫人統一機構）召開黨代表大會，首相兼主席說了，即使國會以超過三分之二的票數把憲法中的馬來人特權修訂了，上面還有一個馬來統治者會議，要統治者會議通過才算數；也就是說，這是不太可能的事。1969年5月13日的種族暴動之後，政府強行推動所謂的新經濟政策，許多安排或政策對少數民族不盡公平合理，我剛才提到紀傑克所說的系統性的暴力就是這個意思。有些人逼不得已只得出走海外。馬來人的人口現在占約60%，華人占25%左右。華人出生率低，又大量移民，因此華人的人口比例越來越少，我記得我讀中學時還有35%左右。馬來西亞現在大約有70萬人滯留海外，這其中有很多科技人才和專業人士，對一個發展中的新興國家而言，這是很嚴重的事，也是很令人惋惜的事。每天你可以看到很多人——主要是華人——從馬來半島南部到新加坡工作，這也是另一個奇特的現象。

張錦忠：剛才提到國家文學，我想舉另一個例子來對照。最近有一部叫《初戀紅豆冰》的馬來西亞電影，幾乎所有離散在外的馬來西亞歌星，都回去拍這部阿牛執導的華語片。它在馬來西亞拍，馬來西亞導演及製作，但是影片人物以馬來西亞的華語對話，因此在馬來西亞上映時，必須依外國片電影的規定納稅。阿牛在台灣接受電視訪問時提到這個問題，後來有一些迴響，據說會將這個問題提到政府內閣會議討論，把華語片視同本國片。可見有時候發聲還是很重要的。

梁一萍（台灣師範大學英語系）：在馬來西亞的英文系，有沒有人研究林玉玲的著作？

李有成：我並不太清楚，不過就側面了解，馬來西亞一些大學

的英文系還是相當傳統的。英國文學還是比較重要。

張錦忠：吉隆坡的馬來西亞國際回教大學(International Islamic University Malaysia)有個學者Mohammad A. Quayum研究林玉玲多年，也訪問過她。另外在馬來亞大學英文系唸博士的林加樂，研究領域為馬英文學，包括林玉玲。林玉玲來台灣時他也來高雄訪問她。

王羿婷(台灣大學外文系碩士班)：剛才張老師提到，雖然他在台灣二十多年了，還是常寫關於馬來西亞的政治或社會評論，這讓我想到李老師提到的距離。距離讓你能夠用一個比較不同的角度來看母國，還有現在的居留國。我很想聽聽老師們切身經驗的觀點跟在地人的看法如何不同。我自己曾在加拿大住過一年，住在我舅舅家，他們全家已經移民到那邊25年了，但是他們每天還是看台灣的新聞。這讓我想到，到底一個離散在外的人，要花多久時間才能真正融入當地的社會？

李有成：我也不曉得要多久時間，或者要經歷過多少事，才能融入當地的社會。有些人也許一輩子都沒辦法融入，就像薩依德說的「格格不入」("out of place")，那也沒有關係。為什麼非一定要融入呢？每個人都可以選擇自己的價值或者生活方式，你活得自在就好。我個人倒並不太難，我到哪裡都很容易隨遇而安，我覺得許多人都對我很好，因此我很容易融入。我回頭看馬來西亞的情況，因為距離的關係，可能和當地人的看法不太一樣。像張老師說的，我們談馬華文學，會因為距離的關係，角度可能不會那麼本土。這不是對錯的問題，而是角度或視野的問題。我這次回去，跟幾位朋友談起馬華文學，我覺得可以從幾個面向來談。放在本土馬華文學的脈絡來談是個談法，但是你也可以把馬華文學放到一個區域──如亞太地區──來談，甚至擺在世界文學的脈絡來談也未嘗不可。就像談馬華文學中的現代主義，你可以問這個現代主義跟港台的現

代主義有何關係？跟西方的現代主義又有何關係？換言之，如果能把馬華文學放到更大的脈絡來談，我們對馬華文學的了解會很不一樣。我常說：「任何文學都是比較文學，任何文學史都是比較文學史。」在馬來西亞有人喜歡談馬華文學中的寫實主義或者現實主義。那跟中國的寫實主義，跟日本或俄國的寫實主義又有什麼關係？如果只是關起門來談本土文學，那整個文學史就斷掉了，那就不容易看清楚文學史的流變或來龍去脈。

記得許多年前讀到王禎和的《玫瑰玫瑰我愛你》，我讀得很興奮。我把這本小說放到更大的越戰乃至於冷戰的脈絡來讀，整個格局或者整個小說的意義就不一樣了。越戰最高峰的那個階段，我正好住在檳城，已經是高中生或高中畢業了。當時檳城左翼政黨——主要是社會黨和人民黨合組的社會主義陣線——的勢力不小，因此有時不免有反戰示威。我們也跟着學唱一些反戰歌曲，像鮑布狄倫、瓊拜雅芝、尼爾楊（Neil Young）等人的反戰歌曲。我最近回去，還到檳城以前住過的地方看看。我以前寄居的樓房對街有一幢獨立的兩層樓房子，當時是一家叫「快樂酒吧」的聲色場所，是越戰美軍來檳城度假時常去尋歡作樂的地方，不知道什麼時候被燒掉了，現在只剩下燒焦的空房子。我看了不勝欷噓！以前讀王禎和的《玫瑰玫瑰我愛你》，我總會不期然想起快樂酒吧，想起那些離鄉背井，到陌生的亞洲參加越戰的年輕美軍，甚至想起我自己的年輕歲月，我可能會有一種相當自傳性的讀法，跟台灣的讀者讀《玫瑰玫瑰我愛你》自然會不大一樣。這其實也是一種距離。

張錦忠：作為一個在台馬來西亞華人，我的離散也是我的優勢。有些東西在馬來西亞不見得可以談，在台灣有其空間之便。我常跟馬來西亞留台生說，因為大馬的政治與社會制度有許多地方不符公理與正義，畢業回去後還有很多事可以做。我對台灣的政治當然也

有意見，例如為什麼只有藍綠而沒有第三勢力？但是台灣幾乎是媒體治國，談政治的人太多了，不差我一個。

什麼時候離散族群會產生在地屬性？這當然因人而異，有些人在美加一輩子就住在華埠。但是就算無法或拒絕融入，只要有納稅、投票，就是盡公民義務。對我來說，台灣社會不難融入，因為基本上這是一個講華語、華人文化氛圍濃郁的社會。我在南部生活，講閩南話，常有人問我怎麼會台灣話？我說我講的是福建話。以前也有人問說，你不是僑生嗎，怎麼會講國語？

李有成：張老師提到語言的問題也值得一談。我小時候講福建話，差不多就是台灣的閩南語，因為家裡和左鄰右舍都講福建話。一直到小學快畢業時學校要填畢業證書，校長問我要填什麼籍貫。我回家問我父親。父親說是廣東省台山縣，我才知道我原來是廣東人，但我一句廣東話也不會講，更別說是台山話了。在這之前我一直以為我是福建人。一直到中學畢業以後到吉隆坡做事，為了工作方便，我才跟印刷廠裡排字房的工人學廣東話。我不知道什麼是我的母語，也許我算是沒有母語的人，我這個廣東人講的廣東話其實遠不如閩南語，甚至遠不如我的潮州話。我少年時代能講相當達意的馬來語，而且是鄉下的馬來語，因為我住的漁村有很多馬來人，彼此常有互動。我這麼說其實是想指出，有時候在語言上做文章是沒有太大意義的。這次回去，我發現我的福建話已經摻雜了不少台灣閩南語的腔調與用語。我看報紙則是台灣、星馬及英國的報紙都看。台灣的媒體沒有什麼國際新聞，這對台灣是很不利的。星馬的新聞自由不如台灣，但媒體上的國際新聞卻遠比台灣的多，正派的媒體也不敢造假——造假的媒體等於欺騙讀者，不可能正派。星馬也很關心台灣，星馬一帶的人對台灣的了解也遠超過台灣人對星馬的了解。這是很值得我們思考的事。

單德興：在座還有高嘉謙老師。不知高老師有沒有什麼高見可以分享的？你也是從馬來西亞來的，並且是中文系的背景，能否和我們稍微分享你的看法？

高嘉謙（台灣大學中文系）：李老師提到星馬地區的華人對台灣特別有興趣，確實如此。譬如新加坡的《聯合早報》，可能是討論台灣新聞最多的媒體，可以反映星馬地區的台灣接受史。這是一個很有趣的議題。剛才兩位老師也都提到馬來西亞的政治體系跟族群認同的問題。其實這些問題很多學者都討論過，這要追溯到英國的殖民時期，英國處理不同族群的方式埋下了今天馬來西亞的種族問題。馬來西亞獨立後延續殖民時期的種族政策，這是有歷史根源的。政治上以馬來人作為主導的政權，整個大結構是沒有改變的，華人的生存問題在這個大結構下也沒有改變。這是一個問題。至於離散這個概念，很弔詭的是，現在我們在這裡談離散可以談得很直接，但是你會發現有些馬來西亞的華人學者對離散是很不以為然的，他們覺得他們沒有離散，是我們自己在離散。他們認為自己對國家忠誠、仰慕，充滿願景，其實他們一點都不離散。所以這個離散社群要怎麼談？

李有成：高老師說得很對，這主要在政治上有其敏感性。人家都在排斥你了，說你是寄居者、外來者了，你還在高談離散？那不是不打自招嗎？不是正中下懷嗎？因此你一定要claiming Malaysia，你不能放棄，你要說你跟所謂土著或土地之子沒有兩樣，你也是土生土長的，你既不是外來者，更不是寄居者。這裡就是你的國家。就像早期的亞裔美國文學，最重要的主題就是claiming America——也就是我的朋友黃秀玲（Sau-ling Cynthia Wong）教授所說的「認據美國」。

張錦忠：在英文中，離散有很多不同的解釋，未必定於一尊。

當我們說「馬來西亞離散華人」時，就是指diasporic Chinese，表示
祖先從中國離散南洋，而不是說你正在去國離散，或沒有落地生根。
一個人對國家的忠誠，並不一定每天掛在嘴裡。事實上，小時候在
學校上音樂課，我們也常唱愛國歌曲，常唱到「我愛馬來西亞，馬
來西亞是我們的國家」這樣的詞句。華文教育從小學開始就這樣灌
輸學生愛國思想，可見離散華人與愛國意識並不衝突。

　　李有成：高老師還提到，馬來西亞很多制度還是沿用英國的殖
民體制，確實如此。馬來西亞獨立五十幾年了，我覺得有些地方其
實還沒有去殖民，還在延用英國殖民者留下的制度。譬如規定55歲
爲退休年齡(現在可以選擇到58歲)，這是英國人的制度。爲什麼是
55歲呢？從前的人平均壽命較短，55歲就已經頗有老態了，英國殖
民者是不願被殖民者看到其官員顯露老態的。現在55歲正當壯年，
退下來該怎麼辦呢？英國本土的退休年齡現在都超過60歲了。另外
還有不加審訊可以拘捕人的內部安全法，讓民主的內容大打折扣，
在精神上恐怕也是延續過去英國殖民政府對付異議人士的法令。

　　單德興：對談已經進行了兩個多小時，我們今天就談到這兒，
待會兒大家可以私下交流。謝謝大家。

　　李有成，中央研究院歐美研究所特聘研究員、國立中山大學合聘
教授，主要著作有《在理論的年代》(2006)、《踰越：非裔美國文
學與文化批評》(2007)、《在甘地銅像前：我的倫敦札記》(2008)
等。

　　張錦忠，國立中山大學外文系副教授，著有論述集《南洋論述：
馬華文學與文化屬性》與《關於馬華文學》，另與黃錦樹合編《重
寫馬華文學史論文集》、《重寫台灣文學史》，與李有成合編《離
散與家國想像：文學與文化研究集稿》等書。

思想訪談

底層中國的維權抗爭：
于建嶸先生訪談錄

陳宜中

　　于建嶸先生，湖南永州人，1962年出生於衡陽。文革時期，因父親被「靠邊站」，成了沒有戶口、無法上學的「黑人」。1979年考上湖南師院(現為湖南師大)政教系，主修哲學，畢業後曾任職於《衡陽日報》。1991年下海，在海南當商業律師。1998年考取武漢華中師大博士生，從此投入當代中國農民、工人維權抗爭的調查與研究。現任中國社會科學院農村發展研究所社會問題研究中心主任、教授，為大陸著名的公共知識分子，首創「剛性維穩」概念以分析當前社會危機。著有《岳村政治：轉型期中國鄉村政治結構的變遷》、《中國工人階級狀況：安源實錄》、《當代中國農民的維權抗爭：湖南衡陽考察》、《抗爭性政治：中國政治社會學基本問題》等研究維權抗爭的專著，另寫有小說〈父親是個流氓〉。

　　此一訪談於2010年6月8日在北京進行。經陳宜中編輯、校對後，由于建嶸先生修訂、確認。

一、「黑人」的悲哀

　　陳宜中(以下簡稱「陳」)：于先生，您的小說〈父親是個流氓〉最近在網上流傳，它是關於您父親的真實故事嗎？能否先談談您的

成長背景？

　　于建嶸(以下簡稱「于」)：這是一部小說，當然就不會全是真實的。但這其中，的確有我父親和家人的影子。我的老家在湖南永州，永州那個地方柳宗元曾經寫過〈捕蛇者說〉。我爺爺的父親是個讀書人，還挺有權勢的。但到了我爺爺的時候，家裡的狀況就變得不是很好。我父親十五、六歲成了孤兒，附近的人都叫他「收帳鬼」，他到處去別人家裡吃點東西，人家就追打他。

　　共產黨快奪取政權的時候，我父親大概是二十六、七歲，已經完全赤貧，就參加了共產黨的游擊隊。到了文革時，我父親當上了縣的幹部，也算是個官。後來因爲湖南本地幹部與南下幹部發生矛盾，他是本地幹部，我們家就被趕到農村去。我母親帶著我還有我姊姊被趕到農村，但農村也不接受我們。所以在城裡沒有戶口，在農村也沒有戶口。我父親當時留在城市裡勞動改造，那時也不算是勞改，而是叫做「靠邊站」，有人監督他的工作。

　　我寫〈父親是個流氓〉，是爲了寫我對一個歷史時期的理解。我寫的是一個流氓無產階級爲了生存而奮鬥，在過程中產生了一種崇高感。他從一無所有走向革命，產生理想，但到了文革後，一切都打碎了。這在我父親身上表現得特別清楚，因爲他是個老幹部，文革打碎了他們的理想，他從此就沒有理想了，回歸到現實主義。文革讓他連妻兒都保護不了，所以我在故事裡提到，大陸有一種人叫做「黑人」，是文革時期沒有戶口的人。沒有戶口，在文革時意味著一無所有。和現在的農民工不同，「黑人」沒有戶口，所以沒有布票，買不到衣服；也沒有糧票，買不到米。我媽媽帶著姊姊和我到農村，也認識了當時的農民。說實在話，我對農民的感情是非常複雜的：一方面我感到他們很苦；另一方面，有些農民很純樸，但也有些農民很壞。大冬天進到我們家裡，把我們的棉被偷走，就

是要趕我們走。我母親沒有辦法，就帶著我姊姊和我回到衡陽開始流浪。大概1968年開始，流浪了8年。

我沒有戶口，所以無法上學。但我父親終究是個幹部，至少還是個官，所以他有一些認識的戰友，就用走後門的方式，去跟學校的校長談，讓我在課堂旁聽。因為沒有戶口，我們沒有房子。沒有布票也沒有辦法買衣服，我去讀書時就沒有衣服穿。我母親就到工廠的倉庫裡買了麻布袋，裝東西用的麻布袋，是很粗的麻布；買黑色的顏料去染布，後來找了城裡面一位瞎了一隻眼的師傅，把那些麻布做成衣服。那位師傅把衣服做錯了，一個口袋在外面，一個在裡面，當時我就是穿這套衣服去上學。生活非常苦，到處被趕，到處躲。每天都非常恐懼，大家都叫我們「黑人」，想把我們送走。

讀書的時候發生了一件事情，當時課堂上有個孩子，這孩子的父母是唱樣板戲的演員，當時算紅色家庭了，她在學校是當班長的。我們家租房子在他們家隔壁的一個地下室裡。她向大家說：于建嶸是「黑人」，怎麼可以在班上讀書？她找人把我拖出去，但我又不願意走，一拖就把我的衣服給撕爛了。拖出去後，我非常傷心，就躲在學校後門圍牆那邊哭。我父親來了，他說他剛好路過，但我猜測應該是想看我第一天上學的情況。他看到我在那邊哭，就問我，我跟他說了情況之後，他當場也流淚了。這是我一生唯一看到我父親的眼淚，從此我就不願意上學了。

這件事對我一生影響很大，我現在經常對我兒子說這是家仇國恨。這雖然有些開玩笑的意思，但實際上我是提醒自己和後人，我們曾經有過最為悲慘的過去。我後來一直思考一個問題，就是那個孩子為什麼那麼邪惡？才六、七歲的孩子，為什麼要把我變成「黑人」？這是沒在大陸生活過的人很難體會的問題。文革究竟是如何把人變成非人？我寫的文章都反覆在追究這個問題。

二、學思歷程

于：我父親1977年正式平反，但當年10月他就去世了。我1979年考上大學，是當時我們廠區唯一考上本科的大學生。原本第一志願是北京政法學院，我的分數可以錄取。但當時進政法大學需要一點關係，政審還是比較嚴，而且家裡也沒有錢，我母親不希望我去北京。我有三個學校可以選擇：一個是湘潭大學，第二個是湖南師院，第三個是財經學院。後來我選擇去湖南師院，有兩個原因：一是當時師範生一個月有13塊4毛錢；第二是我想去長沙。我到湖南師院政教系，當時主要選的是哲學。

陳：您從小無法上學，都是自學？到了湖南師院，您應該算是年紀比較輕的本科生，當時也參與了學潮？

于：我一直都是自學，到現在我還是不懂拼音。當時也沒有東西讀，我只好把毛澤東語錄整本背下來。今天回想起來，我能進湖南師院是很幸運的，因為湖南師院發生了一件很大的事。我去的第二年，1980年的時候，湖南師院開始鬧學潮。學潮最早並不是從北大胡平他們開始，而是從湖南師院陶森他們發動的。何清漣與韓少功等這時也在湖南師院讀書，湖南省當時的知識精英都在我們那邊。

陳：學潮對您有什麼影響？

于：有很大的影響，我從此不再進到教室，每天都自己到圖書館去看書。我那時一直在想，我進大學主要想解決的問題是：究竟是什麼樣的東西把我變成了「黑人」？我覺得教室裡的知識不足以解釋這個問題，所以，我就參加了許多社會活動，我主要是去聽，去看他們幹些什麼，去了解他們為何要那樣幹。

陳：您當時接觸到哪些書籍？

于：當時翻譯的很多書都開啓了我的思想。我們原本想從馬克思主義的本源找到批評政府的資源，但卻發現在馬克思的本源上，怎麼搞都搞不過政府。所以乾脆拋開，看新的書籍，像是波普的「反歷史決定論」等。還有一本關於「西方醜學」的書，那本書現在看來沒什麼意義，但當時徹底打破了我們一些思想的框架。類似像這些書籍，都改變了我們的思考。我在圖書館也遇到了一批人，後來大都在搞社會運動。

陳：後來您是怎麼到社科院的，中間有什麼轉折？

于：1983年湖南師院畢業後，先到一所大專學校當老師，但不久就調到《衡陽日報》社。由於當時的大學本科生十分缺少，儘管我不是黨員，還是被委任爲政治生活部的編輯，負責重要評論的寫作和政法新聞的採編工作。但我很快就發現，報社只不過是地方黨委甚至是主要領導人的工具，一切報導和評論只能有利於其政績甚至是好惡，否則就要受到批評甚至處罰。這讓我很苦悶，總想爲改變這種狀況做些什麼。由於我當時還在從事兼職律師工作，在具體的司法實踐中，我體會儘管中國的司法還存在許多問題，但在一定的意義上，只有法律才能保障團體和個人、當然也包括媒體和新聞工作者的合法權益。於是，我利用幾個月的時間，起草了一部《中華人民共和國新聞法（草案）：一個新聞和法律工作者的建議》。寫完後我請人打印數份，直接寄給中共中央、全國人大和國務院等機構。這份草稿引起了很多人的關注，受到全國人大和學術界的重視。他們來信希望我能到北京從事這一研究，但多種原因沒有成行。

1987年底，由於所謂「自由化」等問題，我被迫離開了新聞界調到教育科學研究所，後來就要把我弄到電視大學。我就乾脆當律師去了。當時我覺得只要自己賺錢，什麼事情都好辦。

最早中國從公務員轉職，叫做「下海」。那時又能在海又可在

岸邊的工作就是律師，所以我就去當律師。我沒有正規學過法律，大學前三年都是念中國古典哲學，但到大學第四年時，我學的全部都是法律和法哲學。1991年我剛30歲那天就離開衡陽去海南當律師。

陳：後來是什麼因素讓您去念博士？為什麼會選擇農民研究？

于：我當律師賺了一些錢，我是專門打商業官司的，當時一個案子就收過幾十萬。所以就想，我已經有足夠的錢，可以為理想而奮鬥了。我1996年開著一部車，自己買的，三十多萬元，拿著一個手機，全國到處跑。兩年的時間全國到處跑，什麼正事也不做。我去了一些有名的大學，包括北大和清華，到處聽課，讓我很失望，因為那些學問都不足以解決我思考的問題。我覺得，他們對工人和農民真正的生活根本就不了解。我仍舊在想著那個問題：到底是什麼因素把我們變成「黑人」？

跑到武漢大學時，我遇到了一位老先生。他說我的想法都很好，但得做實證才能說服人。他就推薦華中師範大學在做這個研究的老師，叫徐勇。徐老師那時還很年輕，他說我對中國社會的觀察與想法已經很充足了，但是還缺兩項東西：一是話語權，另外是表達我那些想法的知識。所以我1998年就去考徐勇的博士生，我是他第一個博士生。

讀博士的第一年，我沒有離開學校，每天都在學校看書。貝克和布坎南的制度經濟學的書，我之前從來沒有看過。這兩位獲得諾貝爾經濟學獎的經濟學家，他們說的讓我豁然開朗，因為他們有兩個核心的理念：一是個人權利理念；二是經濟人假設。這些都與我對人的想法一致。1999年後，我又離開學校，去農村到處跑。我在湖南按照毛澤東當年農民調查的路線重新走，走了一年。我開車在農村走，停車就坐下來與農民聊天。這些談話後來就成了我那本博士論文《岳村政治》的資料。本來我是想了解毛澤東革命是怎麼成

功的，是想寫共產黨如何動員農民。但我的指導教授說最好不要寫
那個，那會很難通過。

陳：《岳村政治》有很長的附錄，但正文寫得比較拘謹，跟您
現在的風格很不一樣。

于：為了通過，沒有辦法。我走了整整一年，書的後面都附上
了紀錄。2000年又回到學校，當時老師並不同意我原本的寫法，只
好改。但我還是強調了我的理念，就是個人權利的理念。我發現我
們的制度在所有的過程當中，都忽略了個人權利的保護。

陳：對您來說，個人權利具體包括了哪些項目？

于：包括政治權利、經濟權利，所有一切權利的項目。我主張
個人權利至高無上，社會得先保護個人的權利才會有公共的利益。
我們過去都是從公共利益來思考個人的利益，但我在博士論文裡則
強調個人權利的至高地位。我考察農民運動時，發現那些運動都說
是為了美好的未來，而不管個人權利的保護。所以都為搶殺提供了
理由，但最後卻發現，搶殺來的東西在另一個口號下又會失去。那
時要農民革命，所以承諾要給農民土地，但最後又因為另外的口號
而喪失。所以我認為：一個社會離開個人權利的保護會是很危險的。

陳：您博士論文完成時，剛好是「三農問題」很熱門的時候。
您的論文採用了現代化理論的架構；但另一方面，您很多更具體的
觀察和說法，卻又顯得與現代化理論有些距離。這個觀察對嗎？

于：對，您注意到一個關鍵的問題。那本博士論文，最重要的
是後面的訪談錄，那個訪談錄首次將農民與政府間的對抗表達出
來。我原本想寫的就是這個部分，但老師說會無法通過，所以不讓
我寫。於是我不得不寫些別的東西，但又無法放棄原來的想法。出
書的時候，我把這些內容用訪談錄的方式呈現。這個部分獲得很多
老師的肯定，老師們看了也都很驚訝。我也做了錄音錄像，以避免

造假的嫌疑。

完成博士論文後，我的老師徐勇就要我去社科院。當時張曉山
（按：胡風的兒子；胡風本身姓張，搞革命時才改姓）看到我已經出
版的博士論文，由於他是農村出身，所以特別驚訝。他好奇，農民
怎麼會組織起來反對政府？後來張曉山就要我去他那邊作博士後，
那是2001年。到了北京兩年後，張曉山就叫我再去作農民調查，我
後來向中央出了很多報告。那時中央不相信我的報告，就派人按照
我的路線再去調查一次，但最後仍然沒有辦法駁倒我。

三、農民的維權抗爭

陳：「三農問題」前幾年很受重視，幾乎成了一門顯學。有些
人認為，胡溫免除了農業稅後，農村情況已經有所改善，不知您如
何評估？比如說，免除農業稅對於幹群關係有多大影響？基層選舉
的情況如何？

于：首先農民問題，我認為不是胡溫新政或少數幾個知識分子
所能改善的，因為它根本上是社會壓力太大所導致。我有足夠的證
據證明：當時在湖南，農民都組織起來抗稅，鄉鎮幹部不敢下鄉，
官民矛盾極為嚴重。所以官方的政治成本已經非常大，難以承受。
我在當時寫給官方的報告裡說：「天下可憂的在於民窮，天下可畏
的在民怨」，當整個社會都對你發生怨恨時，官方就要感到恐懼。
事實上，取消農業稅是沒有充分準備的。2004年3月5日溫家寶說取
消就取消了，實在是因為政治壓力太大逼迫的，因為官民矛盾的尖
銳度已到達了無法想像的地步。有些知識分子說，取消農業稅是因
為他們當時寫了一些文章，但我想不是那麼簡單。真正的原因就是
壓力，因為官方的政治成本太大。

　　陳：農村裡面的幹群關係，因爲免除農業稅而改善了嗎？這幾年中央財政的口袋很深，過去搞攤派的基層幹部，現在中央財政直接可以挹注。

　　于：是啊，取消農業稅後，基層農村情況有很大的變化，迅速地修復了共產黨與農民間的關係，這著棋做得非常有效。中低層農民不用交稅，政府還給他錢。雖然農民還是貧窮，但一切最基本的社會福利都有，小孩上學也不用錢。中國的貧窮需要注意到一個問題，就是農民雖然貧窮，但只要不從他們的口袋裡拿東西，他們基本就不造反。因爲中國的農民從來就沒有想像過政府能夠給他們什麼，他們原本想的都是政府怎麼剝削他們。所以給他們東西的，他們就覺得是好政府。最近我跑了一些地方做調查，我覺得這點無法否認，就是共產黨迅速地修復了他們與農民的關係。不久前，我帶著學生到湖南省的常德農村調查，有些農民就說：現在幹部不錯了，不向農民搶東西了。

　　但是，農民的問題並沒有因此而解決。雖然幹群關係有所改善，但仍舊沒有改變農民與社會的關係，也就是並未改變農民仍舊居於社會弱勢的現實。農民貧困，他們想致富的管道基本還是沒有。而且這些年很多農民工開始流動時，又產生了新的問題。第一是有些農民想進城，但由於土地集體所有，不能自由地處置自己的土地；第二是農業生產規模經營上不去；第三是由於城市化的發展，因徵地引發的衝突成爲了農村的主要問題。

　　陳：土地流轉前幾年討論得很激烈。

　　于：當時的討論沒有解決根本的問題，只是在討論土地經營權是否能夠流轉的問題，沒有深入討論農村土地所有權這樣一些基礎性的問題。您剛剛提到基層選舉，我覺得那是小問題。台灣也有村長，他們也是領政府的薪水，幫忙協助村民喪葬禮、嫁娶、社區的

事宜，這些不會對村民生活帶來太大的影響。在中國當村長不同的是，他控制比較多的資源、比較多的共同財產，這種財產關係也就衍生出種種問題，像是選舉控制、村莊管理等問題。

陳：您說一個是失地農民的問題，他們靠近城市周邊的土地被圈走。此外，還有一些更廣大的農村腹地，由於土地分配不均，也就衍生出共同財產的管理與利益分配問題。是這個意思嗎？

于：對，所以我才說，通過免除農業稅修復與農民的關係，並沒有解決失地農民的問題，也沒有解決共同的財富及其背後的共同體關係的問題。政府為了控制土地，為了圈地，在這個過程中產生了新幹群關係的尖銳矛盾。不過，這種現象早些年主要發生在廣東、浙江、江蘇、河北、山東等經濟較為發達的地區，而且主要發生在城市周邊。

雖然真正的農業區域也有土地分配不均的情況，但卻不是核心的焦點。這些土地分配雖然不均，但矛盾並不尖銳，所以不足以影響政府與農民間的關係。這與之前的狀況不同，因為原來發生問題的恰好都是最貧困的農業地區。現在這些地區的問題已經沒那麼嚴重，至少矛盾沒那麼尖銳。

陳：〈零八憲章〉關於土地私有化的那條，也引起了一些爭議。不知您怎麼看？

于：從理念來說，我認為土地私有化是好的方向，因為它保障了每個人的權利，但是現在的問題是土地私有化存在兩個障礙。一是現有的利益格局怎麼均衡？由於有30年土地不變的規定，所以產生了許多問題。第二是操作問題，也就是怎麼分地？我認為私有化不需要太多的討論，重點是怎麼操作。我的想法是：要先確定農民的權利，不管是公有化還是私有化，都要尊重農民的意願，在過程中把他們的意願體現出來。我覺得不需要太強調一些意識型態原

則，像是非得先把地都重新分配了再說，因爲這事實上辦不到，很多人不願意這樣做。所以必須要有全面的思考，要有開放的心態：如果他們願意分就分吧！分地有好有壞，但重點是必須先確定農民的權利。他們有這個權利，可以賣、可以離開。公有制有兩種：一種是按份公有，另一種是共同公有。按份公有可以用腳表決，共同公有是人可以離開，但東西不能帶走。我的想法是可以讓農民用腳來投票。

在某些地區，圈地也沒有用，因爲沒人買。廣東有些偏遠的農村就是如此，只能出租給農民，請外地農民來種。所以關於土地所有權，我認爲不要從意識型態的立場去討論私有好或公有好。但有個基本原則是不變的，就是個人權利必須受到保障，其他的都可以討論。

陳：有些人認爲：如果農地不能買賣，農民比較不容易鬧事；如果土地流轉等於私有化，會製造更多的問題，如造成更大的貧富差距。您怎麼看？

于：事實上不存在這些問題。有一次在清華大學開會，我提出可以讓農民買賣土地的想法。有位經濟學家就生氣罵我，說農民生病了把地賣了怎麼辦？我生氣的回應他：如果連生病了都不能賣地救命，留有那些土地幹什麼？我認爲，思考中國問題的一個關鍵是：要思考個人權利是不是獲得了確認。我們願不願在一起是我們的意願，政府的責任不是強制我們一定得在一起。

陳：關於農會，您有何看法？

于：我贊成組織農會，但這不是由我個人的主張來判定的，而是農民本身有組織農會的需求。當我在調查農民時，有些農民就是在討論農會，有兩個老農民都提出「農會法」。現在之所以會認爲農會是個問題，主要是因爲覺得農會是破壞社會穩定的組織。但這

是很大的誤解。我寫過一些文章，討論共產黨爲什麼怕農會；共產黨主要是怕農會成爲革命性的組織。但事實上，從台灣也可以看出，農會對於選舉會有作用，但終究不是破壞性或革命性的組織。

我對農會的想法，主要也是從權利問題來思考的。農會短時間內是無法做到的，現在是以「農民經濟合作組織」來替代農會的作法。我認爲這也不是不好，只是要看它的實效。

陳：您說免了農業稅後，幹群關係得到了一定程度的改善。中國農民可能還有九億人，這要看怎麼估計，但總之相當龐大。當國家改善與小農的關係，小農是否就成了專制的社會基礎？歷史上有這類情況，像是馬克思分析過的19世紀中葉的法國。您如何看待農業部門與政治轉型的關係？

于：我是這麼看的：到目前爲止農業區的農民對於政權是很向心的，因爲現在的農業政策是很施惠於農民的。這點我覺得確有其事。但在此之外，一個很大的問題是大量農民的流動，就是所謂的第二代農民工的問題。很多中國農民嚮往城市生活，但現在的制度對他們進入城市設下了許多限制。這也正是爲什麼最近二代農民工反覆被提起的原因。

當然，失地農民變成流民後，也會帶來問題。經驗上，有些失地農民會因爲徵地而生活改善，有些則不然。關於失地流民，發生問題的都是在縣城，很多群體性事件都是發生在縣。農民工一旦無事可做，會回到自己的縣，就到處在親戚朋友家待著，無所事事。

四、工人的維權抗爭

陳：在農民調查之外，您是2001年開始從事工人調查？

于：對，我2001年開始做工人調查。做完博士後研究，社科院

要我留下來。我接著就到江西安源做工人調查。

　　我本來就也想寫工人，因爲我出生在工人家庭。我父親事實上是官員，算是縣團的幹部，但也是工廠的領導。我覺得我的想法已經差不多完整了，問題是怎麼把工人與農民的思想表達出來。我不斷地走、到處調查，是希望通過大量的事實來說服人。我到今天爲止一直堅持這個研究風格，就是不斷地表達現實、實例。由於我出身在工人家庭，也做過農民、流浪漢，我想把底層的社會呈現出來。我是沿著這個思路去做研究的。

　　陳：那我們轉到工人階級狀況。

　　于：工人的問題比較複雜。目前有幾種工人，一種是完全雇用勞動，這是主流。但這種工人又有幾個類別。有些是從原來國有單位改制過來的，原本是有身分的，但後來變成雇用的。這類工人的問題在於：他們原來的身分所自動帶來的權利，可能與現在雇用的情況不能接軌。另一類完全雇用的工人，不只包括農民工，還包括像是在民營事業或外資工作的大學生。還有一種工人，是在國有單位的改制過程中失去工作的人，就是所謂的下崗職工或失業職工。

　　不同的工人有不同的訴求，以及不同的表達方式。例如廣東本田發生的罷工，是在廠區裡不做事，不履行勞動的義務，也就是行使拒絕勞動的權利。但他們不上街遊行，就是在廠區裡面不出門，因爲他們知道問題是勞資關係中的博弈。他們的抗爭方式就是通過不動工來制約、施壓資方。第二種，有些中國工人上街抗議，這主要是因爲工廠關閉，但他們的工人身分還在。所以他們得藉由上街遊行使政府重視他們的問題，要求政府做出承諾、解決問題。

　　陳：像本田那種罷工多嗎？占大多數？

　　于：多，但這種罷工不足爲懼，因爲這種罷工只是勞資關係中的博弈。像原來的國營企業下崗的工人，罷工情況就不同，他們就

上街。他們是沒工可罷的工人，因為工廠都關了，只好上街表達訴求，影響公共秩序，使官方重視。罷工的訴求也很不相同，有些會直接向資方訴求，此時政府扮演的角色應該著重在裁判。但中國公有企業改制的，就會把政府作為訴求的主要目標。

陳：本田那類自發性的罷工，跟工會的角色有何關係？

于：有關係，他們與共產黨的工會發生了正面衝突。所以，今年全國總工會才提出了一個問題：工會要怎麼代表工人利益？還提出了「維權是維穩的前提和基礎」的說法。

目前政府對工會的要求是：為工人謀求福利以及協調勞資關係。工會並沒有被要求領導工人罷工。我們知道所有的勞資關係都不是三方關係，而是四方關係：資方、勞方、政府、以及工會。在中國，目前工會是缺位的。為什麼需要工會？領導罷工應該是屬於工會的行動，而不是工人私人的自發行動。在中國以外的其他國家，幾乎所有的工會法都規定工會有罷工的權利。

陳：以往，工人參加工會大都是強制性的。但是這三十多年來，隨著資方力量的抬頭，有些國家的工會已經不再帶有強制性。從效果來說，這使得資方更容易分而治之，更容易懲罰搞罷工的部分工人。您剛才說，工會與罷工在中國是兩件事，無法合在一起。這是否意味著：中國政府在勞資關係中一面倒向資方？

于：現在中國的工會不僅不組織罷工，還禁止罷工。所以工會的問題比農會的問題顯得更為重要。農民必須通過農會與市場博弈，而工會的目的是要與資方博弈。罷工有兩種：一種是政治型罷工，是通過一個議題對政府的公共政策提出抗議；另一種是經濟型罷工，直接對資方的某個政策進行抗爭。目前，中國絕大多數都是經濟型罷工。若要進行罷工，就應該讓工會能夠代表工人來領導罷工。最近我寫了很多文章，反覆強調工會應該要領導罷工，全世界

的工會法都是如此。在中國的勞資關係中，有一項是缺位的，原因就是工會不能真正代表工人。我2004年完成的《中國工人階級狀況：安源實錄》那本書，也強調組織化的工人利益是國家的諍言。我強調勞資博弈並不影響社會穩定。一般都覺得只要罷工，社會就會不穩定，但這看法是錯的。

　　陳：如果政府一面倒向資方，或出於您所謂的「剛性穩定」思維而不讓工會扮演其應該扮演的角色，那會不會使某些相對單純的經濟型罷工，逐漸朝政治型罷工的方向發展？您認為有這種可能嗎？

　　于：將來中國的罷工一定會往政治性的方向走，現在雖然它被壓抑，不被允許。繼續壓制下去，將來就可能對著幹。如果能夠放開，反而不會走向激烈化。中國政府取消罷工法的主要理由是說：中國已經是社會主義國家，工人本來就是國家的主人，怎麼可以罷工呢？又怎麼需要罷工呢？但現在情況不同了，是需要罷工的。在勞資關係的緊張下，我們目前缺了工會。目前國家的法律並沒有一條限制罷工的規定，所以也不見得會牽動到修法的問題。罷工權也不會違背與資方的契約關係，因為罷工權本來就是勞工的基本人權，是勞動條件的一部分。

　　陳：您怎麼看待二代農民工與工人階級的當前狀況？包括像是富士康所暴露出來的問題？

　　于：第一代工人主要是追求經濟利益，而二代農民工則牽涉到新的問題，他們主張新的權利。他們會認為很多既定的規範是錯誤的，因此要伸張新的權利，這在很多方面都已經表現出來。過去農民工只要求做事給錢，但現在已不是給錢就好，給少了、欠缺權益都是不行的。他們不只維護已有的權利，還要伸張新的權利。這我覺得，將會是中國的農民工運動走向新階段的一項關鍵。二代農民

工主張新的權利，包括教育、福利等等，這與第一代完全不同。維護舊的權利與伸張新的權利，現在已經交織在一起。但很多觀察家都未察覺到這一點。

從維護已有的權利走向主張新的權利，這不只是二代農民工，包括新生代的雇用勞動者都正在走向這一新的階段。所以對中國工人的認識，要有新的認識方法。中國工人走過了幾個階段，先是從國有單位身分制，走向身分與雇用的混合。改革開放後的工人是第一代雇用勞動，但他們也能回去。新生代的雇用勞動者提出了新的問題，我們要重新去理解。這次廣東本田的罷工，是從新生代雇用勞動者所產生的。這是今天工人所提出的挑戰，也是我們理解今天工人問題很重要的關鍵。中國的執政黨與工會應該承擔什麼責任？怎麼調解？這是共產黨需要進一步思考的。工人已經從意識型態走下來了，他們轉變成了普通的勞動者，而且雇用勞動也發生了變化。

陳：關於工人維權、伸權，包括您在內有不少論者認為：這代表著工人新的權利意識的出現和成長。但另一方面，也有一些最近發聲支持本田罷工的論者，似乎帶有更多的中國社會主義的色彩，也就是不強調權利政治的面向，而是呼籲共產黨兌現其「工人是國家主人」的宣稱。

于：我是從現實走向的角度來看問題的。我認為不是共產黨或中國左派想要怎麼做就可以，因為工人已經在主張新的權利了。現在爭論的已經不是八個小時或九個小時的問題，已經不只是在爭論為什麼不給工資，也已經不是資方有沒有履行工資協議的問題而已。現在工人已經主張工資標準不對，已經是在挑戰過去不正確的協議。現實的走向是如此，我們必須去看待事實發生的關鍵層面。現在工人只是拿共產黨的規則來挑戰資方的規則，官方就已經感到麻煩；未來若走向以世界人權宣言、聯合國的規則來挑戰共產黨的

規則，那時政權就會面臨重大危機。

五、「群體事件」與「剛性維穩」

陳：您提出的「剛性維穩」、「剛性穩定」概念，現在很多人使用。面對層出不窮、不斷增加的群體性事件，當局的應對辦法是「剛性維穩」，但您基本認為這種維穩方式已經走不下去了？

于：首先談群體事件，從1993年後的確一直在增加，而且每年都在增加。群體事件可以分成幾類，第一類是因為利益受損而產生的。這類群體事件主要是爭利，雖然的確造成一些問題，但是不會對國家政權直接帶來太大的威脅。當地方政府侵犯到農民、工人的利益時，他們會反抗地方政府，但不會對抗整個國家政權。這類利益之爭有四個特點：第一是爭利不爭權，要錢不要命，不搞革命；第二，還是照著共產黨的規則來玩；第三是反應性大於進取性，一般不找他們的麻煩，他們也不會抗爭，主要是反對官員的亂作為；第四是行為遊走在法律的邊界，在合法與非法之間。

群體事件的第二類，我稱為洩憤事件。沒有來由，主要是對公權力和有錢人的不滿、洩憤，也不亂搶亂打，與事件無關者不會牽涉進來，單純就是發洩心中的怨恨。第三類是騷亂，是亂打亂炸，像最近湖南省發生的事件就是這樣。

群體事件主要牽涉到社會穩定問題。另外還存在個體極端事件，可以分成四類。第一類是自衛，你欺負我我就拿刀捅你。第二類是自殘，就是傷害自己，不傷別人。第三類是報復，用激進言論或殺人，像是只殺公安、法官等事件；不到處傷害，只針對特定的人。第四類是洩憤性的個體暴力，主要是反社會人格所造成的，不反政權，但是反社會，這是最麻煩的。

　　共產黨面對這些問題，主要的作法就是維穩，而且採取的是一種「剛性維穩」。在我看來，台灣的穩定是以「是否影響法律的穩定性」為標準，而大陸的穩定則主要是以「是否影響共產黨的政權穩定」為標準。這兩種穩定取向完全不同。前者是只要法律秩序沒受影響，任何人執政都沒有關係，政權的更替不影響社會法律秩序的穩定。但中國大陸則不是。共產黨為了鞏固政權，把一切可以疏導壓力的管道都視為不穩定因素，遊行、示威都是不穩定因素。為了消滅一切不穩定因素，共產黨就不斷地施壓，也就是壓力維穩，從上級施壓或用暴力施壓。這種維穩我稱為「剛性維穩」。這個詞之所以現在很多人使用，我想是因為表達了社會現實。

　　陳：剛性維穩與1992年後「發展就是一切」的激進發展主義道路有關嗎？1990年代以降，經濟愈是高速發展，壓力維穩的力道愈大。所以有些人說，剛性維穩、壓力維穩是為了經濟發展，為了富國強兵。

　　于：我認為共產黨的核心理念不是經濟發展，它一切的目標就是一條：政治權力的排他性。沒有認識到這一點，就沒有真正理解中國共產黨。發展、保八、剛性維穩等等，它一貫的目標就是獨占權力，造成權力的排他性。一切都是手段，真正的目的在於統治的壟斷性。若沒有看到這一點，其餘的討論都會失去焦點。「剛性穩定」就是從這個角度來思考中國大陸政權的特性：一切政策都會變，但黨的領導就是不變。

　　「剛性維穩」帶來的核心問題，就是維穩的成本愈來愈高，社會矛盾愈來愈尖銳。現在不能遊行示威，就直接殺孩子。為什麼要殺孩子？因為孩子沒有反抗能力，殺了孩子會造成社會的痛。鄭民生講得很明白：孩子好殺嘛！這類案件說明：由於社會的原子化，就會出現原子化的反抗。原子化的反抗所帶來的社會問題，往往比

群體的反抗更危險，而且防不勝防。一個群體的行動是可以防範的，因為它終究有一些方向與聲音要表明，而鄭民生卻是防不了的。今天有人拿刀殺進學校，就防學校；明天有人去法院殺法官，就防法官。像這種原子化的暴力，是防不勝防的。

陳：據您估計，維穩經費已經超過了軍費？

于：這一點很難進行具體測算，因為有關資料不公開，如何界定維穩費用也是一個問題。很多都是無法估計的，譬如說，鄭民生殺孩子，他這一把刀就砍掉了很多億。政府財力多的時候，社會的壓力也大。我主張維穩要從成本的層面來思考，而不是意識型態的層面。當政權愈來愈無法解決那些壓力時，就得重新尋找出路。我不認為中國共產黨會因為意識型態而改變，或因為領導人勤政愛民而改變，那些都是口號。真正的問題在於：沒路可走的時候該怎麼辦？到時就必須尋找出路。不管左派、右派或任何的意識型態，對共產黨都不會有太大的影響。它早已是個沒有信仰的黨，一個現實主義政黨。對它唯一構成影響的，就是現實的壓力。

六、重構中國的政治走向

陳：有些「中國模式」論者說，中共具有高度的調適以及學習能力。您同意這說法嗎？

于：我覺得共產黨不是在學習，而是在應對，只要可以用他們都會拿來用。他們根本就不會學民主理論，而只是在找解決現實壓力問題的方法。未來他們在做選擇的時候，會不會走向民主或公民社會？我認為他們在面對社會壓力時，有兩種可能性。一種可能是繼續「壓」，這種「壓」的作法已經延續了10年、20年。但現在問題在於：「壓」的作法遇到了科技，例如網路。我認為，中國社會

的動員機制正在發生變化，網路可能會改變中國的政治前景。現在根本不需要實體性的組織，只要通過網路，就可能產生共同行動。最近發生的很多事件，都與網路有關。前不久我在香港提到：要重構中國的政治走向，必須通過網路。中共當然想控制網路，但很困難；因為科技發展太快了，每天都在更新，都帶來新的挑戰。網路可以衝破過去的政治壁壘。像現在，台灣、香港就可以通過網路影響大陸。

陳：您的說法似乎相對樂觀。

于：基於我對中共政權的觀察，我認為它要壟斷統治權，最大的關鍵是信息的控制，但現在已經做不到了，即使想做也做不到。以前可以控制電視台，現在還是可以，但是控制電視台已經沒有太大意義。因為新的信息管道太多，已經解構了政治信息的壟斷。由於信息無法被壟斷，組織資源也會發生變化，於是就產生博弈，共產黨得想辦法應對。老方法就是高壓，但高壓愈來愈困難，所以必須想出另一種作法。

共產黨有沒有可能設想在不影響高層政權結構的情況下，乾脆從自身做起？面對信息資源控制不了、新型組織也無法控制的情況，共產黨有沒有可能妥協？也就是我提的，有沒有可能為了解決現實壓力的問題，從「剛性維穩」逐漸走向「韌性穩定」，增加民眾的參與，放開基層民眾的意見表達權？

前陣子在社科院，我們就在討論如何在縣級開始實驗民主選舉。這是共產黨在出現了失控的情況下才可能考慮的出路：反正基層改變不了高層，縣級基層民主也許是以時間來換空間，藉由時間來得到上層的空間。這是我觀察中國的方式，以實際問題作為導向。不跟共產黨談意識型態，而是告訴他們為什麼不得不改變，以及實際問題該怎麼應對。

陳：您提出的縣級民主，部分靈感似乎來自於對台灣的觀察。在台灣的威權時代，國民黨政府為了交換地方勢力對中央的政治忠誠，很早就開放了縣級選舉。在1980年代末民主轉型以前，縣級選舉在台灣已經搞了將近40年。

于：中共政權現在面臨想封也封不死的情況，所以需要新的解決方法。孫中山提出的建國方略也是說需要縣級民主。在我看來，面對愈來愈多的網路組織在衝擊體制，這是中共必須要採取的應對方法。我到了台灣之後觀察到：縱使陳水扁做了很壞的事，但終究是可以把他關起來的；台灣存在著政治鬥爭、政黨鬥爭，但司法體制仍舊在起作用；台灣已經發生兩次政權轉移，但不至於造成社會的混亂。

我去到台灣觀察之後，覺得很多情況都很特別。譬如說，看起來沒有政府。村裡有村長和村里幹事，但事實上他們做的是鄉紳的工作，不是在進行統治，而是調節人際關係和聯誼。每一個縣都有自己鄉鎮獨立的形式。我對台灣是很看好的，也預期中國大陸會走上這條路。我覺得大陸會逐漸走向台灣的政治運作邏輯，道理非常簡單：你不能任意地拆人家的房子！在台灣，不但不能亂拆，拆了之後還能打官司，告不了還有民意代表，沒有民意代表還有媒體監督。大陸最後也會走向這條路。

陳：台灣有些人抱怨說，正因為舊房子拆不了，土地徵收很麻煩，所以發展的速度太慢。看到上海怎麼一下子就弄好了，覺得大陸要蓋幾條高速公路、高鐵、地鐵都可以，感到很羨慕。

于：台灣老百姓到了大陸後，就會覺得他們寧願在台灣，不要在大陸，因為拆有可能會拆到你的！我去台灣時，于宗先先生跟我說：大陸千萬不要學台灣，現在十大建設都做不了了。我回答他說：我寧願做不了，也不願意自己的房子被拆。社會最重要的是要有規

則，不能因為發展而連規則都不要。社會規則是人生活必要的東西，不然就會每日生活在恐懼當中。在中國大陸，你可能永遠不知道何時房子會被拆。每日生活在恐懼當中，要發展有什麼意義呢？假如我們只是看到高樓大廈，卻每天都要擔心我們的權益不保，這個社會不是很痛苦嗎？有人會說，為了未來，就先犧牲這一代。但為什麼必須為了公共利益而犧牲個人？我一再主張個人權利的保護，這是我唯一的信仰，並由此來思考制度的改變。如果高速公路蓋好，卻帶來社會根本的動盪，那高速公路是沒有用的。所以我認為，執政黨要尋找解決的辦法。

陳：關於家庭教會，您曾經主持一項調查研究。您在一篇報告中提到：「在權利基礎上營造責任與合法性，才能賦予家庭教會公開性的義務與道德要求」。我看了之後，心想這會不會是雞生蛋、蛋生雞的問題？家庭教會之所以地下化，主要是因為被當局打壓。但要是權利得到了保障，公不公開也就不那麼重要了。是我沒讀懂您的意思嗎？

于：中國的家庭教會走向地下有兩個原因：一是權力的原因，另一個是利益的原因。部分家庭教會走向邪教化，是想通過這來得到更多的利益。甚至，他們會利用被共產黨打壓而獲得利益。我提出了幾個解決問題的方法：第一是政府不要把宗教當作敵人；第二是精英不要把家庭教會當作工具，不要利用教會斂財；第三，民眾不要把信徒當作異類。

陳：家庭教會仍然是敏感課題，您能主持這方面的調查研究，甚至發表這方面的文章，跟高層的關係還是不錯？

于：我都是做問題研究，然後寫出報告，給高層並同時向社會公開。有很多題目我可以做的原因，是因為我是從問題出發。我們無法忽視現實存在的問題，總要想辦法解決。如果無法打壓，最好

的辦法就是給他們合法的權利。高層或社會能否接受我的觀點,不是我所在意的。我從研究農民、工人到家庭教會研究,都是持這樣的立場。

陳:我的最後一個問題是:您怎麼看中國的社會主義傳統?

于:我認為中國社會主義傳統的意識型態正在瓦解,已經沒有多大的動員能力。有些工人或左派說社會主義如何的好,但我覺得很多都只是口號。問到毛澤東時期好嗎?有人說好啊,有公平正義,但接著問有自由嗎?他們就很難回答。我反覆地問工人和農民這些問題,發現他們大都只是把社會主義當成口號而已,目的是反抗現在的政府與政權。

我很少與思想界交流。我認為在當下的中國,對「問題」的研究是十分重要的。有些人把毛澤東時代的東西當作反抗的武器,也有些人通過講這些而獲得學術利益和社會利益。我則是從問題的角度來思考的,而且認為個人權利的不可侵犯才是社會最重要的底線。如果說我有理念的話,就只有這一點。這是由我生命的經驗得到的:不要因為未來或人類社會的解放而犧牲個人的權利;不能因為所謂大家的利益而犧牲個人的權利;只有保障個人現在的基本權利,才有最好的社會。

陳宜中,中央研究院人社中心副研究員,並擔任《台灣社會研究季刊》以及本刊編委。研究興趣在當代政治哲學以及社會主義思想史。

死刑：
倫理與法理

死刑的存廢問題，在台灣社會引起了熱烈而且不斷的爭論。不過一般媒體上的議論，傾向於高亢地表達態度、傾洩情緒、或者流於辦案及裁決等法條技術層次的分析。但是死刑是一種終極之刑，其中牽動的倫理、政治、法理、社會面向的議題都複雜而棘手，需要設法從較為基礎的層次上，重新思考這種刑罰的是與非。

台灣哲學學會與《思想》在今年度台哲會年會（10月23-24日）中，以「死刑是否應當被廢除？」為題，舉辦了一場圓桌論壇。與一般有關死刑的討論不同，在哲學視野中，「你主張甚麼」固然重要，但是「你基於甚麼理由持這樣的主張」更為重要。本著這種精神，我們邀請了幾位對相關問題關懷已久、思慮較深的學者與知識分子參加，閱讀與聆聽對方的想法，再較為系統地陳述自己的質疑與理由。這是一場很成功的公共辯論。與會者在事後將講稿定稿，交給《思想》發表，是為本專輯。

本來台哲會與《思想》曾以「應該廢除死刑嗎？」為主題，舉辦年度有獎徵文。但因為來件較少，活動取消。不過為免遺珠，本刊編委會仍然從來稿中選出陳祥波先生的文章，加入這個專輯。該文並不是原先論壇的一個部分，謹此說明。

本專輯以及徵文活動，要感謝台灣哲學學會許漢會長與張忠宏秘書長的熱心倡議與鼎力協助，當然也要感激參與台哲會圓桌論壇的各方朋友。

編　者

死刑存廢：
政治思想與哲學的省思[1]

蕭高彥

一、緒論

2010年春，法務部前部長王清峰女士於任內暫緩執行死刑，並發表「願爲死刑犯下地獄」的言論，引發社會爭議，因而辭職下台。新任部長迅速執行了四個死刑，而大法官會議對廢死聯盟爲40位死刑犯所提出的釋憲案不予受理。但在這些波瀾之後，台灣社會似乎又回到暫緩執行、「不廢除、不執行」的現狀。

雖然關於死刑存廢的爭議在台灣社會已經存在了相當長的時間，民意調查始終顯示七成以上的民眾反對廢除死刑，因而構成主流民意。但在這波事件之後，公共輿論似乎有兩極化發展的趨勢，彼此都覺得已經缺乏理性討論的空間。一方面，廢死論者具有高度的人道精神，基於國際人權協議、歐美相關學術討論和司法實務，早已產生完整的論述以及社會運動策略。相對地，反廢死論者往往

1　本文初稿曾以座談會發言形式發表於《政治與社會哲學評論》第34期。本次修改增加了引文出處，以及第三節探討國家暴力與死刑關係之討論。

以受害者家屬為代言者，通過感性的說法來表達訴求。在兩極化情
境中，的確難以產生理性對話的可能，因為死刑議題牽動了每個人
內心深處的道德情操。

在短短的篇幅中，當然不可能對是否廢死的相關議題提出全面
性的分析。本文以下內容嘗試處理三個問題：

第一、從政治思想史角度討論廢死論的歷史淵源，並將聚焦於
如下之關鍵問題：在社會契約論傳統中，國家是否有終極權力剝奪
犯下重罪的公民的生命？

第二、以霍布斯思想為主軸，在哲學層次初步反思國家暴力與
死刑間之關係。

第三、台灣作為一個憲政民主國家，在面對死刑存廢議題時，
有兩種形成憲政共識的途徑——憲政主義式以及民主審議式。

在進行討論之前，有必要界定論述的對象。本文所論之死刑乃
指：自由民主國家經過正當法律程序，剝奪犯下嚴重罪刑（aggravated
crime）罪犯生命的刑罰。個人關注的焦點並非如功效主義以嚇阻作
用來討論死刑，而是基於權利理論來討論自由民主國家是否應擁有
在絕對必要時，執行死刑的終極權力。

二、國家是否具有生死權的「終極權力」？

從政治思想史的角度，廢死論首次被系統性地提出，乃是義大
利思想家貝卡利亞（Cesare Beccaria）在1764年所刊行的《論犯罪與刑
罰》[2]。這本書有著強烈的啟蒙主義與人道精神，繼承孟德斯鳩的精

2　Cesare Beccaria, *On Crime and Punishment*, tran. David Young
　　(Indianapolis: Hackett, 1986).

神，認爲過度濫用刑罰乃專制國家的病徵，從而奠定了現代刑罰理論的基礎。這本書的第28章倡議死刑應予廢除，他所提出的論證，影響相當深遠，一直到當代的廢死論述，均可見其影響。以下分爲**原則證成**以及**廢死論證**兩個面向，簡單介紹其思想。

在原則證成的面向上，貝卡利亞運用社會契約論述，認爲人們聯合起來進入社會是爲了共同的福祉，犧牲一小部分的自由讓渡給主權者來維護秩序；那麼「怎麼會有人讓其他人具有殺害自己的自由？」也就是說，貝卡利亞認爲，做爲締結社會契約的個人，不可能同意國家或主權者有剝奪他自己生命的權利；所以死刑不可能是一種國家的正當權力，而是「一個國家對公民的戰爭」（a war of the nation against a citizen），從而逾越了國家成立的初衷。

相對於死刑之恣意濫權，貝卡利亞嘗試「爲人性辯護」（vindicate the cause of humanity），並提出了以下幾項廢死論的經典論證。第一，他否定死刑的嚇阻作用。一方面有許多人因爲不同的理由並不懼怕死亡；另一方面，刑罰對於人類心靈的影響重點並不在於嚴重性（severity）而在於持續性（duration）。所以，附有勞役的終身監禁對於潛在的犯罪者亦可產生相同的嚇止作用。第二，死刑在當時是通過公開的執行來產生嚇阻效果[3]，但這面臨著一種有趣的「有效與無效之辯證」：爲了產生嚇阻作用，顯然需要定期地執行死刑方能產生效果；但定期執行死刑豈非預設著（或證明了）之前的死刑執行缺乏嚇阻作用？所以死刑是一種既有效又無效的矛盾結合，而終身監禁則沒有這個矛盾。第三，社會也必須對犯罪的發生擔負相當程度的責任，所以它有義務通過教化而改變罪犯的心性，而非以死刑除

3　關於西方傳統政治對於死刑之儀式性運用，傅柯在《規訓與懲罰》第二章〈斷頭臺的場面〉有著鉅細靡遺的描寫。

之而後快。第四,法律的功能乃是引導人們的行為趨向於衡平,但
死刑之執行卻是國家自己犯下蓄意殺人的重罪[4]。最後,貝卡利亞在
1792年為奧地利政府所撰寫的一篇關於死刑的備忘錄中,提出了「無
法挽回論證」(argument of irrevocability):因為死刑剝奪人命無法挽
回,而人的理性絕非不會犯錯的,所以永遠不可能有運用死刑的充
足確定性(sufficient certainty)[5]。

　　基於政治思想史的角度,本文關注貝卡利亞廢死論證的原則證
成部分:締約者不可能通過社會契約讓渡剝奪自己生命的權利給國
家。這個社會契約的觀點,被廢死論者接受做為一種「正面社會契
約論」[6]。然而,筆者認為,貝卡利亞這個社會契約在契約論傳統中
相當獨特,有必要與自由主義之父洛克,以及現代民主共和思潮的
創建者盧梭之理論進程加以比較[7]。

4　所以貝卡利亞說:「對我而言這是荒謬的:假如法律乃是公共意志
　　的表達而且憎惡以及懲罰謀殺,卻自己也犯下謀殺;而且為了說服
　　公民不要殺人,自己卻公開地殺人。」(Ibid, p. 51)。

5　Ibid, p. 98註11。本文將不處理確定性議題,因為這是一種懷疑主
　　義式(skeptical)論證,可以消極摧毀對方論證之基礎,但自身並無
　　法證立積極的道德律令,有時甚至是一兩面刃。舉例而言,假如死
　　刑犯之判刑有不確定因素因而應廢除死刑,那麼,在重罪犯長期監
　　禁,因表現良好而假釋時,難道不會有其悔悟是否有確定性,出獄
　　後不會再犯重罪之疑慮嗎?難道應該因此而主張死刑僅能以無假
　　釋之終身監禁來取代嗎?這並不是廢死論者所能接受的方案。但在
　　理論層次,筆者認為懷疑主義對維死論以及廢死論兩造均可以建構
　　出理論困局(aporia),因而並不構成關鍵性的論證。

6　李茂生,〈死刑廢止運動的社會意義〉,《律師雜誌》,251期,
　　民國八十九年八月。

7　本文切入死刑存廢議題的理論角度仍然以社會契約論為主軸。當
　　然,社會契約並不是歷史事實也不是神話製造,它是在17-18世紀
　　啟蒙思想的影響下,基於個人主義(individualism)的角度來探討公

　　貝卡利亞其實對於社會契約的具體條款並沒有加以說明，但是在相關文本之中(第1、2以及28章)可以看出，在他的社會契約中，每一個人僅「犧牲最少的自由」，基於個人所讓渡出的這些小部分自由，國家只有在「絕對必要」的情況下，才能運用刑罰來防衛個人可能對公共福祉所造成的損害。而由於這「犧牲最少的自由」不可能包括讓渡給國家一種殺死自己的自由，所以死刑必定是暴虐而違反社會契約的。

　　貝卡利亞既然運用社會契約的架構來思考刑罰問題，便必須說明在國家成立之前的自然狀態中，個人具有哪些權利，以及彼此有哪些可能的衝突，從而導致社會契約的締結以及國家的建立。他在第一章論述刑罰的根源時，簡略地提到獨立的個人，厭倦了在「持續的戰爭狀態」以及雖享有自由但無法確定能保有的狀態下，彼此聯合進入社會，依據法律而治理。這個說法具有相當鮮明的霍布斯色彩；關鍵的問題在於，為了克服此種戰爭狀態，欲聯合起來的個人要做出哪些權利的讓渡，才有可能保障共同的安全[8]？貝卡利亞對此乃是採取前述「最低限度」的主張，指出個人在社會契約中所放棄的自由越少越好，「僅需要讓別人願意去護衛公共託管人(public depository，按指主權者)的必要程度」即可。然而，假如他所設想的自然狀態是一種戰爭狀態的話，「最低限度」的自由讓渡如何可

(續)————

　　　民基本權利的根源，以及通過何種型態的社會契約，確立所締造國
　　　家主權的運作以及限制。這個思潮所帶出的，乃是個人主義為本的
　　　理性主義，亦即國家權力並不來自於歷史的習慣或超越性的力量，
　　　而完全是由組成它的個人所賦予。雖然社會契約論並不能與自由主
　　　義或憲政民主畫上等號，但無疑地，其關於個人權利以及國家主權
　　　運作的限制等論述，仍為當代民主社會正當性證成最重要的理論資
　　　源。

　8　本文將於下一節進一步討論此議題。

能保障每個人的生命、自由以及追求幸福(或財產)的自然權利?貝
卡利亞對這個關鍵問題並未提出說明,因為他的論述策略是將社會
契約運用到刑罰學,而非建構一個完整的社會契約理論。

假如我們參考稍早盧梭的《社會契約論》(1762)第五章「論生
死權」,將看到完全不同的論述:「有人問:個人既然沒有處置自
身生命的權利,又何以能把這種他自身並不具有的權利交給主權者
呢?這個問題之所以難以解答,只不過是因為它的提法不對」[9]。盧
梭接下來指出,社會契約乃是以保護所有締約者為目的;若要達到
目的,自然也必須擁有達到目的之手段。所以,國家必須擁有生死
權,因為在國家成立之後,它乃是全體公民生命以及安全的維護者。

對於重大罪犯處以死刑,盧梭提出如下之論證:在訂定社會契
約時,每一個人都不會希望成為兇手的犧牲品,所以在締約時人們
才會同意,假如自己成為兇手的話,他自己也必須受死。盧梭強調,
在這一個社會契約之中,締約者想的當然不是結束自己生命的可能
性(如貝卡利亞所述),而是完全只關注保障自己的生命。所以盧梭
強調,若有公民攻擊社會權利,便是自外於國家,甚至與國家成為
戰爭的關係,「這時保全國家就和保全他自身不能相容,兩者之中
便有一個必須毀滅。對犯罪處以死刑,這與其說是把他當作公民,
不如說是把他當作敵人。」重罪犯者由於破壞了社會契約,侵奪了
其他公民的生命以及自由,就不再具有公民資格,並且須通過比例
相符的刑罰加以制裁。

值得注意的是,貝卡利亞與盧梭都用「戰爭關係」來描述國家(主

9　盧梭的論辯對象並非貝卡利亞,而是霍布斯。請參考*Collective
　　Writings of Rousseau*, vol. 4, eds. Roger Masters & Christopher
　　Kelly(Hanover: University of New England Press, 1994), p. 251, note
　　51.

權者)以及重大犯罪者間的關係：對盧梭而言，「因」乃是犯罪者破壞了普遍性的社會契約，「果」才是國家為保護所有其他人而對之行刑；但對貝卡利亞而言，「因」則是社會契約並不包括殺死自身的自由之讓渡，「果」則是任何國家或主權者行使死刑時就必定是暴政。這兩種論述，誰的提法才正確呢？由於盧梭具有強烈的共和主義色彩，或許與當代的自由主義或憲政民主未必完全相符；所以仍然必須回歸到自由主義之父洛克的主張，才能找到與當代論述可以接軌的理論根源。

　　洛克理論的出發點，乃是自然狀態中人們擁有依據自然法而來的生命、自由以及財產等權利；在政治社會成立之前，個人靠自己的力量來「執行自然法」，自我保護不受其他人的損害和侵犯，「而且可以就他認為其他人罪有應得的違法行為加以裁判和處罰，甚至在他認為罪刑嚴重而有此需要時處以死刑」[10]。而通過社會契約建立國家時，每一個成員都必須放棄此種執行自然法之權力，將所有爭議事項交由國家依法律加以執行；國家因而成為新的仲裁人。是以，在洛克思想中，國家做為仲裁者的終極權力，恰恰是基於自然狀態中，每一個個人將執行自然法的權力讓渡給政治體而來的。所以，本節的提問：國家是否具有生死權的「終極權力」？洛克的回答是：國家具有包含生死權的正當執行權力，其正當性乃基於人民的同意。當然，自由主義的基本精神在於反對專斷權力，故洛克理論的進一步發展乃是建立權力分立原則、有限政府、以及政治權力被濫用時人民可以行使革命權等論述，完成了第一個自由主義的思想體系。不過，《政府論次講》的讀者很難不注意到，洛克始終強調個人或政治體對於侵犯其他成員生命、自由以及財產權者執行自

10　洛克，《政府論次講》，第7章87節。

然法的權力。

　　綜合以上所述，無論是社會契約理論，乃至自由主義傳統，均並未否認國家具有生死權的「終極權力」，而且此種權力的正當性來自於每一個成員的同意。關鍵在於，對洛克與盧梭而言，在自然狀態中具有理性的個人乃針對未來可能傷害到自己以及所有成員的重大罪犯之一般可能性，通過法治原則而賦予國家包含生死權之懲罰權；而非如貝卡利亞所述的，個人絕不可能讓渡殺死自己的自由或權利給國家。

三、死亡、死刑與國家暴力

　　在檢視了社會契約論與廢死論的主要論證後，論者或謂，個人可以有自衛權，國家可以制裁罪犯；但對於已經就擒的重大罪犯，國家沒有正當性剝奪其生命，因爲其對他人之危險已經不存在，剝奪其生命在道德上是不允許的，所以死刑是純粹是一種加諸單一無助個人之國家暴力。對死刑以及國家暴力似乎有內在關連的議題，吾人有必要進一步加以檢視。

　　國家做爲「生命共同體」或「命運共同體」是國人耳熟能詳的觀念，但是其中蘊含著現代國家、暴力、與死亡的主題，恐怕是主張者未曾意識到的思想基礎。假如吾人接受社會學家韋伯對現代國家定義：「一個在某固定疆域內，在事實上肯定了自身對武力之正當使用的壟斷權利的人類共同體」[11]，那麼死刑便不僅僅是社會契約所論「應然」層面的議題，並且牽涉到現代國家「正當壟斷武力」特性與生死權之關連的議題。在《經濟與社會》中，韋伯對於政治

　11　韋伯，《學術與政治》，錢永祥編譯（台北：遠流，1991），頁171。

共同體此種特色提出更深入的分析：比起其他型態的共同體，政治
共同體之特色乃在，它可以對外部成員以及內部成員實施強制力，
到達摧毀生命以及活動自由的程度。是以，在政治共同體中，個體
終極地被期望在團體的利益中面對死亡。這使得政治共同體產生了
獨特的情操（pathos）或持續的情感性基礎：政治性的命運共同體，
在同生共死的政治鬥爭中產生了共同的記憶，這比單純的文化、語
言、或族群聯繫更爲深刻，而此「記憶共同體」形成了民族意識的
決定性因素[12]。也就是說，國家做爲武力正當的壟斷者，蘊含著在
政治共同體層次，其成員必須面對死亡，這包括對群體之外的戰爭，
以及群體之內不服從所帶來的懲罰。

　　韋伯的分析觀點並非人類政治現象永恆的實然，而是反映了現
代國家的特殊性。因爲西方政治思想從霍布斯開始，對政治共同體
根源的分析產生了關鍵性的轉變：「對於死亡的恐懼」（fear of death）
構成了人類最根本的存有狀態[13]，並且決定了現代國家（霍布斯所謂
的「利維坦」）之構成。在霍布斯著名的「自然狀態」理論中，個體
由於其對於死亡的恐懼以及自保之需要，必須無限制地累積個人權
力；但對於其他人權力的累積，又懷有深刻的恐懼。在缺乏共同服
從的權力時，自然狀態必然導致「人與人互相爲戰」的戰爭狀態。
在戰爭狀態中，沒有任何文明以及文化累積的可能性，「最糟糕的
是人們不斷處於橫死（violent death）的恐懼和危險中，人的生活孤
獨、貧困、卑污、殘忍而短命」[14]。唯有建立國家做爲共同權力，

12　Max Weber, *Economy and Society*, eds. Guenther Roth & Claus Wittich
　　（Berkeley: University of California Press, 1978），vol. 2, p. 903.

13　Thomas Hobbes, *Leviathan, with selected variants from the Latin edition
　　of 1668*, ed., Edwin Curley（Indianapolis: Hackett, 1994），11: 4, 13: 14.

14　*Lev.*, 13: 9.

服從其統治，人類方有可能脫離自然狀態做爲戰爭狀態的存在困境。

　　這個爲人所熟知的圖像，其實蘊含著激進的政治價值之重新評估。在以亞里斯多德目的論爲代表的古典政治哲學中，人類形成共同體是爲了完成良善生活，並實現正義。所以政治共同體的本質乃是其成員德行（virtue）之充分實現。但霍布斯認爲古典目的論所主張，在積極的意義上通過政治共同體來實現良善生活的想法，根本無從實現。他主張以「最大惡」（*summum malum*）的「死亡」來取代古典目的論「最高善」（*summum bonum*）的「良善生活」；實現德行之目的論則轉變爲「對死亡之恐懼」的政治存有論。「對死亡之恐懼」雖然是一種極端經驗，卻是每一個人內省後最大的恐懼，足以成爲形構政治共同體的動力因，使得主權國家成爲保障各人生命「不得不實現的政治狀態」，而非如古典主義實現良善生活的政治共同體之渺不可及。如此一來，政治共同體也從促成德行實現的積極性格，轉變爲消極的，以保障人民安全以及和平爲主要功能的低限度國家[15]。

　　對死亡的恐懼做爲人類存在最根本的條件並非僅有消極意義。對於霍布斯而言，對於死亡的恐懼乃是驅使人類願意遵循**理性**的唯一可能根源。在其人性論中，乃以熱情（passion）或欲望的滿足以及趨吉避凶等做爲人類行爲的動機。但既然每個人都只有累積權力方有可能完成自保，其結果反而導致彼此爲敵的自然狀態；那麼，人類如何可能克服戰爭狀態困局，在認知到自然法的合理性時，願意遵守而尋求共同的和平與安全？特別是霍布斯認爲理性的聲音相對

15　請參閱Leo Strauss, *The Political Philosophy of Hobbes :Its Basis and Its Genesis*, tran. Elsa Sinclair(Chicago: The University of Chicago Press, 1963), pp. 15-17之討論。

於情感是微弱的，僅僅約束內在良知而未必及於外部行為，所以必須建基於情感基礎，方有可能讓理性的力量有所發揮。而正是「對死亡之恐懼」在此發揮了關鍵性的作用：由於死亡做為最大惡是每個人都極力避免的情感，所以在確保別人也都服從(也就是安全有所保障)的前提之下，「對死亡之恐懼」足以讓每個人接受建立國家做為終極武力的壟斷者，維持可以保障每個人的安全與和平的政治秩序。在國家建立後，個體在法律範圍內依據其理性自由活動。

霍布斯雖然從人類對於死亡的恐懼出發，而以國家做為終極武力的壟斷者來解決自然狀態的戰爭困局，但他並未特別強調死刑做為主權者統治工具的嚇阻作用。相反地，霍布斯是現代理性主義者，其對死亡的分析，乃是做為一種基於抽象概念所產生的一般性條件。就如同他對於戰爭(war)的分析指出，戰爭並非實際上的戰鬥(fight)，而是「存在於以戰鬥進行爭奪的意圖普遍為人所知」時。相對地，在和平時期，國家的執行力量也必須普遍為人所知，足以嚇阻個人運用戰爭侵奪手段達到個人的意圖。似乎可以這麼說，在霍布斯式的國家中，*公民對刑罰(包括生死權)的抽象恐懼，取代了自然狀態中對死亡之具體恐懼；也因為此種恐懼之轉化，使得理性自然法得以產生約束個人無限制自然權利的效力，文明與秩序方成為可能。國家中公民的抽象恐懼以法律為參照，理性人可以自由選擇趨利避害；自然狀態中對死亡之具體恐懼則是不確定而全面的，所有的他者都有可能是加害者。*對霍布斯而言，二者的利弊得失不證自明，對違反社會契約者處以相應的刑罰亦符合自然法。

必須強調的是，國家壟斷武力以及生死權之目的，並非濫用此權限，反而在於由個人或集團手中取走這些造成彼此爭端的力量，通過國家的法制化來完成現代政治秩序的建構。所以，在《利維坦》中雖然有討論死刑的相關篇章(*Lev.* 28:17)，但並不具有特殊的關鍵

性。相對於馬基維利凸顯「值得大書特書的刑殺」（memorable
execution）對於建立君主統治以及共和政治所扮演的關鍵性角色明
顯地帶著前現代政治色彩[16]，霍布斯已經改變西方政治思維，通過
理性主義的論述逐漸邁向刑罰的制度化。

　　本文無法深入討論霍布斯的政治理論，但其「對死亡的恐懼」
之分析，在終極的意義之上，奠定了現代國家以及理性治理的基礎。
在此前提下方能理解，無論是主張保障生命、自由以及財產權的洛
克[17]，或主張人性本善的盧梭，在建構政治共同體之後，仍然無法
脫離（甚至必須預設）霍布斯所建立的，對死亡之恐懼與政治共同體
之存在理由。

四、當代自由民主社會對死刑議題形成共識的兩種進程

　　當然，我們生活在現代社會，而非渺遠的自然狀態；當代問題
未必能通過思想史的研究而直接解決，但歷史淵源的澄清確有助於
我們在面對當代問題時，撥開公共輿論的修辭表象，探討相關議題
的實際內涵。若如前所述，從思想史層次加以觀察，死刑與自由主
義或憲政民主傳統的人權觀念並沒有本質性的不相容，而是可以通
過成員的同意來建立其正當性；那麼，吾人所面對的下一個課題乃
是：現代民主社會（包括台灣）在面對死刑議題的民意分歧時，如何

16　請參考蕭高彥，〈馬基維利論政治秩序──一個形上學的考察〉，
　　《政治科學論叢》，第9期，1998年6月，頁160-161之討論。

17　洛克在《政府論次講》第二章13節提到，他所主張人民在自然狀態
　　中，有自然法之執行權力好像是一個「奇怪的學說」（strange
　　doctrine），因為這將使得人民對其相關事務自為判斷（self-judge）。
　　其實這反映出鮮明的霍布斯主義色彩。

形成共識？筆者主張有兩種可能進程，一為憲政主義，另一則為民主審議。

死刑存廢在現代社會的主戰場似乎集中在憲政主義進程及相關的司法程序。在美國爭議的焦點在於死刑是否違其憲法第八條修正案所禁止的「殘酷與非常之刑罰」，人權律師也對死刑案不斷提出上訴以及其他司法救濟[18]。在台灣則是死刑是否違反中華民國憲法第15條所規定之「生存權」，與第23條限制個人自由權利的比例原則[19]，以及「台灣廢除死刑推動聯盟」所發動的釋憲聲請與各種司法救濟途徑。至於更上位的規範，則是國際人權法，包括1948年的「世界人權宣言」[20]、1966年的「公民及政治權利國際公約」[21]，以及1989年所增訂的「公民及政治權利國際公約」第二議定書[22]。而立法院也已經通過「公民與政治權利國際公約及經濟社會文化權利國際公約施行法」[23]，這些都是國內廢除死刑運動的主要思想資源[24]。

---

18 Tom Sorell, *Moral Theory and Capital Punishment*（Oxford: Basil Blackwell, 1987）, pp. 107-108.

19 請參考99/3/1〈法務部暫緩執行死刑之說明〉：http://www.moj.gov.tw/public/data/0311195615647.pdf（2010/12/01閱覽）。

20 第三條所宣示之生命權。

21 規定任何人不得被恣意剝奪生命，以及在未廢除死刑的國家中，判處死刑只得適用於「最嚴重之犯罪」。

22 明白指陳廢除死刑有助於生命權的保障以及人性尊嚴的提升與人權的進步發展。

23 請參考http://www.rdec.gov.tw/ct.asp?xItem=4159094&ctNode=12226&mp=100 行政院研考會網站，（2010/4/9閱覽）。

24 廖福特，〈廢除死刑——進行中之國際共識〉，《律師雜誌》，第251期，2000年8月，頁27-42。

　　值得注意的是，廢死團體並不主張公投廢除死刑[25]，似乎也未
積極推動廢除死刑入憲的政治運動。除了民意支持度不高的實際困
難(現在修憲已經需要公投複決)外，筆者認為尚有更深層的理由：
目前推動廢死刑的思維完全是憲政主義式的(constitutionalist)：將生
命權及其不可剝奪作為*憲法保留*(constitutional entrenchment)的基
本權利，然後寄望通過大法官釋憲來加以完成。假如真的能產生取
代司法院釋字第194、 263、及476號解釋的新解釋，宣告死刑違反
國民的生存權或比例原則，則新的憲法規範將隨之產生，所以主戰
場在於非常上訴以及憲法解釋等法律專業性非常高的領域。鑑於台

25　〈人權國家與死刑廢除——台灣死刑問題的再探討〉研討會會議發
　　言記錄(完整版)http://www.tahr.org.tw/site/death/dis20000527/dis-
　　07302000all.htm(2010/4/9閱覽)邱晃泉發言：「至於民意，到底可
　　不可以用多數決來決定，個人認為是不可以的。不是所有的事情都
　　可以用多數決來決定的。有些可以，譬如核電，因為核電的安危與
　　個人對核電的信任或不信任，是牽涉到每一個人的。但卻不可以公
　　投決定核電可不可以蓋在貢寮，因為影響層面是不一樣的。例如台
　　灣可不可以改成台灣共和國，這是可以公投的，或是下班時間要不
　　要提早。但是有些事是不可以公投的，例如原住民的事是不可以公
　　投的因為原住民是少數，同性戀者可不可以結婚，不可以公投，甚
　　至於性工業或是性產業都是不可以公投的，因為並不是每個人都是
　　性產業的顧客，只有少部分人是。所以我認為死刑也是不可以公投
　　的，絕大部分的人在一生中不可能犯下牽涉死刑的行為，只有一小
　　部分，更何況這一小部分的出生是有特殊性的，多數來自於家境不
　　好學識低落。舉美國的一個例子，美國是還有死刑的國家，但大部
　　分死刑犯人占大多數，所以白人不把死刑廢除。」此處牽涉到非
　　常重要的理論議題：公民中誰有權利參與死刑存廢的民主審議與決
　　定？假如每一個人都有可能被重大罪刑所影響，當然也有可能自己
　　或親屬成為重大罪犯，何以不是每一位公民都能平等、自由地參與
　　審議？筆者認為這和原住民、同性戀議題已經有確定身分認同，而
　　不宜由不相關者做決策的情況似乎有所不同。

灣社會始終有七成以上民意反對廢除死刑，這個策略似乎符合憲政
主義的精神：也就是在某些情況下，通過確認基本憲政規範以及大
法官釋憲的方式，抗衡民主多數意見[26]。雖然在大法官會議不受理
廢死聯盟所提釋憲案後，此進程暫告頓挫，但在主流民意多數反對
廢死的情況下，這似乎仍是唯一可行之途徑。

　　然而，純粹的憲政主義進程，由於迴避了民主正當性的問題，
即使未來大法官會議受理，是否能落實恐怕還在未定之數。畢竟，
憲政民主還有其它要素，包括：

　　1.最高的成文憲法；

　　2.成文憲法(以及最高法院的釋憲)的目的之一乃是保障某些基
本權利不至於被立法機構的多數所侵奪；

　　3.具有某種形式的最高法院釋憲；

　　4.有某種制憲會議(constitutional convention)或程序可以修改憲
法，這表達了人民主權，因為這個主權並不一定要表達在反抗權或
革命權，而可以有制度性的表達[27]。

　　目前廢死刑論所採取的「憲政主義進程」，雖符合前三個標準，
但明顯地與人民主權的第四個判準有所矛盾。在台灣社會當前對廢
死議題的政治化狀態，即使大法官會議做出支持廢死的解釋，是否
即為終局結果？恐怕尚在未定之數。

　　在民主社會中，憲法與政治規範欲產生對於該社會具有正當性
的約束力，仍需要民主政治內生力量的支持。羅爾斯便提出「自由
主義的正當性原則」(liberal principle of legitimacy)，主張任何國家

---

26 John Rawls, *Lectures on the History of Political Philosophy*
　　(Cambridge: Harvard, 2007), p. 85.

27 *Ibid.*, pp. 85-86.

權力的行使若要得到證成，必須基於自由以及平等的公民可以接受的憲政原則[28]。而在這樣的原則下，這些自由而平等的公民是否能合理地（reasonably）達到對於國家強制的普遍同意，乃是自由民主國家最為關鍵性的正當性判準。

羅爾斯的「自由主義的正當性原則」其實點出了民主社會在面對死刑議題的分歧時，如何可能形成憲政共識的另一種可能：**民主審議進程**。死刑議題可以基於羅爾斯的自由主義正當性原則以及「民主公民身分」理論的架構中重新思考。也就是說，死刑做為一個政治議題，牽涉到每一個公民對於國家權力範圍的憲政基本共識，這完全是「政治性」的，有必要在民主的公共領域尋求交疊共識。當然，這些合理的公民必須是在「原初狀態」之中來設想，在民主社會中國家的強制力應到達什麼地步，以及死刑是否可以列入基本憲政規範中。假如經過羅爾斯式契約論證的測試，一個國家的公民們「自由而平等地」決定國家的憲政規範以及國家強制力的範圍時，似乎沒有絕對的理由，堅持死刑一定與自由民主的政治制度無法相容[29]。

28　Rawls, *Political Liberalism* (New York: Columbia University Pr., 1993), pp. 137ff, 216ff.

29　不可否認，羅爾斯的論證也可以被運用在廢死論述之證成。布朗大學的Corey Brettschneider教授便運用公民身分的不可剝奪性，反對盧梭前述的敵人理論，再運用羅爾斯的自由主義正當性原則，嘗試論證死刑必須得到所有公民（包括公民身分不可剝奪的犯罪者本身）的合理的同意；而這是不可能的，所以死刑沒有存在的正當性。請參閱Brettschneider, "The Right of the Guilty," *Political Theory*, 2007, 35: 2, pp. 175-199. 不過，筆者認為Brettschneider的論述似乎有一盲點：犯罪者已經有特定利益，怎麼通過「無知之幕」來達到合理的道德證成死刑或其他刑罰之正當性呢？

假如吾人接受羅爾斯關於「自由主義的正當性原則」以及「民主公民身分」之理論，則必須面對在台灣的民主社會中，對於廢除死刑應有的理性公共討論之民主審議的必要性。近來已經有「是否廢除死刑以公投決定之」的主張[30]，雖然尚未成熟，但非如想像中的不相關。吾人不妨設想以下之場景：假設有公民團體提出「**理性改革死刑修憲案**」，主張將中華民國憲法第15條，參酌《公民與政治權利公約》以及其它國際人權協議之規定，修改爲：「公民享有固有的生命權，並受法律保護，不得任意剝奪任何人的生命。死刑只能作爲對最嚴重的罪行(導致死亡或其他特別嚴重結果之故意犯罪)的懲罰，這種刑罰，非經正當法律程序以及合格法庭最後判決，不得執行」，並在憲法修正案通過後，修改相關的法律。這個主張若在民主場域提出，依據公投修憲的程序完成，則即使大法官會議的決議恐怕也須重做，因爲國民主權的民主原則終極地仍然優位於成文憲法現有條文[31]。

當然，這只是一個想像的場景，其目的在於指出，死刑存廢問題，若無民主審議及共識，而只通過法務部暫緩執行等司法程序的方式來解決，將註定只會是一個不穩定、有所變化的暫時性「現狀」(status quo)，連羅爾斯所稱的「暫訂共識」(modus vivendi)都談不上。

五、結語：烏托邦之境？

30　http://www.libertytimes.com.tw/2010/new/mar/11/today-o9.htm.

31　Bruce Ackermann, *We the People*, vol. 1（Cambridge: Cambridge University Press, 1991）.

死刑做為剝奪人命的終極手段，相信沒有人會等閒視之。本文強調其運用應該限縮於最嚴重罪刑，也就是「導致死亡或其他特別嚴重結果之故意犯罪」（1984年聯合國經濟及社會理事會之決議）；但就是否「完全」廢除死刑之議題而言，筆者認為除了世界潮流與合憲性等議題之外，終極地還是必須兼顧民主場域的論述溝通、審議以達成共識。這是一個困難且漫長的過程。畢竟，每一位公民的道德直覺，除了民主政治文化素養之外，也有來自於更高層次的信仰（羅爾斯所稱之「整全性學說」），當這些信仰元素與自由民主的基本價值有所抵觸時，便有必要防止其干擾政治基本規範的穩定性；但假如這些信仰與信念並不違背民主政治的公共文化，則只有通過理性與溝通才有可能改變、內化某些政治價值成為我們民主生活的一部分。

另一方面，本文論述自霍布斯以降，現代國家的構成，終極依賴於國家擁有生死權做為法權之基礎，才得以成立；那麼，期望國家放棄此種終極權限似乎意味著現代國家的「超克」。當然，世界上大部分的國家（約有95國）都已經明文放棄死刑；這是否意味著現代國家體制已經達到必須被超克的境界？進一步而言，當所有國家都放棄死刑時，國家對內的生死權便不再存在；是否主權的另一個面向，也就是對外的暴力也將消弭於無形？

事實上，廢除死刑理念終極的思想根源，應該是摩爾的《烏托邦》（1516）：

> 如犯大錯，便受國家的公開懲罰。犯了大錯的人多半被判作奴隸。因為一方面可使犯法的人受罪，一方面又可以使他們為國家工作，豈不較死刑更好。烏托邦人以為判他們勞役比判死刑有利，並且可以殺雞儆猴，以儆效尤。安心服勞役的人，前途

還有希望。如服刑期久，態度溫馴，表示悔悟，有時會得到市
長特赦，有時會由人民請求，將他的刑期縮短，或完全免除。[32]

　　這是在現代國家形成以前就已經出現的人道思想，在五百年之
後似乎將取得壓倒國家邏輯的終局結果。或許，過去幾個世紀人類
文明的演進以及人道主義的發展，我們的時代的確已經邁入「後國
家」或烏托邦的「後歷史時代」？吾人是否應該如黑格爾在《法哲
學原理》一書的序言所述「這裡就有薔薇，就在這裡起舞吧！」，
從而跟樂觀的人性論以及進步的現實性調和，並翩然起舞？對此，
讀者需要自行做出明智的判斷，因為如卡爾施密特所言，所有的政
治觀念，終極地都會關連到哲學人類學層次人性善惡的議題[33]。

蕭高彥，中央研究院人文社會科學研究中心研究員兼政治思想專
題中心執行長，研究領域為西洋政治思想史以及當代政治理論，目
前關注議題為西方現代性如何創造轉化其古典民主理念。

---

32 托瑪斯・摩爾著，郭湘章譯，《烏托邦》（中華書局，1993），頁119。
33 Carl Schmitt, *The Concept of the Political*, tran. George Schwab（New
　　Brunswick: Rutgers University Press, 1976), pp. 58-68（§7）.

從四個城邦的隱喻談死刑存廢

陳嘉銘

今天我要邀請大家先空出自己心靈的一個角落，和我一起畫四張圖。這四張圖分別是四個城邦的圖像。我試圖透過四個城邦的圖像，作為隱喻（metaphor），討論死刑議題的四個不同層次。

死刑的存廢，在不同的城邦隱喻中，有不同的存或廢的理性主張。這四個隱喻，以某種理想典型的方式，同時存在於台灣社會不同的心理和政治社會層面。

也許我們在考慮相關死刑的這四個不同層次之後，我們能夠更了解我們相同的地方在哪裡，不同的地方在哪裡。也許即使我們在某個層次上的理念不同，但是仍然可以在具體的政策建議上有共識。

這四個城邦，由最理想的城邦到最具體、個體的城邦，分別是：柏拉圖所謂的「我們語言上可以推論出的最完美城邦」、亞理斯多德所謂的「我們可以在這個不完美的世界上實踐出來的最好的城邦」、馬基維利的君王論中所說的「新創建的城邦」、以及具體、個別的台灣。

什麼是一個最理想的相關死刑的國家作為？我想在座不少人可能說過，理想上，最後希望廢除死刑。不過，也有人說，我們該作的是改良我們的司法系統，讓死刑標準的恣意性降到最低、誤判降到最低，這樣理想的狀態下，死刑就可以執行。這兩種說法都是最

理想的相關死刑作爲，竟然有兩種不一樣的結論。

　　談到什麼是最理想的相關死刑的國家作爲，我們可以試著討論，最完美的城邦會怎麼看待死刑。這裡所謂的最完美的城邦，指的是我們心靈中最高部分的歸屬的理想城邦，也就是所謂柏拉圖式的**理想城邦**。這個城邦由追求智慧、德行卓越的人治理。他們要討論，應該要什麼樣的法律和刑罰。

　　首先，追求智慧、德行卓越的人，最重要的知識和德行特質之一，是能夠面對死亡，或者說能夠自己選擇死亡。

　　如果一個人生活最珍貴的事情就是自己的生命，僅僅爲了生命延續，可以作任何事情，他無法是一個好人。所謂的美好、有意義的生活，你不只希望活著，你還希望有意義地活著，「有意義地活著」和「活著」的差別，就是追求智慧、德行卓越的人相信在某些時刻，生活中有比你的生命更值得選擇的事情。

　　所以當他們在制訂法律的時候，他們會攤開所有的惡來看，很審慎地討論每種惡。他們認知到，有某些惡，如果自己作了，會覺得寧願一死，也不願意再活在這個世界上。

　　這有很多可能的原因。一種可能是因爲他們相信基於責任的應報論。作了多少比例的惡，就該自己負擔起那個比例的責任，接受相應比例的懲罰。他們覺得，有某些罪，如果自己犯了，自己作爲一個追求智慧、德行卓越的人，會自願接受只有死亡是對自己最適當比例的懲罰，不然自己沒有那個顏面活在這個世界上。所以他們決定，法律針對某些惡，該有死刑。

　　這時，如果有人和他們說：可是，犯下值得一死的惡的人，大多不會覺得自己值得那一死。大多不會自願接受死刑。那怎麼辦？

　　追求智慧、德行卓越的人會回答說，這裡所謂的應報論，不是「對你的朋友好，傷害你的敵人」那種應報論。因爲公正的人不會

以正義去傷害人的靈魂，讓人變得不義。我們以應報為基礎的懲罰，是有治療效果的，要讓你的知識和德行提升到一個好人的狀態。

讓犯下值得一死的惡的人，去面對自己的死亡，才能真正醒悟到死亡的重量。原來死亡對自己和他人，都是件這麼可怕的事情。可是這還不夠，這樣你還只是一個把生命看做比任何事情都重要的人而已，你還不是一個追求智慧、德行卓越的好人。你最後要把這個死刑，變成一個自己*自願選擇*的刑罰，你才算真正成為一個好人。用基督教的話，你才算是真正悔改了。

當你成為一個好人，你聽到自己要被處死的時候，就和盧梭的公民參加公民大會一樣，那天早晨就會迫不急待地梳洗，準備上斷頭臺。

我們都知道，基於各種正當的理由，這樣完美的城邦，其實是不可能實現的。但是，即使不可能實現，我們作為一個追求智慧、追求德行的人，真正靈魂最高貴那部分的歸屬，心靈最高貴那部分默默遵守的神聖律法，還是這個理想城邦和它的律法。

再來。我們要往下到較為具體的一層。我們要來看人們口中說的，我們現實世界中，*可實現的最好的城邦*。或許，我們以歐洲啟蒙到現在的歐洲先進國家來作例子好了。

這已經不是一個最完美的城邦了。追求智慧、德行卓越的人不適合作立法者，因為他們德行和知識超出一般人太多，一般人跟不上他們的法律。在我們現實世界中能夠實現的最好城邦，因為追求智慧、德行卓越的人被趕走了，至少在公共領域不會接受他們，我們讓剩下的知識和德行能力差不多的每個公民，都可以有平等資格自我治理。

這時候，我們的政體不再是被我們最卓越高貴的那個靈魂部分所統治。歐洲啟蒙之後統治我們政體的是「人性」（humanity），也

就是每個人都必然自然而然有的那個部分。這種東西必然是靈魂中
比較低階的部分，因爲是每個人都有的部分，是大家往下找到的最
大公約數，不能太高，不然那些惡劣的人沒有。追求智慧、德行卓
越的人，那種面對死刑，自願一死，迫不及待一死的高貴靈魂，一
般人是不會有的。

　　這個低階的共同部分、每個人自然共有的靈魂是什麼？我們很
快地找到憐憫，看到他人痛苦，覺得他人遭受不值得的痛苦的憐憫
之心。因此，避免殘忍，就變成了我們試著找到的那個自然共有的
人性的道德基礎。

　　這裡，我同意當代哲學家Judith Shklar的主張，歐洲啓蒙文化的
主要道德傾向之一，是把「避免殘忍」當作道德最優先的原則（putting
cruelty first）。這個道德原則最大的困難，就是導致我們行動困難。
這個啓蒙道德，其實有非常驚人的激進革命性，他會推翻所有我們
過去傳統的政治、道德和宗教原則。我們會開始認爲，所有過去的
政治、道德和宗教裡，會導致相當痛苦的懲罰，都是不應該的。我
們開始無法加諸任何看來殘忍的惡在人身上，我們開始不了解，爲
什麼要有懲罰，爲什麼要製造殘忍。人類失去理解懲罰的能力，上
帝的作爲變得全不可解。爲了避免殘忍，某些激進環保運動份子，
甚至願意毀掉所有人類，一口氣消滅所有未來永遠不會斷絕的人對
動物的殘忍。

　　很自然地，以避免殘忍優先爲首要道德法則，死刑開始被認爲
是一種酷刑。我們啓蒙了的共有人性，不能接受殘酷。可是，如果
死刑是酷刑，我們這些把「避免殘忍」當作道德最優先的原則的啓
蒙人，很快就會發現，坐牢，把人的身體這麼殘忍的監禁，也是酷
刑。只要會帶來我們不忍見到的痛苦的事情，我們現在都不敢、不
願意作了，因爲避免痛苦是最優先的道德法則。如果爲惡者不會再

犯錯，我們怎麼可以多加殘忍的事情在世界上，怎麼可以懲罰他們。審判日那天，上帝是多麼地殘忍？

　　這是一個人性不斷自我慶祝的城邦，把「避免殘忍」這個不算高貴的人性，當作人唯一的榮譽，人性尊嚴。

　　這個城邦的問題，是它把人的理解扁平化了，導致人們活在抽象的自認為自然共有的假想世界。人，或者人性，按照古典主義的看法，是立體、多元、分歧的，不是定性的，永遠不會一致。如果沒有適當的國家律法，你要不就是活在心裡的完美城邦的追求智慧、德行卓越的人，要不然你就會變成比野獸可怕。人類沒有律法正義的時候，比野獸還可怕，因為人會使用武器，野獸不會。古典文獻裡常提到，人是多重的，沒有定性，他的下半身是九頭怪獸，中間是獅子，上面才是人。

　　講到我們人類的下半身，九頭怪獸，我們就來到了馬基維利的城邦。我們又更接近具體和個別的城邦一步。

　　馬基維利主張，基於一些原因，新創建的城邦的起源，幾乎多半是不正義的，也就是說任何政治秩序的起源都是不正義的。大家可以想想，中華民國前十幾年的統一過程如此血腥。1945年，中華民國派軍來台灣，一個新的國家，又是一段這麼血腥的過程。

　　如果是君王制的國家，人民只要安全和不要被管太多，這個政治秩序起源不正義的問題，還沒有這麼嚴重。因為人民不需要相信正義，國家就可以治理下去。可是，如果這個君王政體，要轉型成共和政體，公民要積極的認為自己在治理自己，自己在給予自己法律，他們就要面臨自己誕生的起源不正義的問題。

　　如果他們對自己的起源，一直有很深的印象，一直（正確）認知到創建秩序的起源要透過不義，這一定會是一個很難良好治理的國家。因為多數的人都很犬儒，知道不正義才能帶來秩序，每個人都

表面正義，實際上相信的是不正義。

　　新創建那個階段，那時候的統治者無法稱之為公正地、大量、殘忍地殺了許多人。有人可能會想要用國家力量，掩蓋起源的歷史，這對法國、英國，這些自認為有超過五百年歷史的民族國家，或許有用。可是在有了印刷術、電子媒體後的啓蒙年代的國家，這樣不高明的謊言，只會給那些知道真相的人的心靈，帶來疾病，讓他們憤怒無法停止，憤怒會讓人民不畏死，憤怒是危險又有感染力的。

　　馬基維利似乎沒有處理這個問題：新創建的城邦要怎麼轉型成共和國，我們要如何從統治者的「子民」變成自我統治的「公民」？

　　知道創建起源的成員，無法打從心底相信正義，他們無法真心熱愛自由。他們對君王或者統治者可能會濫殺人這樣的作為，一直都還是又恐懼，又覺得無法或缺，他們一直太知道政治無法避免暴君那個成分，他們一直都還是「子民」，無法成為「公民」。

　　最後，我們來到了我們自己居住的城邦，台灣。這時候，我們已經知道，我們心靈不同部分，遵守不同城邦的律法，同時有：一、追求智慧、德行卓越的人居住的最高貴的城邦，二、僅僅把「避免殘忍」當作道德最優先原則的人性城邦，三、馬基維利新君王的城邦。

　　同時居住在這三個不同層次的城邦的我們，要怎麼在現實中行動？

　　我同意亞理斯多德說的，好的公民最大的責任，不是把自己的政體摧毀掉，去模仿最好的政體，而是去保存自己的政體。可是為了讓自己的政體可以長治久安，他必須要不斷去改良自己的政體。

　　做為一個公民，我們要長期保存台灣的民主，就要去改良台灣的民主。對死刑的態度，我無法是一個單純的歐洲啓蒙主義者，把反殘忍這個不是很高貴的人性公約數放在第一，因為我心裡還有柏

拉圖和馬基維利的律法。

　　但是，我想要解決馬基維利的難題。我想要讓我們這個國家的「子民」變成「公民」。也就是說，如果有死刑，我要讓現在台灣社會以「子民」為思維方式主導的死刑，轉變成以「公民」為思維方式主導的死刑。

　　我今天沒有時間仔細討論這個問題。但是可以稍微舉個例子，可能要怎麼作。如果我們真的要保存死刑，作為自我統治的公民，我們要：

　　第一、推動修法，將死刑限制在政府官員或者軍人犯下的嚴重罪行，死刑不涉一般老百姓。這和儒家文化裡，「刑不上士大夫」的原則正好相反，正好是我們政治文化的解方。

　　第二，我不是國內法律體系的專家，所以我提出來可能會很見笑。但是，按照我的理論推演，所有涉及死刑的案子，要由人民陪審團討論決議。這有一個象徵意義：「人或者公民」站在「死亡或者國家機器」之上，自己透過理性審議決定，或許有一些時候，人值得一死，而不是把死亡放在所有事物之上，尤其不該交給陌生的國家機器去決定生死。

　　陳嘉銘，中央研究院人文社會科學研究中心助研究員，研究興趣包括全球政治與正義、民族主義與政治共同體、當代政治哲學、西洋政治思想史。目前研究民族主義前的身體政治思想。

毒藥與十字架

顏厥安

一、只要他死了⋯⋯

希臘哲學與基督宗教同為歐洲文明的重要要素，而這兩大要素都與法律、審判與死刑相關。雅典城邦的蘇格拉底，因為言論蠱惑年輕人，受到審判，被判處死刑。蘇格拉底沒有選擇逃跑，接受死刑的裁判，喝下毒藥而死。生活於羅馬帝國邊緣區域的猶太人耶穌，放棄猶太宗教，創立新的信仰內容，因為傳播宗教（也是言論的一種）而遭到猶太同胞提起「『公』訴」，由地方官彼拉多審判，被判處釘死於十字架上。

這兩人都遭受死刑處死，其中耶穌的刑罰還是一種「複合式」死刑，不是直接處死，還要先扛著十字架遊街示眾，然後雙手與腳要釘在十字架上，慢慢流血致死。蘇格拉底是有機會可以逃亡，但是選擇服從法律，克盡雅典公民義務，平靜地接受了死亡。耶穌的場景就大的多，不但要經歷一場刑罰的儀式，而且這個死亡幾乎是可以預知的，耶穌不是「選擇」死亡，而是「一定」要死，非死不可。

在此可以做一個小小的哲學演練，也就是做一個反事實（counter

factual)的推論猜想：如果兩個時間與地點都廢除了死刑，蘇格拉底與耶穌都沒有被處以死刑，都活下來了，都改服徒刑，那會發生什麼事情？歷史會產生如何的改變？

繼續活在雅典監獄中的蘇格拉底，可能可以繼續在獄中口述他的學說，繼續進行許多問題的討論與辯論。那柏拉圖的才華可能無法完全發揮，因為哲學史上可能會出現唯一一位哲學功力比柏拉圖還要高超的人物，對話錄變得更像「論語」，記載更多夫子說的話。整個哲學史也許也會改寫。說不定分析哲學在雅典時期就會出現。歐陸哲學也可能變成了分析哲學，現象學則改由美國人杜威創立。

如果彼拉多的政治盤算改變，改把耶穌關進大牢，判其不得假釋的無期徒刑，這個狀況可能更嚴重。因為不是宗教史要改寫，而是根本沒有了基督宗教，因為沒有死裡復活，沒有三位一體，所有的人的靈魂也無法被拯救，大家都要下地獄。這個狀況實在太嚴重了，因此合理的推測，猶大可能會改裝易容潛進大牢，把耶穌給殺死，然後嫁禍給羅馬官員。另外一個更合理的推斷是，為了讓自己可以出任第一任教宗，是彼得更迫切需要來幹這件差事。也有可能是，彼得教唆猶大來幹這件事，教唆的內容就是，為了要讓基督教誕生，耶穌這傢伙非死不可。只要他死了，我們大家就都活了！

二、幾個相關的思考

以上這個小小的哲學思考演練，有幾層與死刑論述相關的意義。首先，原來歷史上第一個重要的支持死刑論述竟然是，不要讓歷史被改寫。這個聽起來有點像是開玩笑的說法，其實並沒有那麼「玩笑」。因為確實，這兩位歷史人物的被判死刑，被處以死刑，

是我們現在之所以是我們現在這個樣子的「必要」條件[1]，也就是conditio sine qua non，不可想像其不發生。人道地來想，這兩位先生都罪不致死，即使死刑沒有被廢除，也不應該被判處死刑。然而為了讓歷史是其所是，讓我們活出我們自己，不致於變成某個他者（例如支持廢死者變成支持死刑者），這兩人又一定要被處死。（這兩個）死刑，成了我們自我的來源[2]。

其次，**反事實的推論分析**，到底在跟死刑相關的討論中，可以如何加以運用呢？假如在陳進興犯罪之前，多執行幾個死刑，陳進興因此沒有殺死白曉燕，白冰冰會不會意外地成為廢死的支持者呢？所謂「意外」，是因為看起來好像是死刑嚇阻有效，但是身為當事人的白冰冰，仍有可能因為在人質獲釋前跟佛祖許願，如果女兒平安，將終身吃齋念佛，因此當母女驚險重聚後，為了感謝佛祖神明，因此潛心向佛，鼓勵放下屠刀，變成了廢死支持者。這個假設性猜測，顯示了推論理路與世界實際發生流程之間的可能落差，**反事實的推論，受到偶緣性（contingency）的影響程度可能非常大**[3]。

第三，死亡是一個巨大黑暗的他者，將一個人殺死，是將其推入這個黑暗的領域，被這個他者所吞噬。說得直接一點，就是將一個個別的人格，「轉變」為與自然界混同，不再具備可區分性的純然現象。自由的主體，變成了服從因果必然性世界的一個黑暗角落。

1　由於這兩個死刑是個特的（particular），是人類自由行為的結果，不是通則（例如自然界的定律），因此它們的必要性，對於後續事件具有不可被忽視的重要性。

2　支持或反對死刑，都有可能反映了一個人的自我人格與認同，也因此可能激起強烈反應。

3　這點與嚇阻論的因果關係有關，見下。

殺人，是自由與因果非對稱[4]且不可逆的過程，也可說是自由與因果
的真正遭逢，因爲只有在此時，本體（noumenon）以受死者的臉龐，
也就是另外一個主體的「樣貌」，出現在現象界。個別主體，是極
難以承受本體對自己的死亡凝視，因此只能透過宗教、儀式、法律
程序、醫療手段、科技方法等意識型態的「裝飾」與「鎮靜」[5]，才
能度過[6]。

　　之所以在文章開始提出這幾個分析，是想指出，死刑問題不僅
涉及一般意義的倫理學、政治哲學與法哲學，更同時觸及許多哲學
領域（認識論、因果關係、文化哲學等）。也就是說，我們不僅嘗試
在應然層面證立（justify）死刑或廢除死刑，也需要對許多相關現象
進行分析、說明與詮釋。

　　以下將在這兩個層面的交互運用下，提出一些我對死刑論述的
分析檢討。我的基本立場是，在民主憲政國家（台灣是其中之一）體
制下，「殺人」不得作爲「刑罰」的手段之一。簡單說，就是死刑
是難以被證立的。但是在有限的時間、篇幅與個人能力下，下面的
討論將無法對這個主張提供全面充分的論證。因此主要將集中在弱
化（entkräften）支持死刑常見論據的論證力道方面。

三、死刑是身體刑

4　自由可以「走入」因果，但是因果無法「走出」自由。人類的自我
　　意識與自主性，是「教化」（Bildung）的產物，或者說是「理由給予」
　　（reason-giving）能力培養的結果。人類大腦的基因條件，只是使得
　　這種能力得以成長的生化條件。
5　或者也可以說是中介（mediation），因為感官是無法真的接觸本體。
6　這涉及死刑的文化哲學意義，見下。

　　死刑是不是身體刑，這個問題似乎並不常被提出討論。如果把死刑獨立為一種特殊的刑罰類型，那麼在身體刑的概念當中，似乎是不包括死刑。但這只是一種純粹為了便利的區分說法，為了在特定的脈絡中，可以更集中討論不以致受刑人於死為目的的各種身體刑，如鞭刑、杖、笞、黥面、肢體剝除等。

　　但是正如同在十字架刑的例子裡可看到的，死刑在許多情況下是直接以某種身體刑的方式來執行。受刑人死亡前所遭受的痛苦，是此等刑罰的一部分。在這種情況下，死刑就是身體刑的一種。唯有當某種人道主義刑罰觀念漸次發達後，死刑才漸漸「抽象」為純粹以死亡為刑罰，把死刑與身體的傷害相互區隔，不但要追求儘量減少受刑人死亡前的身體痛苦，也要保持屍體的完整性。

　　不過我們都知道，殺死受刑人一定要使用某種嚴重損壞其身體正常功能的方式進行，否則一位原本活得好好的人，怎可能依照表定時間突然就死亡了呢？殺人（處決）的「方式」，一定是某種「嚴重傷害身體」的過程，斬首、絞死、槍決、電刑或注射毒液，都一樣是「啟動」這個傷害身體的過程，目標是導向最後死亡的結果。因此死刑是不可能抽象為「就只是死刑」，死刑一定同時結合著對身體的嚴重傷害，也就是說，**死刑一定是身體刑**[7]。

　　如果死刑一定是身體刑，且如果我們認為民主憲政國家內，應該基於人道、憲法或國際公約的理由，禁止任何身體刑，那運用argumentum a fortiori裡面的argumentum a minore ad maius（舉輕以明重，通常用在「禁止」規範），**既然禁止鞭刑等身體刑，也應該禁止身體傷害程度更重的死刑**。

7　其實死刑也一定包含著自由刑，因為死囚在受刑之前，其人身自由一定會受到拘束。

　　要反駁這個論證，有幾個方法。一個是我們可以用「念力」直接讓死囚死亡，不需要傷害他的身體。但這是不可能的。另一個是反其道行之，認爲民主憲政國家也沒有非要禁止身體刑不可，甚至認爲可以反過來用argumentum a maiore ad minus（舉重以明輕，通常用在「允許」規範），主張因爲死刑被允許，所以其他身體刑也可以被允許存在。

　　如果要使用這個論證，那就要開啓另外一個辯論的場域。此處無法進行這個討論，但是我個人是歡迎這個嘗試的，因爲如果真要採取這個途徑，那就要接受「死刑確實是（最嚴重的）身體刑」這個前提，因此如果身體刑無法被證立，那死刑也連帶無法被證立。

四、嚇阻論的弱點

　　嚇阻論是刑罰理論中最重要的理論主張之一，在歐陸刑法學中，通常稱之爲預防理論（prevention theory），一般又區分爲個別預防論與一般預防論。個別預防論在死刑的討論中意義不大，因爲既然要把受刑人處決殺死，就沒有針對此受刑人預防其未來犯罪的問題。因此討論的通常是一般預防的效果。

（一）搶救未來可能被害者的生命

　　嚇阻論經常引發的爭論是，到底死刑是否確實有預防未來重大犯罪，特別是防止殺害被害人犯罪行爲發生的效果，簡單說，就是是否有搶救幾條無辜人命的效果。通常這種討論會連結著實證經驗研究的佐證或反證。以我粗淺的了解，應該是沒有顯著效果的研究結果比較占上風。以台灣歷來死刑執行的狀況來看，似乎也難以說有明顯的預防效果。對於這個說法，一定會有不少反對意見，也一

定不斷會有人提出「有效果」的某種經驗研究來佐證，因此我並不想多所爭議。

對基於這許多「有效果」的研究而支持死刑的主張，我認為其中有一個（獨立於經驗研究的）重要的論證要加以重視：*假如真能救無辜者的生命，即使只是一個人的生命，也是值得的。*

這個主張當然基於被處決的受刑人都沒有被誤判，且都是曾犯下嚴重、特別是殺害他人罪行的罪犯。因為這些人都是有罪的，且處決他們符合一般正義觀，因此如果處決他們可以搶救未來可能無辜者的性命，即使「只是」解救了一兩人，也是值得的。

由於這是一個獨立於經驗研究的主張，而且這樣微弱的可能性，即使是廢死論者，也無法完全排除，因此它形成了一個維持（死刑）論者，尤其是持嚇阻論者的重要理論依據。

（二）死刑嚇阻論需要倚賴預防作用

這個論證在廢死論與維持論當中具有不同地位。對廢死論而言，即使承認有此等微弱的預防作用，廢死論也不會因此失去立足基礎。因為廢死論，從來就不需要以「（完全）沒有預防作用」作為主要的論據。這不僅因為其他刑罰也（可能）有類似的預防作用，而且廢死論立足於其他許多重要的倫理證立之上，不需要依賴是否有預防作用。

相反的，*維持論的嚇阻論者，就必須強烈倚賴這個預防作用*，因為如果連微弱的預防作用都沒有，那嚇阻論將會完全倒塌。而且這個經驗證明的論證責任，將會落在嚇阻論者這一方，因為是嚇阻論自己主張殺人「會有」好的作用，那如果連這個好的作用都證明不了，如何可以要求「先殺了再說」呢？

(三)因果關係難以確認

以下將指出這種嚇阻論的幾個弱點，首先是因果關係的不確定性。由處決殺人，到未來的沒有或減少發生殺人罪行，不但前後過程複雜，牽連許多偶然性因素與許多人的自由行爲決定，因此「因果關係」極難確認。通常「原因行爲」與「後果狀態」之間，只要介入了某(些)人獨立的自主行爲，其因果關連即使沒有中斷，至少也將變得相當模糊不確定。

而且「沒有」發生的殺人罪行是一個「不存在物」，是一個無法識別確實對象的開放性後果狀態，如何可認識其因果關係呢？

這種因果關係的認定，也與疫苗預防施打與沒有染上感冒的因果認定不同。因爲疫苗接種以一個個具體個人爲清楚的對象，因此可以清楚算出，有施打與沒有施打者感染感冒的比例。

(四)依賴自身倫理立場的否定

嚇阻論的一個論證弔詭是：除非證明有效，否則不能執行死刑。但是要證明有效，卻又要執行死刑之後，才能開始觀察其成效。因此嚇阻論依賴的是自身倫理立場的否定，也就是事實上已經並繼續在執行的死刑，來勉力尋找可能支持有預防作用的證據。但是如果是這樣，嚇阻論要免於自己否定自己的後果，就需要援用另外一個獨立於預防效果，且其自身已然充足的支持死刑論據。但是這樣一來，無異於承認嚇阻論本身是無用的論據。

(五)被殺者與被救者之間的「想像」關連

嚇阻論涉及一個倫理疑問，亦即爲何可以用處決某甲，來搶救一位與某甲無直接關係的某X？

被搶救者用X來表示，是因為X是不特定人，我們甚至不知道是否真有這個或這些人存在，因為如果被嚇阻了，罪行就沒有發生，當然不知道X是誰或根本沒有X可言。

犯罪者害怕的是死刑（臨身），但是死刑之所以被懼怕，顯然需要有一個或一些人被處決，因此嚇阻論者是想「用」處決「特定」的人來搶救「不特定」的「某些人」。嚇阻論者要強調的，是透過處決「一個個」的死囚，來搶救「一條條」具體的人命。

這是死刑嚇阻論與一般嚇阻論的最大差異。後者強調的是一般治安狀況的改善，但是這種改善對於死刑嚇阻論是「不夠」的，因為單純治安狀況的改善，是無法抵銷處決人犯所可能涉及的道德錯誤。所以死刑嚇阻論必須「想像」出有一條條具體的人命，真的因此被搶救了。但是這個效果，終究只是一種想像，而我們不能單憑想像來證立一個殺人行為。

（六）應優先論證手段的倫理可允許性

嚇阻論還有一個經常被忽略的論證問題是，如果死刑可以作為嚇阻未來犯罪的手段，那為何不能也採用其他侵害程度比較輕微的刑罰或刑事手段，例如鞭刑、去勢、刑求等，來進行嚇阻呢？

這是一個典型的舉重以明輕（用於允許）的論證，卻經常被大家所遺忘。多半時候我們太局限在爭辯死刑的預防效果，卻忘了一個重要的倫理原則：制度（或政策）手段的倫理可允許性，應優先於制度效果的成效考量。

當我們想比較死刑與其他刑罰種類，例如自由刑、財產刑、勞動刑等的效果時，我們不應該忘了，後面這些刑罰種類原則上是倫理上可允許的制度手段，但是死刑卻正好是倫理上充滿爭議的手段。在論證的順序上，我們應該先解決死刑是否可證立，如果是，

才有制度成效的考量。如果無法證立，也就不需要去考慮其效果。

1.不可能是選擇論證

如果反過來論證，主張因爲某種制度有某種的嚇阻或預防效果，因此主張該制度應該被維持或引進實施，這種常聽到的說法，可能蘊含了兩種不同的論證。第一種是在「預設」多種同樣具備倫理可允許性的手段，因此我們可以從中「選擇」一種效果最好的手段。我們可以將其稱作「選擇論證」。

但是常聽到的討論內容，卻不是這種選擇論證。例如最近又被提起討論的「鞭刑」，法學界的質疑正在於，我們不能直接以鞭刑是否有嚇阻的實效，作爲是否引進鞭刑制度的論證依據，而一定只能先討論鞭刑是否是一種倫理上以及憲法上可以被允許的制度手段，得到肯定結論後，才能進行其是否有成效的討論[8]。因爲即使我們實際上先討論了制度成效，我們終究還是要「回頭」來補足對於其倫理與憲法基礎的檢討，除非我們認爲，只要有用，一切制度手段皆可行！但是顯然我們並不是，或不可能持有這種主張。

2.倫理論證也不成立

因此這種論證真正要採取的理路是第二種，也就是試圖用嚇阻效果來論證政策或制度手段的可允許性。我稱之爲「倫理論證」。倫理論證要面對的挑戰是，如果死刑嚇阻效果可以在倫理上證立死刑，這個論證也同時意味著可以用嚇阻效果來證立其他侵害程度較輕的刑罰或其他刑事措施。

身體刑，例如鞭刑，經常被認爲具有很好的犯罪嚇阻效果。不少人也相信，對某些人犯進行刑求，往往可以取得重要的訊息，有

8　憲法學上的比例原則，也包含著先對政策或制度手段「合憲性」與否的檢驗，其理相同。

助於防止其他重大的犯罪[9]。如果可以用嚇阻論來證立死刑，那同樣也可以用嚇阻論來證立各種的身體刑與刑求，因為如果「殺死人」都被允許作為嚇阻或預防手段，那「傷害人」也理應可以被允許作為手段。然而，由於後者是不成立的，前者也連帶不成立，其邏輯關係如下：

若P（嚇阻論可以支持死刑）→ Q（嚇阻論可以支持身體刑或刑求）

若~Q（嚇阻論無法支持身體刑或刑求）→ ~P（嚇阻論無法支持死刑）

因此嚇阻論終究不會是個有效的論證，除非我們要一路滑坡到允許身體刑與刑求。

五、應報論的問題與庶民正義觀

談完了嚇阻論的種種疑點，當然要回到應報論的討論，因為應報論似乎是對刑罰本身倫理合理性的檢討。以下將分為幾點來討論相關問題。

（一）庶民正義觀不是論據

首先是所謂庶民正義觀（或正義情感），也就是一般人都認為殺人償命是合於正義的，或甚至是正義所要求的，因此要維持死刑。這是一種典型的應報論觀點，但是它的局限也就正在於它是一個「觀

9　有一些人認真地認為如果可以防止其他犯罪，尤其是保護不少人的生命、身體與財產，那刑求並不是絕對不可採取的手段。美國小（？）布希總統任內，其政府就曾發展這種理論。

點」，而不是一個支持死刑的「論點」或論據。死刑，是包括在這
個觀點當中的一部分，因此「舉出」庶民正義觀，對於論證死刑沒
有任何作用，只是以問答問。

　　指出廢除死刑，「牴觸」了庶民正義觀，也沒有任何論證作用，
因為這只是一些對事實的報導。正如同指出「世界上多數國家都廢
除死刑」，「廢死已經成為潮流趨勢」一般，也只是事實陳述罷了，
沒有真正的論證力。

（二）與民主多數決原則的結合

　　庶民正義觀有兩個可能可以結合或發展的論證力道。一個是外
部結合，也就是結合「多數人」都贊成以及民主原則。也就是透過
多數人的贊成，來證立某種政策觀點是「應該」被採用的政策。這
種論證之所以是一種「外部」結合，是因為 M + P(x) → x 應予採
行」。

　　這裡的x，可以是「任何」的政策。M，多數決原則，並不證立
x本身，任何的政策P，都可以被多數決所支持。鞭刑也可以。所以
民主「憲政」國家，需要有許多「憲政原則」來限制多數決可以支
持的範圍。因此終究還是要回到死刑本身來討論，多數決的幫助並
不大。關於刑罰種類的限制，我將在後面另外一節做一些討論。

（三）內部合理性的開展——訴諸正義感的直覺

　　另外一種則是庶民正義觀本身內部合理性的開展，也就是說，
我們之所以要重視庶民正義觀，是因為當中可能蘊含了重要的支持
死刑論據[10]。

10　需要釐清的一點是，庶民正義觀即使提供一些重要論據，似乎也與

對此我持比較懷疑的態度。因爲這一類說法內容太過模糊，有可能發展爲各種不同的刑法思考與具體法律體系。現代民主憲政國家的刑法體系，其中的刑罰部分一定包含有應報論的考量，但是其是否與「殺人償命」這個概括主張彼此相容，實在難以斷定。其中有許多國家廢除死刑，也有國家仍繼續保有死刑。因此單由這種事實層面的考察，難以得出什麼有價值的推論。

一個比較精確一點的提問是：**在民主憲政國家體制下，是否仍可能保有一個，針對極爲嚴重且涉及殘忍殺害人命之罪行，得處以死刑的空間，且這個空間，不需要倚賴於任何嚇阻成效？**

我相信有許多人對這個問題會立刻採取「肯定」的態度，但是進一步問，爲什麼會給予肯定答案，多數人能給予的理由可能是：這是正義所要求，至少是正義所允許的。然而這種訴諸正義觀的理由，還是陷於以問答問（如前述庶民正義觀），或太過模糊（如殺人償命）的缺點。

我認爲訴諸任何種類應報正義觀的論述，都走不出這一類的死胡同，都只會原地打轉。因爲應報正義觀只要求必須以刑罰處罰罪行，要給予犯罪者，相適當於其罪行的刑罰。但是**既沒有提供可分析這個罪行與刑罰是否相互適當的檢驗項目、審查標準與組織程序（A），也沒有討論可採取的刑罰種類是否受到一些限制（B）**。所以應報正義觀在一般的說法裡面，經常都是訴諸於「正義感的直覺」。

如果要推進對死刑的討論，我認爲我們應該更多致力於對A與B

（續）————————————

「庶民」沒有太大關係。庶民，只是一種模糊的社會階層想像，它可能可以相對於「菁英」（雖然我也同樣不清楚此處的菁英要指涉什麼），但是並沒有真正說出其論點。這類的修飾語，對於增強或削弱相關論據沒有任何的作用。既然如此，我們就該離開庶民正義觀這一類的說法，回到議題本身來討論。

兩大類問題的思考與檢討，訴諸於庶民或應報正義觀，我們得到的，
往往是「確定」，但卻立論薄弱的答案。

六、是死刑，還是殺人？

本部分針對前述(B)，也就是可採取的刑罰是否有所限制，進
行一些討論。一般而言，戰爭、正當防衛，與死刑，是三種最典型、
可以國家或法律名義進行殺人行為的類型。然而前兩種類型，都有
緊急性與必要性的特色，死刑卻沒有這兩大特色。既然不具備這些
特色，死刑就是在不緊急，也無必要的情況下，殺死某某人的行為。
支持正當防衛或戰爭情況下，可採取殺人行為的理由，並無法拿來
支持死刑。

(一)證立死刑，不是證立殺人？

此處想要先凸顯的一個疑問是，國家可透過「刑罰」手段殺人
的理由，是否具備某種特殊性？我們可不可以說，對死刑的證立，
並不是在證立某種殺人行為，而是在證立一種以殺人為內容的刑罰
手段？至少在經驗當中，法官會說，我是宣告你死刑，不是下命令
要殺死你。行刑者也會說，我是執行死刑，而不是殺死你。

我在前面曾說過，「刑」有可能僅是一種儀式性的中介，讓殺
人的行刑者，可以面對被殺死囚的「死亡」。以這種文化哲學的視
角深入一點來分析，「死刑」只是一種「象徵」作用，其真實面仍
舊是法官下令某些人去殺死某人。而且正因為缺少殺死某人的「必
要性」，所以才需要法律、審判與死刑宣告來「製造」出一個象徵
的必要性。法官與行刑者的「殺人故意」，也可以擬制之國家意志
所取代。這部份涉及許多複雜的問題，我個人的了解也很有限。不

過有一點應該是確定的：這個象徵秩序的分析，有部分也同樣適用
於「徒刑」，而且並未涉及死刑是否可被證立的問題。

（二）正當性的不可傳遞性

　　從法哲學的角度分析，死刑的法律規定：（例如）「殺人者，處……
死刑」，與宣告某個特定個人死刑，**兩個命題之間有著重要的「倫
理落差」**，即使前者具備正當性，這個正當性，也無法當然透過小
前提：某甲殺人，必然地傳遞給結論：某甲應該處以死刑。這與一
般三段論法中，「真值」透過邏輯運作的可傳遞性不同。[11] 因此即
使規定死刑的「法條」是有正當性的，**這種正當性也無法透過邏輯
與犯罪事實自動傳遞給個案的「死刑裁判」，當然更不會傳遞給「死
刑的執行」。**

　　如果卸除了象徵秩序的心理作用，「直接」看到國家機器把死
囚拖出來處決的過程，我們其實可以發現：死刑的「執行」，即使
頂著一個法院判決，仍然是一個個具體的殺人行為，因此廢死論者
優先要質疑反對的，不是「為什麼可以」或「為什麼應該」，而是
「有什麼必要」當下要殺掉一個無危害性、無抵抗力的「人」呢？

　　我在此想運用的一個論證策略是，不優先討論「死刑法律」的
可證立性問題，而是追問，在每一個具體的死刑執行中，有什麼必
要要殺掉這個人呢？有什麼真實而極為重要的「公共利益」（刑罰當
然不能服務私益），是非要把這個人殺掉，才能獲得實現的呢？[12]

11　此處涉及筆者所提出的規範縫隙理論，其中一個面向簡單說，就是
　　normativity既無法透過邏輯（這也是Kelsen所否定的），也無法透過
　　權限（這卻是Kelsen所肯定的），當然具備可傳遞性（transitivity）。

12　殺死一個人，這麼嚴重的基本權侵害行為，是無法僅為了「滿足某
　　些公民的正義情感」。

（三）具體的殺人 vs. 抽象的應報

　　我的想法是，這個「必要性」是找不到的[13]。必要性的分析，要先確立目標P後，才在經驗層面討論為了達到P，是否非要採取某手段M不可。但是具體殺掉一個死囚，是連目標是什麼，都說不太出來的。沒有目標，就不可能有「必要性」可言。既然沒有必要性，這個「殺人」行為就不可能被證立。如果每一個個別的死刑執行都無法被證立，那抽象的死刑法律規定，也就失去了意義。

　　我的這個分析是想凸顯廢死論與維持論的一個重要差異：廢死論是在「具體」的層次上，看到或指出一個個具體殺人行為是不可能被證立的（沒有必要、殘忍等）；但是死刑維持論是在「抽象」的層次上，主張死刑這種刑罰，是符合應報正義觀的[14]。

　　因此即使不考慮前面對應報正義觀的分析批評，即使殺人償命的觀念可以搭配民主多數決來支持死刑法律，由於抽象法律的正當性，無法自動傳遞到個案裁判與執行，因此終究還是要面對，到底殺掉某個特定的個人，可以達成什麼好處？真的有此必要嗎？……等等真實且具體的殺人問題。

（四）理性魔咒與沈溺於抽象性

　　在此想緊接提出的一個反省是：是否死刑的證立問題，一定會與某種「解除魔咒」（Entzauberung; disenchantment）（或譯為除魅）

13　這個「必要性」，可以運用法學比例原則裡的必要性（Erforderlichkeit）來加以思考。也就是除了有達成目標的適當性外，還必須是所有手段中對當事人權益干預程度最輕的手段。因為如果不是最輕手段，就不具備必要性。

14　也可以說，廢死論是bottom up，而死刑論則是top-down的思維。

的批判作用相連接？

我認為廢死運動遇到的一個很大障礙，在於難以解除「殺人償命」應報正義觀的魔咒，因為這個魔咒，已經與民主憲政體制和實踐正當法律程序的現代司法體制這些理性化產物相互混生（hybridized），轉化為一種理性魔咒，已經具備抗理性（reason resistance）[15]。

當然，也許不少人根本不認為殺人償命的應報觀是一種魔咒。我對這個爭議在此不想多做論辯，只想指出：沉溺於抽象性[16]，可以說是理性魔咒的一個特色。而對抗這種魔咒的唯一途徑，就是要求要回到具體性。在死刑問題上，就是要看到一個個活著的個別個人，被拖出去殺掉，而不能只想著，「也不過是在執行死刑罷了」。

（五）找出理由殺死一個特定個人

一個與此連結的重要問題是，如果法定刑為唯一死刑的法律，是倫理上無法證立或違憲的[17]，死刑就一定會與其他的刑罰（通常是徒刑）共同成為「同一種」犯罪類型的法律效果。例如我國刑法第271條第一項就規定：「殺人者，處死刑、無期徒刑，或十年以上有期徒刑」。

這意味著在抽象層次上「完全相同」的行為，卻可以科以「種類」不同（而不是程度輕重不同）的兩種刑罰，且其中死刑徹底超越了徒刑的懲罰強度。這也代表法官的死刑宣告，並不是「依照法律

---

15 這個名詞是由細菌的抗藥性（drug resistance）轉用而來。

16 這個說法，帶有黑格爾批判康德用語的味道。

17 釋字263號並不認為唯一死刑是違憲的。但民主化之後，後來法學界漸漸改變看法，認為唯一死刑之罪是違憲的。我國現行刑事法當中也已經沒有唯一死刑的罪名。

要求」，而僅是「憑著法律授權」來判斷，而且缺少有拘束力的「客觀」(可檢證)判斷標準。

這個分析也同時告訴我們：死刑，永遠是要找出理由殺掉一個特定人的問題。而既然每個個案的差異都這麼大，那麼「殺人償命」「應報正義」這些如此概括的價值原則，顯然無法提供「充分」的理由，一定還需要加上一些額外的理由，例如手段兇殘、惡性重大、無悔改之意，或者司法界喜歡使用的「罪無可逭」[18]等等。

(六)殺人的理由，還是被殺的理由？

即使不一一分析這些「說法」到底是否構成理由，我們仍可以追問：到底要加上多少個理由，才能支持去殺害一個人呢？或者更進一步追問，到底我們是在找出可以殺害一個特定人的理由，還是在找出這個人可以「被殺」的理由呢？

在正當防衛的情況下，我們是為了保護自己或他人權利，而針對「現時」不法的攻擊行為，採取適當的防衛或反擊行為。此時重點在於防衛攻擊或阻止侵害行為，因此即使在某些情況下，防衛者可以殺害攻擊者，亦即有殺害攻擊者的正當理由，但是這並不意味著該攻擊者有獨立於攻擊狀況之外的「被殺」的理由。因為「殺害」行為僅是「防衛」行為的一種極端類型，或者可以說是在特定狀況下，為實施防衛行為不得不接受的可能後果。

死刑不是正當防衛，而且如果我們考察那些死刑宣判中常見的「理由」，我們會發現這些「說法」都是在陳述被告可以或應該「被

18　其實「逭」是逃避的意思，罪無可逭，就是此等罪行一定要處罰，但是並沒有一定要以最重刑罰處罰之意。司法實務界的使用方式，應該是誤用。不過我並不關心這個誤用，我關心的是，多加了這句話，並沒有增加任何理由。

殺」的理由，也就是說這位被告本人，作為一個「人格」，應該被否定，被殺害，被消滅。

這種將「人格」徹底否定的理由建構，至少有兩個問題，第一，民主憲政國家下的「刑罰」不是建立在這種思考上，因為這不是針對（一位公民）犯罪行為的非難，而是針對整個人格的否定。即使不用「違反人性尊嚴」說法來質疑，這種對人格或公民資格的徹底否定，將使國家跟這位受刑人進入「戰爭狀態」與「敵對關係」。因此問題反而不是對這個死囚「人人皆曰可殺」，而是他也可以基於自然狀態下的自然權利（防衛權）去殺害人人，或起碼可以逃跑。如果要「文明」一點，這個人反而擁有一種權利，可以要求「自願離開」這個國家。

第二，如果真的是對死囚人格的徹底否定，那是否意味著「任何人」都可以殺害這個死囚，而不會具備實質違法性呢？也就是說，假如一位公民冒充頂替行刑者，在刑場上殺害了這個人，在實質意義上，是否僅相當於觸犯我國刑法第158條第一項之冒充公務員罪[19]，而沒有觸犯殺人罪？

所有刑法理論大概都會跟你說，這種情況下，這位殺死死囚的公民還是觸犯殺人罪，不過此處的分析正是想指出其中的矛盾不一致，甚至偽善。因為既然這個人都已經被認定「該死」，那前述案件涉及的，僅是公權力被冒用，而不涉及殺人罪。

判決中普遍使用「應該被殺」的理由，來作為「可以殺他」的理由，正好顯示國家透過刑罰「去殺害一位公民」的理由總是不夠充分的，只好用一些籠統的說法，例如「罪無可逭」「惡性重大」，

19　「冒充公務員而行使其職權者，處三年以下有期徒刑、拘役或五百元以下罰金。」

將死囚「塑造」為「應該被消滅的敗類(或敵人;兩者不太一樣)」,
徹底否定其人格,然後將其消滅。但是民主憲政國家是不能以這種
方式對待其公民的,因為此門一開,將使國家擁有否定公民人格的
權力。

七、對契約論論證的簡短討論

有論者認為,對於死刑是否應該廢除的規範論證,在現代民主
憲政國家中,應該由契約論著手[20]。我認為這是一個非常重要的論
證途徑,因為它既不是嚇阻論的,也不是應報論,而是由廢死論比
較偏好之權利論的討論出發。

契約論涉及的問題相當複雜,此處無法深入探討,以下僅嘗試
由三個層次簡短說明,為何我初步認為即使由契約論入手,還是非
常可能得出應該廢除死刑的結論。

首先,要以哪一種模式的契約論來思考。契約論的理論傳統很
長,由霍布斯經過洛克、盧梭,到當代的羅爾斯,彼此的差異相當
大。即使同屬自由主義,羅爾斯也明確指出他的理論目標與洛克的
不同。我認為比較理想的選擇,是以羅爾斯的理論模式為標竿來思
考,理由是羅爾斯的理論是以如何長期穩定維持合理多元主義社會
為目標,這是最符應當前社會條件的一個理論設定。

如果以羅爾斯的理論為參照,那我們第二個要問的問題是,死
刑是否屬於羅爾斯正義理論所適用的主要對象:基本結構。以羅爾

---

20 代表性論述,請參考蕭高彥教授在「死刑存廢:道德、政治與法律
   哲學的觀點」座談會的發言,載:《政治與社會哲學評論》,第34
   期,2010年9月,頁205-266,頁243以下。

斯的著作來看，很難確定死刑問題是否屬於基本結構。也許一個合理的刑罰體系屬於基本結構，但是否直接及於死刑制度，就不是十分清楚。

因此也許我們可以回歸到原初位置用以選擇正義原則的思考法則「最佳最小法則」(maximin rule)來思考，也就是：「它要求我們先確認出每一種可能方案的最壞結果，然後選擇其最壞結果比所有其他方案的最壞結果都還要好的方案。」[21] 簡單說，就是在諸多可能方案的最糟狀況中，選擇其中最不糟糕的方案。

我認為，依照這個思考法則，在原初位置下的自由平等個人，如果考量到未來可能因為誤判(這是一個在無知之幕下可以合理預估的狀況)而被處以死刑的可能性，那麼應該會選擇沒有死刑的制度，因為在這種制度下，即使被誤判，最重也就是被處以終身監禁，仍存有平反與假釋的機會，這種狀況比被冤枉處死要好。這意味著，即使以契約論來思考，也可以得出廢除死刑的結論。

八、結論

本文提出了一些質疑死刑的論據，距離充分論證廢除死刑的必要還有很大的距離。如果回到本文的標題：毒藥與十字架，我想說的是：毒藥是概念，十字架則更多是象徵。雖然在人類的文明制度

21　請參考姚大志，《作為公平的正義──正義新論》，上海三聯書店：2002，頁98，譯文經過修改。其原文為"it tells us to identify the worst outcome of each available alternative and then to adopt the alternative whose worst outcome is better than the worst outcomes of all the other alternatives," 參見 John Rawls, *Justice as Fairness: A Restatement.* (Cambridge: HUP, 2001), p. 97.

當中，兩者缺一不可，然而哲學的任務，更多是以概念分析來釐清象徵。

因此本文除了提出一些反對死刑的論據外，也希望能對於死刑到底是什麼，提出更多的分析與釐清。我認為**死刑的制度與執行，大體上「象徵」的作用比較大**，雖然我們還弄不大清楚死刑到底要象徵什麼，但是可以確定的是，顯然還有絕大多數公民在**心理**上認為死刑的存在與執行，象徵了正義的存在與實現，以及一種安全感。如果把死刑廢除了，這些公民在心理上會認為正義將不再存在，安全感也受到威脅。這種心理上的聯繫性，單靠論據分析難以立刻改變。不過哲學論證分析的工作，還是只能持續努力下去。

　　顏厥安，台灣大學法律系教授，台大法學院人權與法理學研究中心主任。專長為法理學與憲法學，主要著作有《法與實踐理性》(1999)、《規範、論證與行動：法認識論論文集》(2004)等學術論文集以及學術期刊或專書論文。顏教授多年來亦致力於社會服務，曾參與多個政府與民間團體的活動。

從憲法的比例原則思考死刑問題[1]

張娟芬

一、戰爭可以,死刑為何不行?

讓我從一個虛構的情境開始談起。有一天,我的國家宣布新政策:他想要蓄奴。我反對。因為把人當奴隸,是剝奪一個人的自由與尊嚴,這冒犯我的價值觀。

我搬出刑法296條「使人為奴隸罪」,說:「一個人如果把別人當奴隸,應判一年以上、七年以下有期徒刑。可見蓄奴是不對的,你不能這樣做。」

國家說:「可是我是公權力。」

---

[1] 本文為台灣哲學學會圓桌論壇「死刑是否應當被廢除?」而寫。文中部分內容於座談會中報告,特別感謝蕭高彥、陳瑞麟兩位先生的現場回應。會後更蒙謝世民、林從一、林忠宏、侯維之等多位台哲會的先生,慷慨地與我分享他們的意見,並於辯難之中對我的思考多有啟發。這篇文章是一個多方對話、思考激盪之後的產物,行文亦有強烈的對話性,除了希望凝聚討論焦點以外,更真心藉此向理性討論死刑議題的朋友致意:從不同立場出發的論證與批評,是促成進步的最大動力。

我說：「公權力也不能正當化這個行為。公權力不能讓錯的變
成對的。」

國家說：「我會讓奴隸造橋鋪路、協助公共工程，所以我蓄奴
是為了公益，不是為了私利；我會讓全民分享奴隸的勞動成果。」

我說：「這種功利主義對蓄奴效果的評估可能是對的：蓄奴，
真的可以促進最大多數人的最大福祉。但是蓄奴違反民主的核心價
值。大部分時候，功利主義是個很好用的資源配置原則；但它是有
邊界的。功利主義不能凌駕民主的核心價值。我們是民主國家，所
謂『公權力』，來自我的授權；但我絕對沒有授予國家蓄奴的權力。」

我們確實很難想像，哪一個現代民主國家可以公然蓄奴，而通
過該國憲法的合憲審查。我們不妨以這個例子做為思考死刑問題的
蹊徑。蓄奴罪，一年以上七年以下有期徒刑；殺人罪，十年有期徒
刑起跳。殺人罪比蓄奴罪重多了！如果國家連蓄奴都不可以了，怎
麼反倒可以殺人？我們的刑罰系統與庶民觀念一致認為，生命法益
是最高的法益，奪人性命的罪行，被視為是最嚴重的犯罪。如果人
的尊嚴與自由已經不容國家侵犯，那麼為什麼更高的生命法益，國
家反而可以剝奪？

我試圖用這個虛構的情況，來回應蕭高彥先生提出的一個值得
討論的問題：我們授權給國家的內容是什麼？「社會契約」，由於
實際上沒有任何「簽約」的儀式，所以「契約」內容為何，似乎只
能由各家以假想來論證；我亦無法直接回答這個問題，但是蓄奴之
例，卻有助於我們間接逼近答案：國家蓄奴已經逾越了份際，國家
殺人，是更嚴重的越權。

如果我們把社會契約理解為人民與國家之間的權利義務約定，
那麼在現代概念裡，「社會契約」，其實就是憲法。要評估盧梭與
貝加利亞誰是誰非，也不妨看看我們的憲法怎麼說。盧梭與貝加利

亞都認為，國家把一個人判死刑，就是國家以戰爭關係來處置罪犯；差別是，盧梭認為合該如此，而貝加利亞認為不該如此。盧梭認為罪犯就是敵人，錯咎在罪犯自己：誰叫他要犯罪。貝加利亞認為，雖罪犯亦不可視之為敵人，所以不可有死刑。盧梭式的看法，亦為台大經濟系教授熊秉元所採用[2]。熊秉元認為既然可以在戰場上殺敵，則對於罪犯——熊秉元稱為「社會內部的敵人」——自然也可殺之，因為罪犯對國民權利的侵害並不小於敵人。

盧梭與貝加利亞的爭執在於：罪犯與政府之間，是不是戰爭關係？戰爭，是一個主權國家以可觀的資源、有組織有訓練的軍隊，有預謀地，對另一個國家發動侵權行為[3]。試問：哪一個被判死刑的罪犯合乎這個敘述？我們談憲法的「比例原則」時，一個最生動的講法就是「用大砲打小鳥」；把一般刑事犯罪等同於戰爭，並且以戰爭的規格來處置罪犯，這就是用大砲打小鳥。這是我對盧梭的第一個批評：罪犯是小蝦米，但盧梭把他當作大鯨魚來打，違反比例原則。

憲法支持貝加利亞的論點，但不支持盧梭。憲法作為現代的社會契約，是用以保障全體國民，沒有哪一條提到「觸犯重罪者，本契約自動失效」。剛好相反，憲法之下的刑法，詳細條列了哪些行為是違法的，必須施以何種處罰；換言之，憲法已經考慮到有些國

2　2009年12月9日《蘋果日報》，〈生命的比擬〉。

3　蕭高彥先生於座談會中指出，盧梭所指「戰爭狀態」並非現代定義下主權國家之間的戰爭，而是霍布斯定義下的，弱肉強食的世界，是「所有人對所有人的戰爭」。然而盧梭嗣後的論證似未恪遵此念，例如，他仍然視死刑為國家對罪犯行使的刑罰，而不是人人皆可殺之；則盧梭所謂「戰爭狀態」，仍然是一個有政治實體統治下的狀態，而不是叢林法則。

民會犯下重罪，但仍然決定用國內法加以懲罰。用國內法的意思很
明顯：罪犯仍然是國民，他與政府之間的憲法關係仍然存在且有效，
他不是敵人。如果他是敵人的話，那就不是用國內法，而是用國際
法來處置他了。這是我對盧梭的第二個批評：罪犯是國民，不是敵
人。

　　這裡我要特別說明，有人認爲死刑合憲，有人認爲死刑違憲；
但無論何種立場，都不能與盧梭的「罪犯＝敵人」論和平共存。因
爲如果依照盧梭的思維，則政府對重大罪犯的處置，已經沒有憲法
置喙的餘地，也就沒有合憲或違憲的問題。即使對於「死刑合憲」
的立場，盧梭的論證亦不合用。

　　讓我退一萬步，姑且用戰爭的比喻來思考死刑問題，就會遇上
我對盧梭的第三個批評：罪犯不是敵人，罪犯是戰俘。戰俘是那個
曾經對我們的安全造成威脅、但是現在已經繳械了的那個人。他對
我們的威脅是過去式。戰俘應當怎麼處置呢？1949年《日內瓦公約》
第三公約，對戰俘的權利說了很多，總結一句話：不、能、殺。因
爲這個人已經失去了客觀爲惡的能力，他已經不構成威脅。

　　這裡我要回應陳瑞麟先生提出的困惑：對於罪大惡極的人，爲
何不得處以死刑？許多支持死刑的朋友，也都立基於這個「罪大惡
極想像」。但「極端之惡」是個理念型，而不是對現實的忠實描述。
「極端之惡」是一個抽象化了的概念，用來協助我們捕捉並分析複
雜的社會現實，但此概念無法在真實世界裡找到一個完美的對應之
人[4]。然而死刑制度，卻是作用在一個活生生的血肉之軀身上。「罪

4　我們對於死刑犯人的想像，取材自媒體的報導，但媒體卻疏於查
　　證、加油添醋、偏離事實；他們對官方說法照單全收，而這些錯誤
　　幾乎毫無例外的，都對死刑犯不利。關於媒體的立場偏誤，我已於
　　〈媒體的廢死觀點〉中詳細舉證，收於拙著《殺戮的艱難》（台北：

大惡極想像」在人性的認識論上恐怕稍嫌簡化了。我們心裡想著懲
罰一個概念上的「邪惡」，手裡殺的卻是一個無法以「邪惡」此一
概念來化約的人。死刑至此，與儀式性的獵殺女巫，真有幾分相像
了。

　　讓我再退一萬步，姑且假設我們可以在現實世界裡找到極端之
惡。不用說，這個傢伙就是在牢裡關100年，也還是壞胚子一個。但
是法律處罰惡行，而不處罰惡念。一旦關進牢裡，這個極端之惡就
從「敵人」變成「戰俘」；監禁已經限制了他客觀上為惡的能力。
如果他永不悔改，則理當終生監禁。至於他心裡是否還有惡念，這
根本不是法律可以介入的事情。換句話說，即使相信現實世界裡有
極端之惡，合乎邏輯的結論也應該是終生監禁，而不是死刑。

　　極惡之人當有極致的刑罰來伺候，但是支持死刑的朋友從未說
明：為什麼刑罰的極致，不偏不倚的，恰好是死刑？為什麼不是更
多，加上虐待？為什麼不是更少，終生監禁就好？中研院法律所助
理教授許家馨引述康德的話，「正因為生命無可取代，在正義的天
平上只能以生命平衡生命[5]。」倘若康德此言為真，則我們無法限縮
適用死刑，而必須擴大使用死刑。某甲把某乙弄死了，如果某甲是
初犯，他得死；如果某甲未成年，他得死；如果某甲智能不足，他
得死，如果某甲有精神病，他得死；如果某甲沒有預謀，他得死；
即使某甲根本沒有殺人犯意，而是過失，比如開車撞死路人，很抱
歉，某甲還是得死，因為某乙已經死了，某乙的生命，只能用某甲
的生命來平衡。

（續）
　　行人出版社，2010年11月）。
　5　「死刑存廢：道德、政治與法律哲學的觀點」座談會，2010年4月
　　　10日。

　　如果生命只能用生命來平衡，則即使過失傷害致死，也是唯一
死刑——否則，被他奪走的那條生命，要拿什麼來平衡？康德此一
陳述，必然推導出嚴刑峻法的結果，這種嚴刑峻法不僅我不同意，
支持死刑的朋友亦不接受；連康德本人，也不如此主張。「生命只
能用生命來平衡」，是一個無法在刑罰系統裡貫徹的原則，它像一
條蛇一般總是迴身來咬那隻拿住它的手。

　　「生命只能用生命來平衡」這一陳述，與大多數人的正義觀並
不相符；它與「限縮死刑」的立場更不能並存，它們會彼此吞噬。
那麼，死刑何以是刑罰的極致，仍然是個沒有回答的問題。

　　我不同意盧梭、不同意康德，其實也不怎麼同意貝加利亞。他
主張死刑不具嚇阻效果，所以對於極惡之人，應當令其終生爲奴，
這才有嚇阻的實效。三位啓蒙時期的理性大師，在死刑議題上都呈
現很大的局限性，這要從時代背景來思考。在盧梭、康德與貝加利
亞的時代，死刑的執行方式包括絞刑、火刑與輪刑。輪刑是：劊子
手用鐵棍把犯人的手與腳依序打碎，等到他的四肢像章魚觸鬚那
樣，就把他的四肢纏繞在輪上，把輪子架高，讓鳥來啄食。這個人
要好幾天才會死。公開行刑，民眾圍觀。

　　這就是理性大師所處的時代氛圍[6]。我們因此可以理解，爲什麼
他們所提出的死刑論證，在今天這麼不合用。一個人超前他的時代，
只能超前這麼多。當他們所處的社會還在用輪刑處決犯人的時候，
他們對於何謂「殘忍」，想必與今日的我們，有很大的差距。我們
在引用啓蒙時期的論述時，不能不把這個巨大的社會文化差異考慮
進去。

6　參見John McManners, *Death and the Enlightenment*（New York: Oxford University Press, 1986）.

二、比例原則的四項檢驗

　　回到我論述的主幹，我們如何用憲法的「比例原則」來思考死刑問題？如果只是望文生義，會以為「比例原則」大概就是「輕罪輕罰，重罪重罰」的意思；不過那只是狹義的比例原則。憲法第23條規定，人民的自由權利，「除為防止妨礙他人自由、避免緊急危難、維持社會秩序，或增進公共利益所必要者外，不得以法律限制之。」這一條的意思是，國家於「必要」時，可以限制人民的自由權利；所謂「必要」，就是條文裡列出來的四個條件。

　　憲法23條說人民權利可以「限制」，所以其他刑罰（徒刑、拘役或罰金）都無違憲疑慮，但死刑可不只是「限制」人民權利，而是「剝奪」人民的生命權，此舉是否為憲法所允許，已經可疑。

　　死刑剝奪罪犯全部的人權。人死了，就失去意思表示的能力。一個死刑犯人在4月30日被槍決，倘若依其遺囑，遺體於5月3日火化，遺言於5月4日公布；則他行使「遺體支配權」與「言論權」的時點，是他還活著、簽下遺囑的4月30日，而不是遺體火化的5月3日，或遺言刊登的5月4日。一旦沒有了生命，還如何表達意思？擲筊嗎？

　　憲法學者李念祖將比例原則細分為四項檢驗：第一，目的是否正當？第二，手段是否能達到上述目的？第三，有沒有損害性更小的手段可用？第四，此手段的所失與所得是否相當[7]？

　　在這裡我要回應陳嘉銘先生提出的第一個城邦，用死刑來迫使

7　李念祖，《案例憲法三（上）人權保障的內容》（台北：三民書局，2006），頁14-15。

罪犯明白其罪愆，並誠心悔過。這個目的很正當，通過了第一項檢驗，但它通不過第二項檢驗。外加的、強制的死刑，無法促使罪犯悔悟並自願受死以贖罪。因此這個目的無法用以證成死刑手段的合宜性。

第二城邦是一個人性自我慶祝的城邦，以致於反對一切刑罰。比例原則顯然恰足以節制這第二城邦的自溺傾向，因為比例原則的前提很清楚，就是肯認刑罰之必要，肯認國家對其國民施以制裁之必要；然後才為國家權力劃定界線，避免國家濫權。比例原則不會容許我們漫無限制地反對刑罰或任意擴張「殘忍」的定義；比例原則所要求的是，國家處置罪犯的手段，也不能漫無限制或任意擴張。

一個人無須假設人性均善才能反對死刑。如前所述，即使有罪大惡極之人，仍以終生監禁為足。這正是比例原則的第三項檢驗：終生監禁就是一個損害性較小的手段，因此，死刑是過當的懲罰。反對死刑，並不必然流於第二城邦的自溺自滿。我同意陳嘉銘先生對第二城邦的批評，人性不能被扁平地理解；然而我須指出，支持死刑的論述，正是依賴對人性的扁平假設——「有的人就是罪大惡極」，句點。

支持死刑的朋友多半於死刑的目的上詳加闡述，然後便止步。比例原則的第二、第三、第四項檢驗，是支持死刑的論述疏於顧及的，也是反對與支持死刑雙方的真正歧異。反對死刑的人並不反對對罪犯加以懲處。反對死刑的人質疑的是：死刑的手段必要性何在？

在台灣哲學學會的餐會上，幾位哲學系的朋友問了我一些很有意思的問題。我在現場僅憑直覺回答，但是事後之明看來，這些假設性問題，全都是演練比例原則的絕佳範例。

林從一先生問，如果有某種狀況使得終生監禁無法施行，你會不會支持死刑？我答會。

　　事後之明：根據比例原則的第三項檢驗，死刑要通過合憲審查的話，必須符合「沒有損害性更小的手段」這個條件。如果因為某種原因，比死刑更輕的刑罰都不足以處置罪犯，那死刑就不是「過當」的懲罰。如果死刑具備手段必要性，我就不反對死刑。

　　然後林先生說了一個故事。Owen Flanagan問達賴喇嘛，如果確知希特勒已經屠殺了100萬人，確知他還將謀殺100萬人，沒有別的辦法可以阻止他，而你有機會暗殺他，你要不要暗殺他？達賴向身後的大和尚請益以後，說：要。

　　這回我很遲疑。我說，「你講這個情境對我構成誘惑，但這跟死刑的狀況不一樣。你給我的條件是，我確實可以阻止犯罪，而且，非殺了他，不能阻止犯罪。這對我構成誘惑。我不知道我會不會這樣做，但是這對我構成誘惑，因為可以救人。可是死刑不是這個情形。死刑犯已經關起來了，『殺了他才能救人』的狀況不存在。」

　　事後之明：這個例子是刑法第23條的正當防衛。正當防衛適用於自己或他人受侵害，要件包括：第一，真的有侵害存在，而且這侵害是不法的。給定條件已指明我們「確信」希特勒會再屠殺100萬人，符合這個情況。第二，侵害正在進行。這例子裡，侵害尚未到來，但是由給定的條件可知，這是防衛者的最後一個防衛時點，過了這一刻再無防衛的可能了，所以符合「侵害的現在性」。第三，意圖是防衛。第四，是針對侵害者而為。此例所給的條件，兩件都符合。第五，沒有過當。給定條件已指明，除了暗殺希特勒以外別無他法。

　　暗殺希特勒是正當防衛，但槍決死刑犯卻不是。死刑犯之侵害他人權益是過去式，沒有「侵害的現在性」；而監禁已經足夠，槍決自然過當。

　　侯維之先生隨即提出這一問題的變形：死刑犯關在獄中，並非

單獨關押，如果死刑犯殺死獄友怎麼辦？我說那是獄政管理的問題。侯先生認爲我的回答偏離了問題。現場的對話很快轉離，我們沒有再繼續說下去，但如果我有機會把話說完的話，應該是這樣：我們應該阻止犯人在獄中犯罪，這個目的很正當，我與侯先生於此應無異議。阻止犯人殺死獄友的手段爲何？加強監獄的管理，杜絕犯人取得或自製武器的機會，如果以上方法都無效的話，危險犯人單獨關押；這些都是能夠達到「預防犯罪」此一目的的方法。不去考慮這些損害性較小的方法，而直接跳到「殺了死刑犯」，顯然未盡周全。

　　我在這些假設情境裡的猶豫點，都是討價還價的想著：還有沒有別的方法？比如說，我把希特勒殺個半死可以嗎？打昏他，綁架他，把他藏起來，關起來，可以嗎？我沒問出口，因爲料想林先生會說不行，畢竟這是個虛構故事，條件已經設定爲「非殺他不可」了。依事後之明，我之想要討價還價，就是依據比例原則的第三項檢驗：尋找有沒有損害性更小的手段，也能達成同樣的目的。因此，當林先生假設性地否定「無期徒刑作爲損害性較小的手段」這個可能性時，我就會支持死刑。

　　林先生沒問的是，倘若達賴殺了希特勒，然後呢？達賴會感覺到「替天行道」的快感，還是體會到，「殺戮的艱難」？艾西莫夫的《我，機器人》裡有一個類似的情節。機器人的第一法則，是不得傷害人類或坐視人類受到傷害。如果有個瘋子正要縱火燒一棟房子，而機器人看見了呢？答案是，機器人會盡量不殺那個瘋子而阻止他縱火，但如果別無選擇瘋子死了，那個機器人就需要接受心理治療，因爲價值的嚴重衝突，可能導致機器人發瘋。他會壞掉。

　　死刑制度是有倫理衝突的。違反第一法則以實踐更高的第一法則，這個舉動有倫理上的後座力，足以害機器人短路。支持死刑的

朋友似乎傾向於將死刑制度理解爲一個實踐正義的制度，只要程序
正當性上沒問題就行了；但死刑制度在倫理上沒有後座力嗎？機器
人「求其生而不能」以後，需要接受心理治療；人類不用嗎？「死
刑＝正義」這個等式，是否忽略了死刑制度的倫理兩難？

　　憲法對比例原則的堅持，可以理解爲：在倫理兩難困境之中，
勉力折衝，找出一個對倫理原則破壞性最小的方法。比例原則真正
面對了死刑的倫理兩難，所以設下重重關卡，猶如一次一次捫心自
問是否非殺他不可；尤其比例原則的第四項檢驗，「此手段的所得
與所失是否相當？」更清楚肯認，我們面對的是一個「犧牲某種價
值以保護某種價值」的選擇。支持死刑的論述似乎只願意看見死刑
是保護某種價值，但不願意看見死刑也是犧牲某種價值。

　　〈瀧岡阡表〉裡，歐陽修描述了他父親輾轉反側、終於還是判
人死刑，「求其生而不能」。他呈現的是，死刑是一個艱難的選擇。
但是沒有人知道，歐陽修的父親「求其生」的時候所考慮的因素是
什麼，量刑的標準又是什麼？這種「黑盒子心證」，是台灣現行死
刑制度的嚴重問題：量刑程序沒有分離，量刑標準恣意而浮動，法
官又不負說明義務，用幾句成語堆疊就判人死刑[8]。難怪「求其生而
不能」正是很受法官歡迎的一句死刑成語。比例原則同樣肯認死刑
是一個艱難的選擇，內中蘊含倫理衝突；但比例原則提供了「求其
生」的操作型定義，把黑盒子打開，四項檢驗，清楚明確。

　　本文著重於從理念上討論死刑，但我仍要指出，即使限定在理
念上支持死刑，仍然必須面對誤判的問題。沒有一個司法系統敢誇
口能夠免於誤判。只要有審判，就一定有誤判；就像只要有實驗，

8　今年廢死聯盟提出的釋憲案正是對於現行死刑制度缺失的總體
　　檢。詳見〈廢死釋憲的折返跑〉，收於《殺戮的艱難》。

就一定有誤差一樣。換句話說，只要死刑制度存在，殺錯人的可能
性就如影隨形，那麼在倫理上怎麼樣面對誤判，是支持死刑的論證
必須面對的嚴肅課題。提出誤判的可能性的用意，並不在漫無止境
地全面否定司法系統；而是提醒，再怎麼改革司法也有犯錯的可能。

　　誠如許多支持死刑的朋友所指出，有期徒刑、無期徒刑，也都
有誤判風險，逝去的青春與自由也都不可回復。監禁雖然也有被誤
判的可能，但基於社會安全與正義的需要，我們只能盡量要求提升
審判品質，而不可能要求取消監禁的刑罰。監禁刑罰既屬必要，則
其誤判只好謀求事後補救，例如冤獄賠償。

　　監禁的誤判損及被告的自由權，死刑的誤判則損害被告的生命
權。在現行的刑罰系統裡，生命法益是最高的法益，在一般庶民的
價值系統裡亦然：取人性命是最嚴重的損害。因此，死刑的誤判，
對人民權益的危害大於監禁的誤判；監禁的誤判可以被容忍，不代
表死刑的誤判也應該被容忍。死刑之必要性尚有爭論，其誤判且侵
害人民權利至鉅，則堅持採用死刑刑罰，其倫理立場如何自圓其說？
好比說一個雇主可以採用風險較小的甲機器，也可以用風險較大的
乙機器；甲機器出差錯時會夾斷工人的手指，乙機器出錯時會夾斷
工人的頭。我們豈可說，反正夾斷手指我們都可以容忍了，何妨採
用那個會夾斷頭的？

三、我所主張，與我所不主張

　　在總結此文之前，有件事情必須澄清：「寬恕論」是外界普遍
認為廢死聯盟持有的立場，但廢死聯盟不但從未持此立場，還早已、
許多次、在公開的文字裡，明白的反對「寬恕論」。

　　拙作〈殺戮的艱難〉寫於2005年，發表於《司改雜誌》，後來

那期雜誌加印數千本,供廢死聯盟宣傳之用[9]。如果說〈殺戮的艱難〉是廢死聯盟的代表性論述之一,應當不算太自我膨脹。〈殺戮的艱難〉裡,我明白表示:「我還是比較同意蓋瑞・史賓斯在《正義的神話》裡說的:『雖然我們貶低報復,但報復是正義的核心。寬恕是偉大的,但寬恕把人不公平的置於情緒混亂中,國家的寬厚反而變成對受害者的另一種犯罪。』」[10]

在〈廢死聯盟致台灣的公開信〉裡,我們再度表示:「我們的當事人多半是犯了很大錯誤的人。那些罪行,我們也無法原諒。我們並不天真的以為監獄可以教化每一個人,使人變好。但是一個社會集體瘋狂至此,肯定可以帶壞其中的人,使他變得狂暴嗜血。」[11]

廢死聯盟的高涌誠律師,出席談話性節目時總不忘強調他也痛恨犯罪,但是程序正義必須堅持。他在一篇文章中談到:「筆者投入司法改革運動多年,亦擔任廢死聯盟釋憲聲請的主筆人之一,經常被誤解成不在乎被害人權益,或者我們要求被害人必須寬恕。筆者以及許多律師的法庭實務經驗卻是,法官乃至整個訴訟制度,常常不公平的強求被害人寬恕,否則就是妨礙和解、加重法官工作量的罪人。寬恕的道德情操,彷彿成了國民義務。被害人家屬期盼加害人賠償、認罪,而這份對正義的堅持,卻被法庭認為是貪圖更多賠償金的藉口。」[12]

我讀了2010年2月至6月一共400多篇關於死刑的新聞報導,也看了一些談話性節目,我沒有看到任何一個廢死聯盟的人以「寬恕論」為由反對死刑。我也沒有看到反對死刑的人士要求被害者家屬要原

9　當時尚稱「替死聯盟」。

10　收於拙著《殺戮的艱難》。

11　同上。

12　同上,見〈從制度面支持被害人與家屬〉。

諒。倒是常常看到其他人（包括支持死刑與中立的人）說，廢死人士不應該主張寬恕論[13]！這不是很奇怪嗎？到底是誰主張寬恕論呢？眾口鑠金都說廢死人士不該這樣主張，如果大家都聽見了，想必這「廢死人士」一定是到處說、公開說，那為什麼我都找不到出處？陳瑞麟先生的文章提到「寬恕論」時，能夠提供的出處，也是一個間接陳述。

　　與「寬恕論」最接近的、最有「嫌疑」的，大概是王清峰的〈理性與寬恕〉[14]，以及李家同的〈如果我被殺〉。他們兩人都不是廢死聯盟的成員，而且他們的文章裡，都沒有要求被害人家屬寬恕。王清峰說：「廢死政策的形成是需要時間，暫停執行死刑則是希望讓『理性與寬恕』能有充裕發酵的時間。」「讓寬恕的力量大於復仇的怨恨，讓理性說服心理上的恐懼。」全文提及「寬恕」一詞僅此兩處。李家同的文章裡說他自己與家人、學生，即使親身遇害或痛失至親，也會寬恕；但他沒有強求被害者家屬寬恕。他只是強調寬恕的正面價值：「最重要的是：我們該不該寬恕我們的敵人？阿米希人是心靈上最有平安的人，而他們也是絕對實行寬恕的民族。他們的寬恕是鐵一般的事實，兩位教宗的寬恕也是鐵一般的事實，我們的社會，能不能至少探討一下寬恕的意義？」[15]

　　我倒是看到3月23日的2100全民開講，談論死刑議題，「名嘴」之中，反對死刑的是姚立明與楊憲宏。他們都不是廢死聯盟的成員，而且兩人從頭到尾無一語提及「寬恕」，但是開放call in，民眾劈頭

13　例如周玉蔻說盧映潔寬恕死刑犯、卻告誹謗她的網友，這是偽善；但是盧映潔並沒有說過她寬恕死刑犯。

14　王清峰的文章隨後登在《蘋果日報》論壇，2010年3月11日，標題與內文均將「寬恕」一詞改為「寬容」。

15　2010年3月13日《聯合報》。

就說廢死人士不應該要求被害人家屬寬恕，然後字幕就打：「廢死人士有資格要求被害人寬恕？」

這樣公平嗎？

寬恕是一種高貴的品質。在死刑爭議的顛峰，「寬恕」好像變成一個髒字眼，千萬不能說；王清峰與李家同只因為說了「寬恕」兩字，馬上被大眾不顧前後文地過度閱讀，這是矯枉過正。但願台灣社會仍然認為諸般美德──寬恕，溫柔，慈悲，善良，等等──是值得追求的；不要以疑世的態度，一律報以諷刺的嗤嗤冷笑。我反對以寬恕論為廢死的理由，更反對將寬恕視為被害者家屬的責任；但是我希望，台灣社會不要全盤否定寬恕的價值。

本文主要提出幾個論點：第一，憲法作為人民與國家的約定，並不允許國家把罪犯當作敵人。第二，支持死刑的論證對人性的認識失之扁平。第三，支持死刑的論證未論及刑罰的極致為什麼是死刑？第四，支持死刑的論證未論及死刑何以具備手段必要性？第五，死刑制度至少有兩個內在的倫理衝突，其一是「殺人以救人」的矛盾，其二是無法避免的「殺錯人」的風險，支持死刑的論證似未真正面對這兩個倫理衝突。以上的論點，都以憲法的比例原則作為衡量的標尺。比例原則清楚、明確、毫不含糊，直如熊熊火炬，高高擎起，便照亮遠路。

反對死刑的人並不是一心向加害者傾斜、毫無正義原則的人。如果不嫌簡化的話，請容我如此總結我的立場：一個人做錯事情該被懲罰，我同意。我不同意的是，我們在懲罰他的時候，做錯事。

張娟芬，參與社會運動多年，自1996年起專職寫作。著有《姊妹戲牆》、《愛的自由式》、《無彩青春》、《走進泥巴國》等書，最新作品是死刑文集《殺戮的艱難》。

對廢除死刑的六個困惑

陳瑞麟

　　台灣是目前國際上少數仍保有死刑的國家之一,然而台灣也有相當多的人權團體支持並積極推動廢除死刑。每當社會有重大死刑案件見諸媒體時,死刑存廢的問題即引起社會廣泛的爭議。最近的重大爭議發生在2010年2、3月間,時任法務部長的王清峰堅持在任內絕不簽署死刑犯的執行,她甚至激情地說出:「我願意為他們(死刑犯)下地獄!」王清峰的態度和發言引發台灣社會軒然大波甚至政治風波,新聞媒體抓住熱潮,製作許多探討死刑犯的專輯;談話性節目成天連月地邀請受害者家屬上電視發表意見、抨擊王清峰的言論與態度。另一方面,許多支持廢除死刑的人權團體、大學教授與知名律師,也一再堅定發表廢除死刑的聲明和言論。報紙媒體的讀者投書與論壇,在3、4月間刊出許多正反兩面的投書。整個台灣社會又再一次地為死刑存廢產生激情而廣泛的爭議。

　　在這一波爭議中,支持廢除死刑的團體,提出「廢除死刑是國際潮流」、「死刑違反人權公約」、「死刑是野蠻不人道的刑罰」、「死刑是落伍的報復的刑罰」、「應以教化來取代報復」、「應給犯人悔改機會」、「死刑有誤判可能而且會被濫用」等等說詞和理由來爭取廢除死刑,或者至少暫停死刑的執行。反對廢除死刑的人則指控倡議和推動廢除死刑人士「漠視受害者與其家屬的悲痛」、

「只看到死刑犯在面對死刑時的恐懼」、「對受害者和受害者家屬缺乏同理心」、「違反現行法律甚至踐踏法律尊嚴」，一些受害者家屬甚至上媒體指控他們「沽名釣譽」。整波爭議似乎在激情中開場，又在激情的餘波盪漾中逐漸淡化。

　　死刑存廢無疑是一個嚴肅的課題，也是真實存在於、並持續困擾台灣社會的一個公共議題。不管立場為何，有識之士莫不同意，這個議題應該得到廣泛、深入、理性的討論，而不是停留在媒體的激情、甚至催情的對抗中。我個人同情廢除死刑的立場，但是廢除死刑團體提出的許多理由和採取的行動策略卻無法說服我接受[1]。即使在以哲學分析深入地重建廢除死刑論的理由之後，我仍然保有六個困惑。如果對「死刑存廢」的爭論是一項社會教育的話，我希望廢除死刑論者可以解答我的困惑，從而提出更好的理由，建立更恰當的行動策略，來說服社會大眾：為什麼應該廢除死刑？

一、直覺的困惑：該不該執行犯下反人類罪惡者的死刑？

1　對我而言，最沒有說服力的是「國際潮流」的說法。我向一位在「廢除死刑推動聯盟」中工作的年輕朋友提出我的質疑，她承認這個理由確實沒有說服力，純粹是策略性的運用，因為我們的政府喜歡講「跟上國際潮流」。可是，我仍然認為這是一個錯誤的策略，因為它的對象是政府，它想透過影響或施壓決策者、「由上而下」的方式來廢除死刑。對於當前對廢除死刑有如此大反對聲音的台灣而言，這個策略是好的嗎？它是否漠視了民眾的「常民智慧」？與這個策略相伴的是一再地強調廢除死刑才是進步、有智慧，並暗示反對者是落伍或停留在報復心態等，這一類的說法對於廢除死刑的推動而言，大概也無所助益，反而容易被指控為「菁英心態」。

　　在民主社會中，即使主張維持死刑，也不會主張「殺人則死」。
我在理智與情感上可以接受憤怒殺人、爭吵殺人、混黑道殺人、甚
至一次性侵犯後殺人、詐財謀殺等犯罪不應被執行死刑（當前的實務
上，台灣的法官在這些案例上也不會立即判處死刑，而是會考慮到
犯罪者的悔意）。可是，有幾種罪刑是否不應該執行死刑，讓我在理
智和情感上都感到困惑：

1. 犯下「種族清洗」、大屠殺等「反人類罪惡」的下令者和執
   行者。
2. 發動侵略戰爭，導致無數平民生命財產損失的首謀者。
3. 有反社會人格，並發動恐怖攻擊的首謀與執行者。
4. 武裝劫持團體人質，並冷酷殺害人質者。
5. 冷靜、冷酷並預謀地連續殺害人。
6. 擄人勒索，凌虐並且殺害人質（撕票）者，尤其若被擄者是兒
   童。
7. 連續性侵犯後並以凌虐的手段殺人（通常為婦女或兒童）。
8. 殺人後損毀遺體，在受害者家屬與親朋的心靈間造成難以磨
   滅的創傷者。

　　其中，1、2、3 或許屬於國際法層次，與國內法中的刑法之死
刑存廢的問題無涉，但是其他犯罪，總是讓我在思考「廢除死刑」
的訴求時，投下了困惑的陰影。當然，我採用這樣的罪惡表列方式，
也代表我主張：即使維持死刑，那麼死刑的對象應該被限縮到最小
範圍——只有上述類型的犯罪者才是這個極刑的適用對象。

　　可是，為什麼在面對上述罪惡時，廢死論者仍然堅定地主張廢
除死刑呢？甚至在實務上他們也積極地為該類死刑犯奔走，努力呼
籲國家「槍下留人」？有什麼更深層、更必然的理由，可以超越這

個困惑直覺呢？

二、爲什麼要廢除死刑？廢除死刑論者的理由

　　整理台灣社會關於廢除死刑的言論，廢死論大概可以被表達成下列幾項基本主張和論證（涵蓋哲學、社會心理學與司法實務的論證）。

　　一、基於人權的基本原理，我們應該（甚至不得不）廢除死刑。論證如下：（a）所謂的「人權的基本原理」是指「人權是與生俱來的，不管是誰，任何人都沒有權力剝奪另一人的人權——即使他是一位惡性重大的罪犯」。（b）這個基本原理，也得到「不應該殺人」這條普遍道德規則的支持。進一步，殺人犯之所以行爲錯誤，是因爲他殺人，違反了道德規則，如果我們執行死刑，我們也殺人，則我們也違反普遍的道德法則。（c）從 a 與 b 可以導出，死刑存廢無法由公投來決定——因爲基本人權和「不應該殺人」的道德法則不能有例外，也無法訴諸於多數決——任何人都無權力來決定或參與決定去剝奪另一人的基本人權。（d）從基本原理也推出，國家沒有權力剝奪任何一人的人權，一來因爲國家的制度是公民的集體訂立，而沒有任何人有權力剝奪其他人的人權。二來國家是超乎個人之上的體制性力量，把死刑「去合法化」可以節制國家權力的擴張，預防體制權力被濫用。

　　二、報復性的死刑不是正當的刑罰。死刑的本質是報復，亦即死刑是用來達成報復的目的。可是，刑罰的本質和目的不是報復而是教化，死刑違反刑罰的根本目的，所以死刑不應該被納入刑罰之中。何況，每個國家都應該提升自己的文明，廢除報復性的死刑是文明提升與進步的象徵。

　　三、死刑並不具備嚇阻犯罪的社會功能。支持此宣稱的論證是從犯罪率的統計調查著手，如下：廢除死刑國家的犯罪率並未上升，甚至反而比保有死刑國家的犯罪率更低，可見得死刑並沒有嚇阻犯罪的功用。再次，幾乎所有國家原本都保有死刑，很多國家廢除死刑之後，犯罪率也沒有比廢除死刑之前更高。由此推論死刑沒有嚇阻犯罪的社會功能。可是，如果廢除死刑之後，社會應該如何處置那些「準死刑犯」？如何保證他們接受刑罰教化之後不會再犯？

　　四、無期徒刑具有取代死刑的預防功能。從犯罪者再犯的風險預防的目標來看，死刑產生的是「把犯罪者永久與社會隔離，防止他們再犯死刑罪」的功能。但這個功能也可以用「無期徒刑」來達成，進而無期徒刑可以產生刑罰教化的功能。因此，報復性的死刑就沒有必要了。這是「死刑功能的可替代性」。

　　五、死刑誤判的不可回復性。死刑誤判導致一位無辜者的生命被剝奪，這是國家不可承受之重，尤其是死刑誤判具有不可回復性，被剝奪生命的受害者再也無法享有國家的賠償。既然死刑誤判的風險總是存在，基於其不可回復的特性，國家應該盡速廢除死刑。

　　廢死論者認為，根據上述論證——人權、倫理、刑罰的本質、嚇阻與預防的社會功能、誤判的不可回復之風險性——等面向來看，死刑都是無法證成的、不正當的。所以，我們應該廢除死刑。

三、理性的困惑一：人權的原則必然推出我們應該廢除　　死刑嗎？

　　或許，對於反對廢除死刑的受害者家屬親朋而言，主張廢除死刑似乎是一個不可思議之事：為什麼爭取人權的團體們如此在乎死刑犯的人權，而不在乎被死刑犯殺害的受害者與受害者家屬的人

權?

　　當然，在這樣的質疑中反對廢除死刑者有個盲點：死者已逝，其生命權被另一人以暴力剝奪是一件遺憾，但是人權總是為生者而維護的。至於受害者的家屬之人權並未被剝奪或侵犯，所以受害者和受害者家屬的人權在這個爭議上並不是十分相干。真正相干的是受害者家屬的心理慰藉與精神補償的問題，但這是另一個問題。

　　即使如此，我認為在死刑存廢的爭議中，「人權」仍然是一項含糊的大帽子，使用這個術語實在無所助益。因為基本人權涵蓋許多基本權利：生命權、自由權、行動權、平等權、言論權、信仰權、財產支配權(含遺體支配權)等等。死刑會剝奪罪犯的生命權，以及依附在生命權之上的自由權、行動權等，但是死刑並未剝奪罪犯的言論權(他在死後仍有權利出版其生前言論)、信仰權(他有權利公開自己的宗教信仰或不信仰)、遺體支配權(他有權利留下遺囑以支配自己的遺體)。所以，死刑並未剝奪一個罪犯的全部人權。何況，不是只有死刑才會剝奪罪犯的人權，所有的刑罰都以不同的程度和不等的時間剝奪罪犯的一些基本人權：自由權、行動權、財產權、平等權等。因此，讓我把死刑存廢的爭議，精確地表達成「我們或國家有權力剝奪另一人的生命權嗎——即使他犯了重大的罪惡？」

　　如果我們堅持「生命權的基本原則」，亦即 (L)「任何人和體制都沒有權力剝奪另一人的生命權——即使他是已殺害他人的罪犯。」必須普遍適用，那麼，在面對持槍掃射人群的犯罪者時，國家執法者也沒有權力使用槍械來當場「格斃」罪犯。他們只能利用其他武器(例如麻醉槍)等來「使罪犯失去行為能力」，但不能剝奪他(們)的生命權。如果嚴格執行此原則，將會陷國家執法者和其他路人於被殺害的高度風險中，因此廢死論者應該會同意：在面對現場具有殺害他人能力與機會的罪犯時，國家體制力量有權力當場剝

奪其生命權，以阻止其繼續殺害他人。這個案例告訴我們，導出廢除死刑的「生命權基本原則」必須再作修正，亦即

（L'）任何人和體制都沒有權力剝奪另一人的生命權——即使他是已殺害他人的罪犯，而且他已失去殺害他人的能力與機會。

L' 能普遍適用嗎？讓我們再設想一組對比性的場景。

場景一：假設有個持槍者A挾持一群人，在與警察對峙中，他冷酷地殺害許多人質。當警察開始攻堅時，他立即放下武器投降。當然警察再也不能當場剝奪其生命權，因為他已失去殺害他人的能力與機會。警察只能逮捕他，並送法院審判。如果在 L' 的原則指導下廢除死刑，他不能被剝奪其生命權，只能以其他刑罰代替。

場景二：假設同樣有個持槍挾持一群人者B，他其實不想殺人，但在與警察對峙中他傷害人質，警察開始攻堅，他不棄械投降，警察當場剝奪他的生命權。

場景二並不符合L'原則，兩者因此有一個天地之差的結果，衝擊我們對廢除死刑的理性接受：A殺害許多人，卻不被剝奪生命權；B沒有殺害任一人，卻被剝奪生命權。這組對比性場景也讓我對L'原則產生了理性的困惑。

如果我們接受場景二的正當性，我們其實接受了國家有正當的權力剝奪一個危險人物的生命權——當然必須加一個限制性的「必要條款」（only-if clause）。亦即：

（L"）國家有權力剝奪一個人的生命權——只有當其有立即殺害他人的能力與機會時。

更甚者，原來的L'原則其實隱涵L"原則，兩者都是廢死論者必須同意的。雖然一位絕對和平主義的廢死論者可以堅持L原則而拒絕接受L'和L"原則，可是這樣的絕對和平主義者很容易被質疑：你寧可冒著無辜的人被殺害的危險，也要堅持國家絕對無權力剝奪危險人物的生命權？如此一來，國家是否也會失去保護人民的功能？

不管如何，接受L"原則的廢死論者既然同意國家在某些特殊情況下有權力剝奪一個人的生命權，他們就無法以「國家沒有權力剝奪任何人的生命權」爲由，來反對死刑而仍保持一致。如此一來，廢除死刑和反對廢除者的真正差異是在國家執行剝奪一人生命權時的「必要條款」不同。亦即主張死刑有其正當性的人，接受的是下列原則：

（D）國家有權力剝奪一個人的生命權——只有在其已經連續殺害他人的條件之下。

困惑正是：爲什麼我們應該接受L"原則，而不該接受D原則？

四、理性的困惑二：死刑的本質是報復嗎？

我們在此討論的死刑，是民主社會中的死刑，而不是古往今來各種社會曾執行過的死刑。在民主社會中，如果要維持死刑，必須限縮其適用對象到最小範圍，以及使用最人道的執行方式。

在民主社會中，死刑是一項制度。制度的本質或目的乃是由訂立制度者所賦予的，代表訂立制度者(具有意向性的行爲人)的某種集體或共識性的意圖與期望。我們可以說，「報復」是一些支持死刑人們的心理，但似乎不能說「報復」是主張訂立死刑制度者的集

體意圖——很多支持死刑的人，其意圖並非報復，而可能是嚇阻、懲罰、防患等等。因此宣稱死刑的本質或目的是報復並不能得到支持死刑者的普遍同意。

因此，我並不同意死刑的本質或目的是報復。可是，我同意死刑沒有任何教化的功能。然而，刑罰的本質或目的是教化嗎？我也存疑。我認為刑罰的根本目的是「防止（含嚇阻）犯罪」，當我們把罪犯關入監獄中與社會隔離時，我們防止他未來可能持續的犯罪。我們（人類社會）訂立刑罰唯一能被明確指認的集體意圖只有防止犯罪，教化只是一項衍生的工具，為了產生防止犯罪的功能。因此，死刑並沒有違反刑罰的根本目的，儘管它沒有教化的功能。

正因為教化只是工具，沒有人能保證教化一定能成功。它有可能達到目的，但也常常會失敗。如果把「教化準死刑犯並改造他們成為對社會有用之人」當成基本目的時，我們也冒著「當教化失敗時，準死刑犯重新進入社會再度犯罪」的風險，當這種情況產生時，教化式的刑罰反而違反了刑罰的根本目的。

「防止犯罪」有兩個方向：嚇阻尚未犯罪的人，使他們因懼怕刑罰而不敢犯罪；阻止已犯罪的人持續犯罪——亦即犯罪風險的預防。針對死刑，我們仍然面對兩個問題：死刑具有嚇阻的功用嗎？要預防再犯的風險，有必要使用死刑這種極刑嗎（無期徒刑也可以達到此目的，為何不使用無期徒刑即可）？廢死論者對這兩個問題的答案，已表達在第貳節第三、四點理由。

有一些廢死論者會使用死刑助長報復心理為由，來主張廢除死刑。我認為這個理由並沒有心理學的根據。它似乎依賴於一個錯誤的推論：「死刑的本質是報復的，執行死刑滿足了報復的人性，所

以執行死刑會助長報復心理。」[2] 這個推論非常奇怪，如果死刑滿足了報復的人性，爲什麼它還會助長報復心理？報復的欲望被滿足了，不就消除了嗎，儘管可能帶來空虛與失落？事實上，常識心理學的推論剛好會反過來：「如果廢除死刑，一些受害者家屬的報復欲望無法得到滿足，會助長他們滋生私刑復仇的心理。」[3] 當然，這一點並不能推出廢除死刑會助長私刑復仇的「行爲」，並以此爲由來反對廢除死刑。因爲當犯罪率低、而且國家保有一定的社會秩序的控制力時，報復心理被會壓抑下來；但當犯罪率高而且國家對社會秩序的控制力減弱時，私刑報復的心理就可能被實現爲具體行爲。

五、理性的困惑三：死刑不具嚇阻的功用嗎？

使用犯罪率的升降來論證死刑不具嚇阻的功用者，有幾個盲點：(1)被統計的犯罪率究竟是什麼樣的犯罪率？是針對所有刑罰的犯罪率，還是「準死刑」的犯罪率？(2)犯罪率統計數字的升降

2　黃瑞明(律師、民間司改會理事)投書《蘋果日報》，標題爲〈一位留德律師看德國廢死經驗〉，其中有如下的說法：「執行死刑固然滿足了報復的人性，但鼓動報復心也可能激起對立情緒，報復後的空虛與失落也曾是許多文學所描繪的心境。維持報復情緒將會在社會上鼓勵復仇之作風……」(3月18日論壇版)這種說法似乎是在描述一個前現代社會中私刑復仇的狀況，而不是以現代法治國家爲背景。

3　不少美國好萊塢的通俗電影，反映了這種心理。僅舉最近的一部影片《特攻聯盟》爲例，該片描述一位警官被勾結警方高層的毒梟陷害下獄，懷孕妻子在分娩時喪命，留下遺腹女。由於對美國司法實務的徹底絕望，該警官出獄後訓練自己的11歲的女兒成爲可怕的殺手，並向當年害死其母親的壞人復仇。

和許多因素相關：例如經濟上貧富差距的加大或改善、教育措施、防止犯罪的社會施政、警察偵破犯罪的效能、政府控制整個社會秩序的能力等等，因此從犯罪率的下降或沒有下降來推斷死刑有沒有嚇阻力，是太大的跳躍推論。（3）犯罪率的統計總是針對擁有大量成員的群體，因此即使一個維持死刑的國家並沒有降低其死刑罪的犯罪率，也不能推出死刑對於個人沒有心理上的嚇阻力。把針對群體的統計結論應用到個體身上的推論，統計學稱作「範疇謬誤」[4]，據此，群體統計的犯罪率升降，並不能推出死刑對個人沒有嚇阻力。

死刑對於個人究竟有沒有嚇阻力？讓我們反省自己的心理：所有刑罰對多數「一般人」而言，都有其嚇阻力，更不必提死刑。例如，我們對於一些欺壓他人的惡人，都有「恨不得其消失」的衝動，但是我們從來不敢付諸實行，我們努力壓抑這種念頭，原因之一即是刑罰的嚇阻力——這是一個「訴諸常識心理學的論證」。可是，重點也許是死刑對於那些「準死刑罪犯」而言有沒有嚇阻力？我們如何調查和判斷？

或許，想調查死刑對於準死刑罪犯有沒有嚇阻力，一種方式是去訪談目前已被判處死刑的罪犯：如果你知道自己會被判死刑，你還會犯這個罪嗎？再統計其答案[5]。另一種常見推論方式是從死刑犯

4　這種謬誤推論應該和「統計三段論」區分。統計三段論是如下的推論形式：已知Z%的A具有P性質，任意挑出A的一個成員。則此成員有Z%的機率具有P性質。統計三段論也是機率推論。

5　這種調查法可能對「廢除死刑論」不利：因為如果答案是「不會」，則證明死刑有其嚇阻力，因此死刑有其「防止犯罪」的功能；如果答案是「會」，則表示這個死刑犯冥頑不靈，無法教化，不處以死刑會有太大的風險。第三個可能的答案是：不知道。因為他可能回想自己犯案時是在一種衝動、失去理智、入魔的狀態之下，即使他知道被抓到會被判處死刑，他也無法控制自己——可是，這種衝動

在面臨死刑執行之前的恐懼與抗拒反應，來推論死刑具有嚇阻力，不過這種推論方式也有其盲點：恐懼與抗拒死亡是人的本能，本能反應並不足以證明死刑具有事先嚇阻犯罪的功能。

上述討論顯示「死刑是否具有嚇阻的功能」仍然沒有定論，保持其為一待解問題的狀態。這也意味著我們無法明確地斷言「死刑不具嚇阻的功用」，因此，廢死論者與常識心理學有違的斷言，構成我的理性困惑三。我認為廢死論者應該先嘗試回應這個「訴諸於常識心理學的論證」[6]。

六、情感的困惑：無期徒刑能完全取代死刑的功能嗎？

我同意「無期徒刑」（不得假釋的終生監禁），在「再犯風險的預防」上具有取代死刑的功能。因此，這一點並不構成我的理性困惑[7]。可是，以終生監禁來取代死刑仍然讓我產生一個情感上的困

(續)————————————

　　失去理智而犯罪的案例或許不應該被判處死刑。當然，也有可能死
　　刑犯想表現其悔意而傾向回答「不會」。

6　另一個可能必須面對的是實務上的經驗證言。《自由時報》在4月6
　　日刊出前刑事局長、警政署長、現在中央警察大學校長侯友宜的專
　　訪。在專訪中，侯友宜寫實地描述一些驚心動迫的刑案（例如白曉
　　燕案中的罪犯林春生、高天生和陳進興在逃亡時犯下的方保芳診所
　　命案），這些現場經驗使他反對廢除死刑。他說：「……像這種累
　　積犯罪的犯罪者，如果沒有一個遏阻，再給他出去，他會變好？要
　　變好，早在輕刑犯、重刑犯的時候就變好了，死刑就是對這些嫌犯
　　最後的一個遏阻。」（A5版）我認為廢死論者必須要能面對並答覆這
　　種第一線執法者的觀點與質疑。

7　不過，侯友宜仍然質疑「不得假釋的終生監禁」是「虛擬的終生監
　　禁」，亦即雖然被判此刑，但實務上多數重刑犯者並沒有被真正地
　　終生監禁。

惑：在情感上我們很難接受一個罪惡深重的人依然活著，儘管他失去了行動的自由。如果我們是非當事人，這種情感上的困惑可以被理性說服，可是萬一我們是當事人，我很難想像它如何可以被理性說服（而不是壓制下來）？當然，正因為我不是當事人，所以我也不能推論他們絕不會有情感上的昇華，並展現出寬恕的美德。

　　受害者的家屬親朋可能會想像：罪犯奪去他們至親至愛的人之生命，使其不再能感覺、經驗，也剝奪其對社會一切可能的貢獻。更嚴重的是，罪犯不只是殺害一個人的生命，他還剝奪受害者和家屬親朋之間的親密關係與互動，他藉由殺害一個人而深深傷害了一群人，剝奪他們生命中的許多可能發生的寶貴經驗。可是，為什麼罪犯仍然活著，仍然可以感受人生的經驗——儘管是受到極大的限制？罪犯仍可以所思所感，罪犯甚至仍可與其家人享受片刻的歡愉？

　　這種情感上的困惑是否可能得到疏解？受害者家屬的情感怨懟是否可能得到慰藉？如果無期徒刑無法滿足這種情感慰藉上的需求呢？如果非死刑不可呢？當然，我們並不知道死刑是否一定具有產生受害者家屬情感慰藉的功能，然而「廢死論者」往往指控這種慰藉需求是「廉價慰藉」，只能「滿足群眾心理」，並無助於說服反對者，也容易產生更多情緒上的爭執[8]。事實上，我在3月爭議中看

8　黃瑞明的〈一位留德律師看德國廢死經驗〉有如下的說法：「對於受害者家屬之悲痛，任何人皆須嚴肅面對。主張維持死刑者恆謂非死刑不足以安慰被害人。然而死刑卻也可能只是一種最廉價最方便的慰撫。執行了死刑，群眾心理獲得滿足，但整個社會反而忽略了對被害人及家屬真正之慰撫與照顧。」（3月18日論壇版）這個說法有很多盲點：它不合我們觀察到的台灣社會實況（見下註）；它似乎暗示國家執行死刑以使受害者家屬得到情感上的慰藉，就會忽略對他們的照顧。若如此，這是國家施政上讓死刑成為「廉價慰藉」，

到的並不是群眾（非當事人）需要處死死刑犯的心理滿足，而是許多受害者家屬頻頻現身說法，表達悲痛與憤怒、甚至絕望的情緒，要求國家應使罪犯得到應有制裁[9]。

廢死論者的另一種常見的言論是呼籲社會大眾和受害者家屬表現出「寬恕」的美德，甚至公然表達自己會原諒殺害自己子女、甚至自己的人。對於這種情感昇華、道德提昇的呼籲，我們沒有理由表達反對。不過，也有反對此言論者認為：大眾是人而非宗教家，非受害者沒有資格表達原諒，「原諒是受害者家屬的權利」[10]。我個人的看法是，原諒加害人只能被當成是個人的選擇，而不能成為一個要求社會大眾、甚至受害者家屬的道德枷鎖。

總之，廢死論者想說服大眾接受廢除死刑，必須設法解決或消除這種情感上的困惑。

七、理性困惑四：死刑存廢不能由公投決定嗎？

在死刑存廢的爭議中，出現了以公投來決定的聲音，構成一個

（續）────────────

　　而非死刑的執行本身是「廉價慰藉」。

9　舉社會知名的例子：白曉燕案中的母親白冰冰、陸正案中的父親陸
　　晉德、何老師案中的父親何海新。而知名的網路作家朱學恆則發起
　　「關懷受害者家屬」的活動。換言之，群眾並不是表達要看到死刑
　　犯被處死的心理滿足，而是基於情同此心般地想表達對受害者家屬
　　的關懷。事實上，如果不是媒體的炒熱，社會大眾對於誰被執行死
　　刑了基本上是漠然的。傅柯在《規訓與懲罰》開頭描述的群眾的「嗜
　　血狂歡」，已是幾百年前的過往雲煙。

10　徐元春（資深媒體工作者）投書《蘋果日報》〈原諒是受害者家屬的
　　權利〉一文，表達這種觀點。他說：「沒有體會過白冰冰、陸正爸
　　爸以及其他受害者傷痛的一般社會大眾，沒有權利、也沒有資格以
　　假想情況大言奢談原諒兇手。」（3月18日論壇版）

爭議點。政大法律系廖元豪教授發表一篇〈人權要得到「社會共識」批准？〉的文章[11]，在網路上被廣為轉寄。這篇文章首先指出死刑的辯論在「廢除死刑不符合當前民意」與「人權仍要追求社會共識」的說法中逐漸淡化，繼而提出疑問：「人權」的議題真的要得到社會共識，才能決定嗎？多數人同意是人權的事務，就可以推動；多數人反對，人權就得讓位？「人權」這個制度、這種價值，保障的是主流、多數人的偏好嗎？接著雄辯滔滔地爭論「人權保障的主要對象，本來就是少數、弱勢群體」，作者舉了許多爭取人權的歷史實例，最後結論說：「長久來看，真正要落實人權，還是要穩紮穩打地改變社會觀念。如果不能說服社會多數接受，那人權的呼聲再高，大法官的解釋再進步，也未必能夠真正落實在社會中。但這絕不表示政府與人權倡議者只能默默等待社會改變，束手無策。相反地，多元積極的社會運動手段──學校教育、社會宣導、街頭運動、修改法令、司法訴訟、組織動員──必須不斷地致力於『改變』民心。」

　　我並不清楚這篇文章的主旨何在？也不清楚作者是否明確主張「死刑存廢不應該由公投決定」。文章大多數內容是「爭取弱勢者基本人權的歷史」，因此它的真正辯護的重點是「少數、弱勢者的人權不能投票決定」，但此論點若被直接拿來為「廢除死刑不需要社會共識」辯護，恐怕是錯用了。因為一來會立即引起質疑：準死刑犯和真正的弱勢者可以相提並論嗎[12]？二來受害者、受害者家屬

11　引用來源出於「元豪的憲法夢想論壇」http://mypaper.pchome.com.tw/liaobruce/post/1320772116最初刊於《天下雜誌》144期，標題作「廢死爭議，不能拿民意來搪塞」，並有刪節，但作者本人對雜誌編輯的作法不太以為然。

12　這篇文章被轉到一個筆者參與的 science-study email-list 討論群

和潛在受害者才是真正的少數、弱勢者吧？爲什麼潛在受害者的人權卻沒有被保障（因爲罪犯有再犯的風險）呢？三來文章結論是廢除死刑要透過各種教育、運動的手段來「改變民心」，這仍然是以「追求社會共識」爲目標。因此事實上，這篇文章最後的結論推出的是：要廢除死刑需要改變當前的主流民意，讓廢除死刑成爲社會共識。但問題是：社會共識如何呈現？這仍然預設「以公民投票（民意的直接呈現）來決定死刑存廢」。當然，可以確定作者反對「現在立即針對此議題作公民投票」，因爲現在「廢除死刑」不是社會共識。大家通常同意，對於像這種爭議需要廣泛、深入、長期、充分的討論，但這裏有一個迷思：何時才算是廣泛、深入、充分呢？是否等到民意都傾向自己的主張時，才算是廣泛、深入和充分呢？否則就不夠充分？

　　我必須說，該文內容本身當然是四平八穩的——因爲它實際辯護的是早已成爲「社會共識」的「弱勢者人權的保障」。但是死刑是一個特殊的情況，亦即在一個仍有死刑的民主國家中（先排除非民主國家中的政治犯），被判決死刑的人，多是因爲他們先以個人或集體的暴力剝奪他人的基本人權——生命權。

　　我個人認爲，死刑是當前台灣刑法上的現況，如果想立即改變現況，那麼訴諸於公民投票是正當的——而且應該設定一個2/3甚或3/4的高門檻。因爲如此才能真正反映社會共識，並使廢除死刑的理念真正落實生根在社會中——而不是製造社會的不安與衝突。當然這和「保障弱勢者的人權不能由公民投票來決定」的主張並不衝突。

（續）—————————————————————————————

　　時，立即引來另一位大學教授的斥責：死刑犯如何能與弱勢者相提並論？

八、死刑誤判的問題

　　死刑誤判的不可回復性，似乎是主張廢除死刑的一個強有力的
理由。不過，死刑誤判的問題和非死刑殺人犯因假釋出獄再度犯下
殺人罪的問題類似，都是司法實務所產生的問題。後者也是司法單
位的誤判：誤判殺人犯在獄中已經悔改，假釋出獄後不會再犯罪。
兩種誤判都會導致無辜者的生命被剝奪，因此都具有不可回復性，
而且在司法實務上，兩種誤判的風險也始終存在。然而，我們能夠
因為總是存在假釋誤判的可能性，而主張廢除假釋制度嗎？

　　人類使用種種工具來幫助達成各種目的，很多工具的使用總是
存在著因過失而導致他人死亡的風險，國家也會因為錯誤的政策或
錯誤的施政而導致無辜者的死亡，然而我們是否要因為這樣的風險
就禁止那些工具的使用，或者禁止國家積極地施政？如果不是，死
刑誤判的風險，就不是一個廢除死刑的有力理由。

　　既然死刑誤判是司法實務上的問題，也應該由司法實務上的設
計來解決，死刑涉及一個人的生命，因此法官對死刑的判決必定是
戒慎恐懼，只要有一絲懷疑，就不應該輕易地判處死刑。即使如此，
我們仍無法百分之百地肯定：絕對不會有誤判的可能性。一旦誤判，
人命關天，又該怎麼辦？我認為法律對於一般人民已有過失致死的
罪刑，因此如果真有事後發現誤判的情況發生，那麼參與此誤判案
件的所有警察、檢察官和法官，應該被課以「過失致死」的罪刑—
—如此也可以降低死刑被法官浮用的可能性。我反而非常納悶：為
什麼維持死刑的台灣居然沒有這樣的誤判刑責之法律？

九、最後的問題：死刑終究不可能廢除嗎？

我已經對廢除死刑提出了六個困惑，這代表我反對追求廢除死刑嗎？不然。我同意我們應該把廢除死刑當成一個長遠的目標來加以追求。清華大學中文系的祝平次教授向我指出：我們的確沒有決定性的理由來支持廢除死刑，但廢除死刑代表我們的一種價值的選擇。這個說法對我來說有相當的說服力。我們的確應該追求一個理想社會，並朝向理想社會的目標前進，沒有死刑應該是這個理想社會中的一部分。然而，重點是：此時此刻我們仍然距離這個目標很遠。

如果把廢除死刑當成是一個值得追求的長遠目標與理想，那麼應該採取的作法便不是透過投書宣稱「廢除死刑是國際潮流」、「大法官應該展現帶領台灣前進的智慧」[13]、組織遊說團體向法務部施壓、或者反對廢除死刑的公投等等。相反地，我認為廢除死刑有如下的前提條件：首先，在論述和理論上，回應對於廢除死刑的理性與情感困惑，並提出更恰當、更具說服力的理由；其次，在社會溝通上，與多數受害者家屬持續溝通並取得其同意，努力說服公民支持廢除死刑達到一定的共識程度(仍然需要公民投票來展現)；在國家政策與修法上，協助推動不得假釋的終生監禁之修法或立法；最後仍要等待(當然這不代表被動或不能有任何積極性的作為)整個社會狀態的客觀條件之達成：犯罪率持續降低、殘酷刑事案件長久不復出現。如此，廢除死刑的理想才能實現。

13　參看林欣怡(台灣廢除死刑推動聯盟執行長)的〈死刑存廢，看看國際潮流〉，《蘋果日報》2月27日論壇版。

　　引爆這波激情爭議的前法務部長王清峰，已於三月間因政治理
由而下台。繼任的曾勇夫部長在上任之後不久，接受媒體訪問指出：
廢除死刑是終極目標，沒有時間表，將以「減少死刑使用，強化被
害人保護」為近程努力目標，一年內將提案修法增訂「終身監禁不
得假釋」條文，而且不反對公投決定是否廢除死刑[14]。我想，我同
意他的政策立場與方向。

　　然而，如果國家要維持死刑，那麼現有杜絕死刑浮用和對於人
權保障的法律措施仍然不足：除了積極地提供死刑的另類選項（不得
假釋的終生監禁），以懲罰並防止非死刑罪的殺人犯再犯之外；國家
應該修法限縮死刑的對象到最小範圍並明列之，而不是完全歸諸於
法官的自由心證；也要制定死刑誤判的過失致死罪責之法律，以防
止司法人員因疏失、誤用、錯用或濫用法律工具而危害人權。

　　陳瑞麟，中正大學哲學系教授。專研科學哲學、自然哲學與科學
史、語言哲學。著有《科學與世界之間》、《邏輯與思考》、《科
學理論版本的結構與發展》、《科幻世界的哲學凝視》等書。目前
從事科學實驗與實踐的哲學分析和研究。

14　記者林恕暉、項程鎮報導，〈曾勇夫：執行死刑，不會拖到年底〉，
　　《自由時報》4月16日A4版。

為廢除死刑提供一種有限的證成

謝世民

　　許多人相信，就道德的層次而言，犯錯的人得到他們應得的痛苦（或不利），乃是正義的實現。故意傷害無辜、任意撕毀承諾的人應得的痛苦是什麼，大家也許會有爭議，但是，如果說有些他們得到的痛苦或不利是他們應得的，應該很少人會反對。我在這裡只能說很少人，而不是說沒有人會反對，因為，有些哲學家認為，只有自己能負責的事情才能作為應得的基礎，但是，如果任何事情的發生都是被決定的、因此都不是任何人能負責的，也就沒有任何利或不利是任何人應得的。果真如是，那麼，對這些哲學家而言，我們就不能說，犯錯者得到的痛苦是他們應得的痛苦。由於形上學上的決定論可能讓應得這個概念無所適用，因此，這些哲學家倡議，我們最好放棄將正義建立在應得之上的想法。不過，決定論是否真的威脅到責任概念、進而威脅到應得概念，僅止於哲學家之間的爭辯，對一般人的影響甚微，因此，以應得作為正義的判準，仍然是許多人無法放棄的觀念，因此也常被稱之為「庶民正義觀」。

　　對信仰庶民正義觀的人而言，有些痛苦和不利確實是犯錯的人應得的，但是，犯錯的人並不一定總是得到他們應得的痛苦或不利：正義的實現不是必然的，這是令人遺憾的事。為了解消這樣的遺憾，許多人寄望於國家，而許多國家在過去的很長一段時間裡（甚至有些

國家持續到現在)確實沒有太令這些人失望。

國家爲了使犯錯者得到他們所應得的痛苦，通常會將道德上錯誤的行爲入罪並對犯罪者施加懲罰。一般而言，只要懲罰不過當(即不超過犯錯者應得的痛苦)，庶民正義觀的信仰者都會認爲，國家這樣的措施相當合理、也可以說具有一定的正當性。對他們而言，國家應該追求正義的實現，也許有例外(追求正義的完全實現，有時候代價太高了)，但是，作爲一項政治道德原則，是我們可以接受的。當然，國家的懲罰有可能過當；是否過當，則要看(我們對之會有爭執的)犯錯者應得什麼樣的痛苦或不利。不過，一般而言，注重民意的國家對犯罪者的懲罰，基於現實的考量，通常會隨著主流社會對於應得的判斷而有所調整。

台灣社會的許多民眾因爲信仰「庶民正義觀」，目前傾向於認爲，有些行爲惡性重大，行爲者應得的痛苦或不利至少是他自身死亡，因此，政府以死刑懲罰這樣的罪犯，並無不合理之處。

庶民正義觀使得主張維持死刑的民眾，立場一致，超越了政黨、省籍、性別、年齡、教育程度、職業、宗教和其它眾多的範疇，凝聚出許多其它共同的看法[1]。

例如，對他們而言，惡徒的罪行令人髮指，死有餘辜，讓惡徒活著由我們供養，不啻社會公然背棄了最基本的公平正義，若對他們寬恕，更是對不起受害者及其家屬。對接受庶民正義觀的人而言，殺人償命是天道天理，而廢除死刑等於縱容惡徒、鼓勵犯罪、漠視受害人家屬的傷痛，因此他們很難想像爲什麼有人會主張廢除死刑，除非說這些人根本就是邪惡、缺乏同理心、冷血、故作清高之輩，或者頭腦糊塗了，誤把惡徒的人權置於受害人及其家屬的人權

1　以下四段文字曾在中國時報(2010年3月14日論壇版)發表。

之上。

　　至於說生命的神聖性，對這些主張維持死刑的民眾而言，也不構成反對廢除死刑的障礙，因為他們認為，萬惡不赦的匪徒在為惡之時，其實便已經放棄了「被他人以人相待」的權利，或者已經不承認生命具有不可侵犯的神聖性了，因此也無權要求他人尊重其生命的神聖性。他們甚至認為，當這些匪徒犯下罪無可赦的惡行時，便永遠失去人的道德地位了。（可是，一旦失去了道德地位，這些匪徒還必須為他們之前的惡性負責嗎？）

　　對於廢除論者所指出的，誤判錯殺無辜的可能性，這些死刑維持論者則會強調，誤判機率是抽象的，但在許多案例裡，加害者是具體而確定的，改善之道在於不斷精進檢調司法體系查案和審判的品質，而不是因噎廢食、廢除死刑。他們甚至可能還會痛苦地指出，誤判錯殺的機率和風險，作為實現正義的代價，只要能降得夠低、而且不是源於檢警司法機關對於特定族群的歧視，那麼由全體人民承擔，並非不公平，而萬一在最嚴格的司法程序下還有無辜者被誤判錯殺了，那就像一個人遇上殞石或遭到雷擊一樣，最後只能怪自己的運氣欠佳了。維持論者之所以不認為誤判錯殺的可能性構成問題，正是因為這種素樸的庶民正義觀在起著作用：寧可錯殺萬一（當然令人遺憾），也不可放過罪該萬死的眾多惡徒。

　　基於這種庶民正義觀，維持論者通常不會覺得自己的心中是有仇恨的，反而會覺得自己只是堅持正義而已，因此不會覺得自己反對廢除死刑是野蠻的。死刑的存在是否有助於降低犯罪率、廢除死刑是否是國際潮流，往往也不是他們主要的關切點。對他們而言，這樣的庶民正義觀已經是維持死刑的充分理據了。

　　雖然如此，許多主張維持死刑論者，通常還是會把死刑的嚇阻作用提出來，作為另外一項理據：對他們而言，死刑（比起終身監禁）

可以更有效地降低無辜人民被殺害的人數和風險。更明確地說，維持論者提醒大家，國家除了應該追求正義的實現之外，還應該保護人民的生命，而如果死刑可以降低無辜人民被殺害的人數，如果降低的人數，總體而言，甚至高於被處死的罪犯人數（例如處決一個被判死刑的罪犯人可以減少一件以上的謀殺案發生，不論被判死刑者是否無辜），那麼，國家基於保護人民的生命之責任，當然應該維持死刑。不同於庶民正義觀的理據是必然性的、不依賴應得之外的任何考慮，這種建立在嚇阻作用的理據是偶然性的、依賴在死刑的實際效果上：當有一天被國家處死的無辜者多於因死刑而降低的謀殺案件時，這項理據便失去了力道。不過，對維持論者而言，死刑的嚇阻作用是自明的，因為幾乎所有的死刑犯（如果有選擇的話）幾乎都會偏好終身監禁，而非死刑；國家應該盡力而為的，是降低誤判的案件（增加死刑的嚇阻效用），而非廢除死刑（當然，如果我們的國家過於無能、是個失敗國家，被證明缺乏降低誤判的檢警司法資源，那是例外，可以另當別論）。這種理據，我稱之為「嚇阻命題」。

　　庶民正義觀以及嚇阻命題是死刑維持論者的兩大理據。如果庶民正義觀成立，那麼，廢除死刑就等於不去殺害犯下任何惡性重大罪行的人：對庶民正義觀的信仰者而言，由於這些人應得的痛苦或不利是死亡，廢除死刑等於政府不去給予這些人他們應得的痛苦或不利，沒有盡到實現正義的責任；而如果嚇阻命題成立，廢除死刑就等於政府沒有盡最大努力去保護較多無辜人民的生命、等於選擇了保護較少人的生命。質言之，如果庶民正義觀和嚇阻命題都成立，維持死刑制度似乎是理所當然的。

　　面對這兩大理據，我們如何可能證成死刑制度的廢除呢？在提出我所謂的「有限的證成」之前，讓我先駁斥一下那些我自己並不贊成的辯護方式。

　　第一是去指控主張維持死刑的一般民眾感情用事，過於激情，對死刑存廢沒有冷靜下來思考。由於我認為庶民正義觀和嚇阻命題是許多人理性思考後的結論，因此，或許我們可以論證說這樣的理據有什麼瑕疵，但我們很難說，以庶民正義觀和嚇阻命題為理據而主張維持死刑的人，感情用事、激情不理性。

　　第二，許多廢除論者樂於指出，嚇阻效果本身並非維持死刑的充分理由，否則我們就應該採行「酷刑處死」的制度，因為就嚇阻效果而言，如果死刑具有嚇阻效果，那麼，酷刑處死的嚇阻效果應該會更大；另外，如果嚇阻效果構成充分理由，那麼，為了降低「酒駕肇事殺人」案件，死刑也應該可以用來懲罰酒醉駕駛人。我認為這樣的辯護，就力道而言，有不足之處，因為廢除論者在這裡假設說，維持論者應該也不會接受嚇阻效果更大的「酷刑處死」，不過，我們知道，著名的維持論者 Earnest van den Haag 公開表示自己並不排除那樣的方案，前提是嚇阻效果真的更大：如果「酷刑處死」的嚇阻效果真的遠高於目前的「人道處死」，那麼他說他願意克服心中對於「酷刑」強烈的反感，同意政府採行酷刑處死的措施，因為他認為，無辜受害者的生命相較於罪大惡極殺人犯的生命而言，更為重要。由於維持論者不一定反對「酷刑處死」，因此，廢除論者這時候往往轉向，試圖以經驗調查研究去證明，死刑（相較於終身監禁而言）其實並沒有較大的嚇阻效果。不過，這個轉向犯了轉移焦點的謬誤，因為關鍵點在於，廢除論者必須能夠辯護說，即使維持死刑確實有較大的嚇阻效果，我們仍然應該廢除死刑。

　　接下來，讓我說明我的「有限證成」是什麼意思。一言以蔽之，我在這裡並無意主張說，在全盤考慮下，廢除死刑是可被證成的。我的目標是去說明：在庶民正義觀和嚇阻命題的挑戰下，廢除死刑是如何可能被證成的？我並不排除說，在其它一些我還沒有想到的

挑戰下，廢除死刑是無法被證成的。針對任何一套社會制度存廢的
證成問題，我接受下面這項原則：一套制度的維持（或廢除），僅當
足以質疑其正當性或道德性的考慮被提了出來之時，才是有待證成
的或需要被證成的。但一旦認知到這些考慮的存在，則我們的證成
乃是有限的，因為我們僅針對這些考慮而來的質疑提供了證成，但
尚未針對其它我們還沒有認知到的考慮所引發的質疑提供證成。以
有限證成為目標，我們通常採取兩種方式來回應質疑，提供證成：
第一，去說明為什麼這些考慮因為某些條件的存在或出現，並**不構
成質疑其正當性或道德性的理由**；第二，去說明為什麼雖然這些考
慮的確構成質疑的理由，但卻被正面的理由所凌駕了[2]。

　　準此，我接下來企圖做的是去說明：第一，庶民正義觀並不構
成質疑廢除死刑的理由；第二，嚇阻命題（如果成立）構成一項質疑
廢除死刑的理由，但是，這項理由卻被更強的理由所凌駕了。

　　以下先從回應嚇阻命題的質疑開始。我必須回答的問題是：為
什麼當維持死刑有較大的嚇阻效果時，政府仍然應該廢除死刑呢？

　　首先，我們必須注意一個區別：維持死刑不是殺死一個罪大惡
極的歹徒而已。根據廢除論的大將Stephen Nathanson的分析，死刑
這種制度，授權檢察官針對某些殺人犯求處死刑，授權法官針對某
些請求裁決死刑，授權典獄官去執行死刑。支持死刑，不是支持處
死某個特定的（我們已經知道罪大惡極的）殺人犯而已，而是去授權
許多人（他們的認知能力、動機和態度對我們而言是不清楚的）去求
處、判決和執行死刑。這些人的判斷（某人應得死刑）很可能是我們

2　關於「有限的證成」之觀念，引自Mitchell N. Berman, "Punishment and
　　Justification," *Ethics* 118（January 2008）: 258-290. 他的詳細說明出現
　　在262-265。

並不同意的，但支持死刑就是去支持這些人依據我們或許並不同意的判斷去殺人。如果我們知道我們的司法體系是不可靠的（甚至是不公平的），那麼，我們還支持他們基於我們不同意的判斷去殺人、去殺無辜的人，相當令人難以置信。我們可以相信某些殺人犯該死，但是仍然反對死刑制度，因為在死刑制度下，有些無辜的人會被處死[3]。

在明知死刑會誤判而殺害無辜人民時，即使嚇阻命題成立，以嚇阻效用為理由去維持死刑，政府等於以處死罪犯和無辜人民為手段，來減少其他無辜人民被殺害的案件。這違反了康德「人是目的」原則。相較之下，廢除死刑並不等於以無辜人民被他人殺害為手段來保護其它無辜人不被法院誤判死刑，因為這樣的因果關係並不存在：廢除死刑本身就是保護每一個人免於受法院誤判死刑，不論是否會有較多的其他無辜人會被他人殺害。更簡單地說，我們雖然不能否認，維持死刑和廢除死刑都是政府有意的政策，兩者都涉及了政府有意地讓某些無辜的人被殺害，但只有其一種做法（維持死刑）是以殺害無辜的人為手段。就基本的政治道德而言，政府不僅應該保護生命而已（因此，保護越多生命越好），更重要的是，政府必須先要尊重每一個生命的主人；而要恰當地尊重每一個生命的主人，政府不可以把任何人的生死僅僅做為保護更多生命的手段。因此，即使嚇阻命題成立，政府仍然應該廢除死刑。

接下來，讓我們面對庶民正義觀的質疑。許多民眾相信，廢除死刑，國家等於不讓應得死亡者得到死亡，也就是背離了其恪盡實

3　Stephen Nathanson, "Why We Should Put the Death Penalty to Rest," in *Contemporary Debates in Applied Ethics*, eds., Andrew I. Cohen and Christopher Heath Wellman（Blackwell Publishing, 2005）, pp. 135-36.

現正義的責任，因此不具正當性。我在本文的開頭就說過，庶民正義觀的核心思想是以應得爲正義的判準。我同意庶民正義觀的信仰者，認爲國家有實現正義的責任，但是，我不認爲，「以應得爲正義的判準」是我們在衡量國家是否恪盡實現正義之責任時能夠訴諸的正義觀：簡言之，背離了「以應得爲本」的正義，並不構成一項質疑國家廢除死刑的理由。

當然，庶民正義觀的信仰者大概很難立即接受我這項論點。不過，我這項論點的依據主要來自羅爾斯晚年所提倡的公共理性觀[4]。因此，透過說明羅爾斯的公共理性觀，也許可以讓庶民正義觀的信仰者看到，即使庶民正義觀是對的，國家爲什麼仍然可以正當地廢除死刑。這裡的重點是：即使庶民正義觀是對的，我們也不能以之作爲論證維持死刑的理據，因爲那有違憲政民主社會的公共理性。

首先，讓我再次強調，我從不認爲，介入死刑存廢爭議的任何一方是不理性的。在前法務部長王清峰因堅持廢死立場去職後，一般民眾對此事的反應相當激烈，不過都一致強調說，大家應該「理性地」去討論死刑存廢。爭議各方對於「理性」的強調，是我借助羅爾斯來證成廢除死刑的關鍵。

讓我們以一個簡單的問題作爲起點：死刑存廢的討論要如何進行才算依循「理性」或合乎「理性」？這個問題鮮少受到倡議理性討論者的注意。不過，我相信，各界之所以鼓吹「理性」討論，應該是因爲大家相信，「理性」討論有助於各方理解對方的主張，進而達成一致的立場，或者(萬一無法形成一致的立場)至少可以讓涉入爭議的各方縮小彼此的差距，找到可以被對方接受(雖不滿意)的各種修正方案，並最終由民主程序來決定實施何種方案。

4　John Rawls, *Political Liberalism* (Columbia University Press, 1996).

　　然而，針對死刑的存廢，「理性」討論真的會有這種效果嗎？或者換個方式問：假設「理性」討論會有這種效果，那麼，「理性」討論必須是什麼樣的一種討論方式才會有這種效果呢？

　　我們都知道，任何討論都必須有前提，前提往往也會左右結論的方向，而沒有結論的討論通常是因為各方對於如何解決爭議的前提有異見。因此，理性討論若要有助於死刑存廢爭議之解決，它不能僅僅涵蓋一般的程序理性（如，尊重經驗事實、使用科學方法、講究邏輯推理、發言時間相等），更重要的是，它至少還必須要求各方以合乎「實質理性」的前提作為出發點，而且這裡的實質理性一定不可以是任何組織團體（例如，教會、廢死聯盟、犯罪被害人家屬保護協會）的理性、也不可以是涉入爭議中任何一方立基於某一套全面性的倫理學說、宗教教義或世界觀之上的理性：它必須是政治自由主義者羅爾斯所稱的「公共理性」，否則再多的討論恐怕都無法找到各方皆可合理接受的方案。

　　「理性」這個詞有許多意思。根據羅爾斯，其中一項核心的意思是說，一個組織團體的（實質）理性，就是這個組織團體形成目標、擬定其目標的優先次序、並據以做出決定的方式：換言之，一個組織團體在設定目標、擬定其目標的優先次序、允許什麼人透過什麼程序去參與相干的決定時，它可以訴諸的價值或原則、以及在詮釋和明確化這些價值和原則所必須謹守的各項誡命，構成了這個組織團體的理性。

　　在這個意思上，不同的組織團體（由於存在或成立的宗旨有別、集體決定的正當性條件有異之故）有不同的理性。根據羅爾斯的分析，憲政民主社會的理性，不同於任何其它組織團體的理性，其中關鍵的差別在於，憲政民主社會，在處理憲法基本要素的爭議和基本正義問題時，只能訴諸政治性的價值和原則作為解決的基礎：這

意思是說，任何依賴全面性的宗教教義、倫理學說或世界觀才能成立的價值或原則，在憲法基本要素和基本正義問題之討論上，是不相干的理據。羅爾斯將憲政民主社會的理性稱之爲「公共理性」。

當然，羅爾斯對於憲政民主社會的理性所提出的這些命題，並非「理性」的定義，而是實質的主張，背後有其嚴謹的（雖然也受到不少質疑的）論據。不過，就死刑存廢的爭議而言，由於死刑涉及了是否抵觸我國憲法保障的生存權之爭議，我傾向於認爲羅爾斯的公共理性觀確實是我們有理由接受的起點；至少，我們可以把羅爾斯的公共理性觀當作一個暫時的起點，去檢視自己在死刑存廢的爭議中是否訴諸了背離公共理性的價值和原則，而如果有，自己是否提得出他人可以合理接受的理據，這些理據同時又能夠說明爲什麼這些價值和原則在死刑存廢的爭議中是相干的、是不能不被考慮的。以羅爾斯的公共理性觀爲暫時的起點，我們等於把爭議提高了一個層次，雖然這並沒有保證大家的立場最後會趨於一致，但應該有助於理性討論的進行，至少有助於我們釐清自己所謂的「理性討論」所指爲何、爲什麼自己堅持各方應該「理性地」去討論死刑的存廢。

如果羅爾斯的公共理性觀是個我們暫時可以接受的起點，那麼，目前許多社會知名人士動輒以「殺人償命」（或更準確地說，「惡性殺人者必須償命」）作爲討論死刑存廢之前提，恐就有偏離公共理性之嫌，因爲「殺人償命」並不是一項可以獨立於全面性的宗教教義、倫理學說或世界觀而成立的價值或原則，不論這些宗教是庶民的或是菁英的、不論這些倫理學說和世界觀是東方的或是西方的，皆不能改變其本質。

我的意思不是說「殺人償命」原則不成立，而是說「殺人償命」原則不屬於公共理性：我們（不論是公民、立法委員或是大法官）不能以「殺人償命」原則來限定憲法所保障的生命權。

　　值得指出的是，許多人認為，應得原則屬於公共理性：他們相信，政治行動應該有助於每個人得到他們應得的東西，也就是說，政治行動應該有助於正義的實現。我對此一抽象的說法並不排斥，不過，如果此一說法成立，那麼，我們有理由接受的應得判準（決定誰應得什麼之依據），必須是那些獨立任何特定的全面性宗教教義、倫理學說或世界觀也能夠成立的判準。更重要的是，我們必須注意，從應得原則，我們推導不出「殺人償命」原則，而一旦缺了「殺人償命」原則，以應得原則為前提，我們推不出「政府應該維持死刑制度」的結論。

　　事實上，從應得原則出發，我們能推出的結論很少，因為應得原則其實是一項形式原則。雖然刑法哲學中應報論（retributivism）對於罪與罰（刑罰制度）的說明（或證成、正當化），基本上是建立在應得原則之上的，但對於具體犯罪行為的量刑，應得原則能夠提供的其實相當有限。根據應報論，就罪與罰而言，懲罰是犯錯者應得之物，但不是無辜者應得之物，無辜者應得之物，是無罪的判決。犯錯者判有罪，無辜者判無罪，這是應報論的理想，也是應報論最具有吸引力之處。但是，這個理想本身並沒有告訴我們什麼罪應得什麼懲罰。同樣重要的是，除了不夠明確之外，應報論本身還有其它問題。例如，為了盡量要讓犯錯者得到他們應得的懲罰，我們可能必須調整司法程序而讓某些無辜者也受到懲罰。相反地，為了盡量讓無辜者不會被誤懲，我們可能必須調整司法程序而讓某些犯錯者免於受到懲罰。換言之，「懲罰犯錯者」與「開釋無辜者」之間並非永遠沒有衝突，而是在制度設計中有待權衡取捨的兩項目標，但面對權衡取捨的問題，不論我們接受「應得原則」作為一項政治原則的理由是什麼，應得原則或應報觀念本身似乎沒有資源去提出解決之道。

　　嚴格說，應得原則是一項形式原則：從應得原則我們推導不出殺人償命原則。不幸地，以應得原則加上殺人償命原則爲前提的庶民正義觀，雖然不屬於公共理性，卻主宰了許多人在死刑存廢爭議中的思維。

　　指出殺人償命原則不屬於公共理性，是否會鬆動維持論者的思維呢？也許會，但由於殺人償命是個根深蒂固的觀念，我個人相當悲觀：除非大家看到了這種素樸的、庶民的正義觀其實還有一個漏洞，那就是：當一個惡徒已經就擒、無法再傷害他人時，我們從他是罪無可赦、死有餘辜的一個人（因此若遭天打雷劈，我們可以額手稱慶），推論不出任何人有權利可以殺害他。即使這個人因爲作惡多端而永遠失去了人的道德地位（但這是非常可疑的命題），我們也推論不出任何人有權利可以殺害他：我們沒有權利去殺害一隻對我們已經沒有威脅的老虎或獅子，不是嗎？我們誠然有權利出於自衛而殺害攻擊我們的惡徒，但是這樣的權利並不蘊含我們也有權利去殺害沒有能力攻擊我們的惡徒。如果我們沒有這樣的權利，那麼，去殺害已經就擒的惡徒就是爲惡。如果我們沒有這樣的權利，那麼國家也沒有。除了無法看到殺人償命原則不屬於公共理性之外，忽視這個推理上的漏洞很可能是堅持維持死刑者的另一個盲點。

謝世民，中正大學哲學系教授。

死刑：人類之罪

陳祥波

　　一切社會建立在兩根支柱之上：生命和死亡。生命提供了社會存在的基礎、決定了社會的基本結構，死亡卻塑造了社會的精神；如果說生命是社會的肉身，死亡則是其靈魂。生與死固然命定，但在死的態度和方式上，人能夠表現出更多的主體性。就此意義而言，生命是自然現象，死亡是文化現象。死亡意識，即對死亡的反觀，人的主體性於此萌發，也於此展示出最深刻最崇高的內涵。生命意識根源於死亡意識，死亡意識是以逆向的方式對生命的審視。一個社會的死亡意識的深度，標示出其文明的高度，它在多大程度上衡量出死亡所蘊含的意義和價值，就在多大程度上建構起生命的意義和價值。這是一切倫理、道德和價值秩序的基礎。

　　人終有一死，這是個體生命的命定法則，無可選擇。而且死亡的客觀形式是唯一的，在外觀呈現上，它以冰冷的物質形式擊碎了所有的價值和意義，最後只剩下虛無。但是在死亡的主觀形式即面對死亡的態度和方式上，人卻有主體性選擇的自由，人類的死亡得以呈現爲不同的價值形式。由此，我們才能夠劃分出不同的死亡類型，物質的肉體機能的終止現象才可以被判定爲正義或非正義。一般社會認定的死亡的正義性，是指死亡的方式符合社會的集體價值規範、與社會的集體情感相吻合、對社會的共同體建構發生積極的

效應。我所界定的死亡的正義性與此有別。在我看來，出於自然規律和人的自由意志的死亡行爲才具有正義性。這種區別的關鍵在於，我強調的是人的主體性的自由意志在死亡行爲上的精神彰顯，即死亡的價值建構的主體性原則，並不考量客觀的社會效應。這種主體性原則的理由在於，既然死亡的客觀形式是唯一的毫無區別，劃分不同死亡類型的根據全在於人的主觀精神所賦予它的價值形式，所以最能夠體現人的主體性的死亡正義性界定，才是符合邏輯的。

　　因此我認爲，正義死亡的類型有二：一是自然死亡，包括壽盡、病亡、意外事故。它決定於自然規律，宗教人士或可以把它稱爲上帝的意志；二是自殺，包括積極自殺和消極自殺，前者是爲了實現某種價值，具有利他的性質，後者是因爲尋找不到某種價值，具有利己的性質。自殺取決於人的自由意志。自然的一條定律是，物種無一例外都具有保存和繁衍自己的本能，生命的根本意志是求生而不是死亡。在生物世界，存在個體生命自我毀滅的現象，但是這種自殺式行爲是物種保存和繁衍本能的一個結構部分。只有在人類世界，由於具有反觀能力的精神和意識，使得人類具有出於自由意志的自殺行爲。由於人類個體的精神和意識的複雜性，別人很難判斷其自殺意志的確定性，所以自殺行爲只能由個體在完全自由的狀態下自主完成。只有一種情況例外，那就是個體喪失行爲能力，在意識清晰的狀態下出於十分明確的自由意志，表達出確定的求死意志，社會就有神聖的責任和義務按照嚴格的程式和方式，幫助這個人完成自殺行爲，以維護人性的尊嚴。還有一種特殊的情況，就是沒有自由意志的生命個體，由於他們不能表達自己的生命意志，我們絕不能妄自揣度，我們只能根據其生命現象的自我保存本能判定爲生的選擇。所以當無自由意志之人無法表達自己的選擇時，其他

人無權剝奪其生命。

非正義死亡只有一種：違背人的自由意志，人爲的生命剝奪。

這裡所劃分的死亡的正義與非正義類型，與社會的一般界定構成衝突主要在於兩個命題：消極自殺的正義性與死刑的正義性。關於前一個命題，在人類的文明史上，所有社會均不加辨析地視自殺爲一種非正義死亡，但其實只是在否定消極自殺，因爲它意味的是其成員藉自殺對社會集體價值的否定和反抗，對社會集體價值和社會集體情感造成了傷害，對社會共同體有解構的消極效應。同一枚錢幣的另一面是，所有社會均不約而同地鼓勵積極自殺，冠以獻身和犧牲的名義。但在我看來，人無法選擇自己的出生，但有權選擇自己的死亡，這是人的主體性表現的最高形式，是人性尊嚴的彰顯。一個人如果無法找到生活的意義，不堪某個社會共同體對他的客觀的或主觀的壓迫，或是不堪忍受極度的生理病痛的折磨，生存意味著痛苦和屈辱，他就有權利結束這種沒有人性尊嚴的生命，即使在客觀上構成了對社會集體價值的反抗，對社會集體情感造成了傷害，在生命尊嚴面前也是一種可以原諒的自利行爲。

另一個命題是死刑的正義性。死刑是社會公共權力在某種社會公共原則下對人的生命剝奪。死刑有兩個維度：一是個體生命之間的人性維度，一是社會共同體與社會成員之間的權力維度。第一個維度是因爲發生了社會成員之間的謀殺行爲，由社會指定的某種公共機構來剝奪兇手的生命以對這種謀殺行爲進行懲罰。在這一個維度上，我們可以很清晰地看到古老的血仇行爲演變爲社會組織下的死刑制度的軌跡，由人類學和歷史學的研究勾畫出來。血仇的基本原則是價值對等的代償報復，它的依據來自人的直觀性的平等的道德情感，於此，猶太人的格言是「以眼還眼以牙還牙」，中國式的表達是「欠債還錢殺人償命」。大量的人類學研究資料顯示，原始

社會的血仇關係的責任單位是以血緣關係爲基礎的家族或部族，不僅受害者家屬或部族成員視之爲神聖的責任和使命，即該地區整個的人類群體亦視之爲正義的事業，只有當價值對等的報復行爲（很多原始社會可以用財產代償）完成，社會緊張才能得到緩解，社會正義得到重申，社會集體價值得到修復，人們重獲和平。血仇行爲最重要的原則是價值對等，因爲與價值對等對應的是平等的道德情感，這是血仇行爲正義性的基礎，否則會導致報復行爲的惡性循環，破壞社會結構的穩定。

　　這種血仇行爲體現出來的直觀性的平等的道德情感，一直延續到較爲複雜的社會形態中，所以在複雜的社會形態中，不僅在民間存在普遍的原始形態的血仇行爲，而且還演化出一種新的形式：死刑。這種類型的死刑，實際上是社會公共權力代爲執行社會成員之間的血仇報復，延續的仍然是人性中的直觀性的平等的道德情感所決定的價值對等的代償原則，這也仍然是我們現代社會的死刑制度的基本立法精神和具體量刑的基本依據。這個人性維度的死刑懲處的對象是謀殺，我稱之爲血仇死刑。

　　當社會組織突破血緣關係，而以地域、文化、信仰或政治爲基礎形成的時候，制度形態的公共權力的出現就是不可避免的了。權力的一個根本特性是權力的不容分享，對社會成員的生命剝奪是一種重要的權力，一個社會的公共權力當然不能容許這種權力被私人佔有，死刑正是這種權力被公共權力獨佔的結果。這就產生了死刑的第二個維度：社會共同體與社會成員之間的權力維度。這個維度的死刑，分爲兩個範疇：一是社會公共權力對社會集體價值的破壞者的生命剝奪；二是統治權力對異己者的肉體消滅。第一個範疇的死刑，我稱之爲公共死刑，隨著社會建構範圍的擴展，公共死刑適用的領域也在延伸，到今天地球村的時代，已經有了適用於整個人

類社會的公共死刑罪名（如破壞和平罪、戰爭罪和反人道罪）。

第二個範疇的死刑，即統治權力對異己者的肉體消滅，我稱之為權力死刑。當社會的公共權力被部分人或某些集團竊有，社會分裂為統治階層和被統治階層的時候，死刑的正義性蛻變為一種表面的社會正義，實際上淪為統治權力的意志。由於社會集體價值在實踐中很難界定，而且它本身又在不斷變遷，所以它往往成為統治權力意志的偽裝，這個時候，我們就很難劃分上述兩個範疇的邊界，很難分清哪一種是體現了社會公共意志的公共死刑，哪一種是體現了統治權力意志的權力死刑。著名的案例如蘇格拉底、耶穌、布魯諾之死。這種混亂的原因，在於社會對死刑的正義性的界定不僅是錯誤的而且是無效的，究其根本，在於社會對死亡的正義性的界定錯誤而無效。如前所述，一般社會對死亡的正義性定義的依據是社會效應，這種社會效應和社會集體價值、社會集體情感、社會共同體一樣都是難以界定的，在實踐中實際上不具有可操作性，這就給統治權力留下了幾乎無限的遊戲空間。

但是若按照主體性原則界定死亡的正義性，這一切的混亂立時變得清澈而透明：凡是違背人的自由意志對生命的人為剝奪都是非正義的，不論這種剝奪行為是來自人類個體，還是來自人類的公共意志。死亡的價值是由人的主體性所賦予的，這種非正義死亡的界定正是合符邏輯地最大程度地彰顯了人的主體性，人性的高貴和尊嚴由此得以超越人類陰暗的欲望和紛爭，岸然矗立於人間大地。

因此我認為，那種由社會公共權力在某種社會公共原則下對人的生命剝奪，由於違背了人的自由意志，是非正義的。死刑是非正義的。它以暴制暴，兇手實施第一次謀殺，它完成第二次謀殺；它張揚著社會正義的旗幟，卻成為權力迫害的工具；它完全漠視人的自由意志，物化主體性的人；它扭曲死亡的價值，把人類對死亡的

意義和價值的思考貶低到極為低級和野蠻的水準。人類社會以文明
的名義設置這樣一種制度，是對人的侮辱和輕蔑。所以死刑不僅是
非正義的，而且是人類之罪。

一般觀點認為死刑之所以是必要的，是因為它具有最強度的震
懾犯罪行為、遏制犯罪傾向規訓社會成員的社會效應。這種觀點完
全是沒有根據的，相反，在我看來所有的刑罰設置中，死刑的社會
效應恰恰是最低的。之所以一般人錯誤地認為死刑具有最強程度的
社會效應，是因為他們把社會懲罰的效應原理建立在客觀性的基礎
上，而沒有認識到懲罰的效應原理的真實基礎是主觀性，即人的主
體性。

懲罰效應分兩個維度：一是受罰主體的效應維度，指懲罰對受
罰人產生的懲戒效應。二是觀罰主體的效應維度，指懲罰的實施對
非當事人的社會成員產生的懲戒效應。在兩個維度上，主體性原則
同樣是懲罰效應原理的根本原則。懲罰效應原理有兩條基本定律：
一、懲罰效應的強度並不與懲罰力度一直正相關，相反，懲罰力度
到達一定程度，懲罰效應呈負相關的遞減趨勢。人的生理和心理感
應都存在邊際效應規律，疼痛、疲勞、痛苦、恐懼、羞恥這些人類
感受，都具有時效性，反覆刺激感受就會麻木。所以任何一種懲罰，
如果多次反覆使用，都會在生理和心理上失效，即使增加力度，也
只不過暫時延長其效應。這一定律同樣適用於觀罰者的效應維度，
關於這一點，貝卡利亞論述道：「人的心靈就像液體一樣，總是順
應著它周圍的事物，隨著刑場變得日益殘酷，這些心靈也變得麻木
不仁了。生機勃勃的欲望力量使得輪刑在經歷了百年殘酷之後，其
威懾力量只相當於從前的監禁。」(《論犯罪與刑罰》，2008，頁62，
63)這從一個方面解釋了人類犯罪的慣性現象(當然，我要著重指出
的是，慣性犯罪的根本原因在社會因素)。但是我並不否定懲罰制度

或者刑罰制度的量化層級建構的合理性，只是我認為與其說這種量化層級對應的是效應強度，還不如說它表達了社會對過錯行為的性質和程度的一種判定態度，它建立的是一種規訓社會成員的價值範式。

　　上面的觀點似乎會導致一個結論：懲罰制度及刑罰制度根本上是無效的。但是還有第二條定律：容許人改過自新的懲罰是最有力的懲罰。容許人改過自新指的是一種矯正機制：根據受罰人的認錯態度和改過行為來調整懲罰的層級和力度，甚至免於懲罰或再次懲罰。現代刑法中普遍設置的減刑制度即是一種形式的矯正機制。懲罰制度的精神，是通過對破壞社會集體價值、傷害社會集體情感、解構社會共同體的行為的懲處，來規訓社會成員的行為價值規範，減少潛在的同類行為傾向，達到維護社會的存在與穩定的目的。懲罰制度的合理性除了取決於其正義性之外，完全取決於這種社會效應，「懲罰應該是一種製造效果的藝術」（傅柯：《規訓與懲罰》，2007，頁103）。如果一種懲罰只是對過錯行為本身的消極懲罰，而不具有對社會的積極建構作用，那就是以錯糾錯以暴制暴，就是以社會公意的方式施行的暴力行為，它對社會的危害遠甚於它所懲戒的對象。

　　懲罰效應的強度並不基於客觀的懲罰力度，而是基於主觀的人的主體性，刑罰應該是一種「易感觸的力量」（貝卡利亞書第7頁）。一聲呵斥一絲慍色可以使人產生莫大的羞恥和自責，剝皮抽筋五馬分屍卻可能使人麻木不仁滿懷仇恨。懲罰的力量並非來自施行懲罰本身，而是來自免於懲罰的希望。民不畏死，奈何以死懼之。死亡本身並不是最大的恐懼，懷有生之希望的死亡才是最大的恐懼。所以在刑罰中預置矯正機制，就是容許人有改過自新的機會和希望，凸顯刑罰對社會的積極建構作用，使其他社會成員感受到真切的勸

誡效果。這樣的刑罰，從受罰主體和觀罰主體兩個方面，都顯示出強大的懲戒力量。

以上述兩條定律來衡量，死刑無疑是世界上最糟糕的刑罰設置。近代以來，人們開始糾正在這個問題上的錯誤，逐步減少死刑的肉體痛苦，但是直到今天，全球至少還有半數的社會沒有徹底廢除這種非正義、無效的制度。之所以如此，是因爲人類社會和文明的建構基礎是直觀性的情感，而非邏輯和理性。死刑存於至今被賦予合法性的最深層根據，仍然基於人的直觀性的平等的道德情感。如果有人認爲通過嚴密的邏輯論證，訴諸於人們的理性，就能夠說服人們改變他們的情感，那就太天真了。對此我寧願保持一種清醒的悲觀。在我看來，只有當我們對死刑的理性認識逐漸滲透到情感結構中去，任何違背人的自由意志人爲剝奪生命的行爲都足以引起人們油然而生的憎惡，死刑——這種人類的罪惡——才能從我們的文明中徹底清除。

陳祥波，現於湖北民族學院文學與傳媒學院任教，主講外國文學及比較文學。近著《資本主義的終結》一書。

思想評論

發展、進步與日常：
以賈樟柯《三峽好人》爲例

鍾秀梅、胡蘊玉

一、功在千秋？業在當代！

　　中國第六代導演賈樟柯[1]曾獲得2007年威尼斯影展金獅獎的作品《三峽好人》，2006年底在中國武漢上映時，所得票房僅2400多元（人民幣）[2]。而同一時間上映的張藝謀《滿城盡帶黃金甲》首映當天票房則打破1500萬元。賈樟柯曾在受訪時表示：「我很好奇，想看在這樣一個崇拜『黃金』的時代，有誰還關心『好人』」[3]，然面

1　賈樟柯，獨立電影導演，山西汾陽人，1970年生。代表作品有：小武(1997)、站台(2000)、任逍遙(2002)、世界(2004)、三峽好人(2006)等。

2　據《武漢晚報》2006年12月20日報導：「《三峽好人》於8日開始在我市部分影院點映，該報『電影陪審團』看片之後表示，這是一部關注現實的電影，88.9%的觀眾覺得影片裡真實的生活故事很能打動人，但在萬達影城，《三峽好人》的總票房僅2400多元，觀眾人次僅112人。所以在《黃金甲》上映第二天，該片不得不從排片表上撤下來。」

3　轉引自《新京報》2006年12月6日報導：「《三峽好人》北大首映 反響熱烈 賈樟柯兩度落淚。」

對不爭氣的首映票房，也坦承「這就是《三峽好人》爲中國藝術電影的一次(票房)殉情的安排。」[4]言下之意，賈樟柯對於第五代導演在2000年後投身爲城市人與全球市場打造的「好萊塢大片」，他定位自己是「衝破麻布袋的小狗」，堅持自己的藝術理想[5]。

也正因爲有這樣的機緣巧合，弔詭的讓「黃金」與「好人」並置，適時的檢視與反映了在當時的社會裡，若商品經濟成爲人民生活中最主要的考量與影響時，屬於文化的層面與空間，究竟還會剩下多少[6]？

《三峽好人》的拍攝，雖然是在建造三峽大壩庫區的重慶市奉節縣取景，但電影本事中，賈樟柯的重點不在於大壩工程的艱鉅與浩大，也就是不歌頌它的「功在千秋」，而是靜靜的拍出底層人民默默忍受的「業在當代」。國家發展與進步、文明、繁榮等等的美好圖像，向來都是由高高在上的外來者所規劃、過著底層平凡生活的庶民們，從來都無法發聲。只能在不斷的巨變中，自行尋找生活的溫飽與出路。一如影片的宣傳海報與封面，都以襯著如同鈔票專用的版畫底紋所鏤刻出的長江夔門，那如詩畫般的景色，而前景立著的卻是平常老百姓：來奉節老城尋人的山西礦工、女護士。背景像一幅風景畫般美好與恬靜，卻充斥著金錢的氣息，而活著的、不斷移動的，就是前面象徵平凡世界有血有肉的小人物。

---

4 同上。在報導中賈樟柯表示：「其實我知道這是一個很不理性的決定，因為12月14日之後，市場並沒有留給『好人』空間，這個電影和觀眾見面只有上映前一週的點映時間，那麼我們就跳好這七天的舞蹈，讓『好人』跟有這種情懷的人見面，就請允許我們殉情吧。」

5 白睿文，《鄉關何處：賈樟柯的故鄉三部曲》(廣西師範大學出版社，2010)，頁26。

6 參見賈樟柯，《賈想1996-2008：賈樟柯電影手記》(北京：北京大學，2009)，頁196。

　　在由金錢堆砌出來的偉大工程前，對於過著日常生活的人民而言，真正的現實只不過是一天接著一天的生存與溫飽需求。賈樟柯用橫搖式(pan)的拍攝手法像卷軸風情畫式的，一一展開被劃歸庫區的奉節古城裡的平凡世界，沒有異議與抗爭的人民，以好人式的溫順沉默地活著。此影片文本的重心並不在頌讚所謂的偉大工程推動的進步或發展，而在關注、顯現一個個日常中的小人物；也正是這些沉默者的力度，道出了底層人民的心聲與面貌而撼動了觀影者的內心、進而引發我們思考，對所謂進步與發展的想像是什麼？

　　深圳大學教授王曉華觀察到源自19世紀末自俄羅斯傳入中國的人民性文學傳統，因爲近年來底層人民的聲音在文學中處於失語和失蹤狀態，以人民的名義要求文學家關注大多數人的呼聲不斷高漲，他認爲：

中國文學界在21世紀再次討論文學的人民性，並非僅僅揭示了當下現實的欠缺，更說明公民社會的建構在中國已經深入到了必須重新闡釋人民性的階段。現代化過程中出現的兩極分化等問題之所以能夠在人民性的高度上被言說，是因為文學家們開始接受自由、平等、博愛等現代價值理念。中國文學家在呈現下崗工人和失地農民的困境時，所表達的不再是沒有價值意向的憐憫和同情，而更多地是對他們應有權利的關注。……從根本上說，中國文學和中國社會的人民性問題擁有共同的癥結：1. 人民性的個體之維還沒有獲得充分實現，平等理念遠未獲得制度化的支撐，財富和機會的不平等分配造成了「有產者的公民意識甚至是主人意識日趨強烈」而下崗工人和失地農民在現實生活和文學中皆處於失語狀態；2. 既然構成人民的個體處於分立和不平等的狀態，那麼，人民性的整體之維在當下的社會

生活和文學中都難以全面伸展。這兩個癥結體現在文學中，便
是宏大的人民敘事和個體性的公民敘事的孱弱乃至缺席。[7]

　　如何運用王曉華關於重啓中國文學與人民性的思考，連接到中
國電影處理人民性問題？特別是1980年代「改革開放」後第四代、
第五代和第六代電影，如何再現人民性，爲底層的他者說話？中國
第四代電影的全盛時期是在文革之後(1979-82)，北京大學比較文化
研究所教授戴錦華指出，構成第四代導演心理上的「青春情感固
置」，是因參與了文革反個體表現的歷史創傷後，表現「與社會原
本便頗爲脆弱的整體感和認同感潰解了，取而代之的是一種孱弱的
異己感與巨大的政治恐懼。」[8]因此，「第四代電影置於熱切和規模
加入世界經濟一體化的過程中，其電影形式與內容表現著雙重美
學；現代性線性史觀和民族的古老的自然史觀，呈現出的人民性是
邊緣、退縮狀態的失聲。」[9]

　　1980年代末，著名的第五代導演張藝謀、陳凱歌、田壯壯等，
與第四代導演將城市象徵進步、鄉村是守舊的曖昧二元論者分道揚
鑣。第五代電影展現出自信的文化自覺，是「中國文化傳統與現代
菁英知識分子姿態的承襲者」[10]。例如，《黃土地》的男主人公顧
青，身爲八路軍陝北歌謠採集者，同貧瘠的黃土地人民同吃同住同
勞動，將豐厚優美的人民的歌唱，傳達全世界，表現出深沉的人民

7　王曉華：〈人民性的兩個維度與文學的方向〉網址：http://www.
　　tianya.cn/publicforum/Content/no01/1/217736.shtml
8　戴錦華，《霧中風景：中國電影文化1978-98》(北京：北京大學出
　　版社，2006)，頁12。
9　同上，頁65-77。
10　同上，頁236。

敘事。陳凱歌的《孩子王》同樣安排一位知青老桿下農村,從事艱苦的鄉村教師工作,知足又快樂。《邊走邊唱》的盲人老者,說古道今,吟唱民族神話,在在展現蒼老土地與民族的命運。田壯壯的《藍風箏》藉由孩子的眼光看待複雜詭異的政治變化。戴錦華認為第五代導演是獨特、空前有力的發言者:「在一個突然洞開的歷史視域中向世界呈現了一個歷史的、同時朝向未來的中國形象。」[11]無疑地,早期第五代導演所塑造的人民性電影表現,是擲地有聲的敘事風格。

被編入為第六代導演的賈樟柯,其所身處的文化景觀,是「複雜的動機、意願、慾望與匱乏的共同構造。」[12]也就是說,面對後冷戰意識型態的曖昧、全球資本主義與民族主義的矛盾、跨國文化工業主導本土文化工業的走向,於1990年代浮現的第六代導演的創作為「諸多命名、諸多話語、諸多文化與意識型態慾望所纏繞,所遮蔽的文化現實。」[13]雖是如此,賈樟柯的電影「避開了情節劇、幻想電影、喜劇和其他商業電影的誘惑,傾向普通人生存困境的現代主義美學。」[14]不過,加州大學當代文化研究副教授白睿文也強調,「光是現代主義清楚再現個人孤獨感、疏離感和陌生感的『非人化』元素,不足以解釋賈樟柯在現代化過程,重新發現故鄉的美與人民生存的韌性。後社會主義現實主義成為賈樟柯對國家許諾人民一個巨大美好的未來的反諷,無疑是有力的控訴。」[15]

---

11 同上,頁238。
12 同上,頁349。
13 同上,頁352。
14 白睿文,《鄉關何處:賈樟柯的故鄉三部曲》(廣西師範大學出版社,2010),頁25。
15 同上,見「白睿文對賈樟柯的訪談」。

二、發展進步與現代性

　　《三峽好人》強烈表達了現代化已非「通向幸福彼岸的烏托
邦」，它存在拐騙買賣、流離失所、無以爲繼、兩極分化、金錢至
上等問題。不同於第四代導演將「都市是文明、變革與未來的一極，
它意味著開放、科學、教育、工業化，那是歷史拯救之所；鄉村則
是愚昧、守舊與過去的一般，它意味著閉鎖、傳統、毀滅、反人的
生活，是歷史惰性之源。」[16]也不同於第五代電影「在現代化進程
的洪流中『滔滔不絕的吶言』成爲『歷史夾縫中的徬徨無助者』和
『精神漂泊者與放逐者』。」[17]受台灣導演侯孝賢與日本導演小津
安二郎啓發的賈樟柯，對現代化正面迎擊、態度坦蕩和毫無掩飾，
他處理了城市／鄉村、傳統／現代、發展／停滯的相互影響與滲透，
更重要的，「他讓他者『言說』，成爲主體，轉換了前幾代中國電
演將主體放置於『民族寓言』的第三世界國族敘事。」[18]
　　自1990年代始，中國知識分子重要期刊《讀書》雜誌核心作者
群，開始對「現代性」問題提出反思。汪暉認爲「現代性概念產生
自歐洲，是直線向前不可重複的歷史時間意識。歐洲獨特的歷史模
式，如民族國家形式、市場社會、生活價值、法律結構、社會福利、
勞工分工等，是建立於殖民主義形式(包含政治、經濟、貿易)，把
歐洲現代化模式強加於全世界。」[19]而第三世界民族國家的國家計

16　戴錦華，《霧中風景：中國電影文化1978-98》(北京：北京大學出
　　版社，2006)，頁67。
17　同上，頁235-250。
18　同上，頁61-63。
19　汪暉，《死火重溫》(人民文學出版社，2010)，頁3-15。

畫，通常以「發展」爲名，排除一切反對的聲音。因此，汪暉認爲
當發展主義成爲普遍的發展模式時，「在一個社會共同體內部，因
此就可能出現內部的殖民問題，這就是在這個社會內部再造成複製
中心與邊緣關係，通過勞動力、市場和資源壟斷，爲某個地區的發
展創造基礎。」[20]

三峽大壩正是發展主義的結果。許多《三峽好人》的場景，離
不開長江水，因爲建壩，奉節古城人民的生活上起大變化。「三峽
大壩容量三百多億立方米，其興建造成生態與社會的浩劫，例如，
12,000平方公里湖泊面積減少(上游砍樹、中下游地區對湖泊進行圍
墾)，污水達220億噸，超過100萬以上沿岸居民遷移。」[21]文化與生
計的剝奪，不正也是劇中一再展現的現實。雖然，發展也帶來更加
貧窮省縣的農民工的機會，但是，當活幹完了，他們也就必須離開。
賈樟柯對於「發展是硬道理」提出悖論，電影中的人物微微訴說另
一種「不成功的故事」。

三、沒有希望的追尋

中國社會科學院世界宗教研究所研究員石衡潭認爲，《三峽好
人》裡不成功的人圖的是只是一個家的團聚，但是大時代的變化，
造成兩個家庭的聚散離合，不管是韓三明和么妹的買賣婚姻，還是
郭斌與沈紅理想的夫妻組合，在他(她)們長途跋涉來到奉節尋找另
一半的過程，似乎是「沒有希望的追尋」，當然也是一個沒有可能

20 同上，頁34。

21 汪永晨、熊志紅，《綠色記者沙龍》(中國環境科學出版社，2004)，
頁9-11。

的結局。石衡潭感嘆的說：「其實，幸福的家庭所需的不多，只是
兩個相愛之人的患難與共。」[22]可是，石衡潭的「家」的想像，是
否還是依照三明與郭斌的男性角度，構築一個沒有自由、只以金錢
爲基礎的家的想像？女性的逃離或另一個追尋，可否重啓另一個「希
望」？

　　白睿文觀察到：「貫穿於賈樟柯的作品是，儘管故鄉陷於經濟
的荒廢、重建和道德親緣關係變化的狀態中，它卻一直是個要回去
的地方——渴望和鄉愁的場所。」[23]雖然，現代化過程瓦解又重組
故鄉的意義感。韓三明強烈想回去汾陽礦區故鄉，儘管環境惡劣，
家鄉對他而言，仍是終老之所。但是曾是沈紅故鄉的山西，已經不
再收容沈紅破碎的心，只能繼續可能或沒有希望的追尋。如此流離
的過程，其實是全球化下快速流動的「勞動力」的真實生命。「家」
已經不再是傳統農業社會日出而做、日落而息的穩定結構。「家鄉」
也不再是雞犬相聞，互助互惠的「共同體」。因爲現代化改變了過
往的社會關係，婚姻關係也隨之變化。

四、文本探討

　　進入賈樟柯的《三峽好人》文本，在平淡的情節表現裡往往透
露一些荒謬與哀傷。透過紀實性的風格，也用了影像的敘事語言，
堅定的傳遞關於平凡生活裡的日常點滴[24]。從慣用非專業演員到沒
什麼「戲感」的表演方式；甚至是接受演員使用他的方言說台詞（如

22　石衡潭，《電影之於人生》（山東書報出版社，2008）。
23　白睿文，《鄉關何處：賈樟柯的故鄉三部曲》（廣西師範大學出版
　　社，2010），頁147。
24　賈樟柯將此片定位爲「劇情片」。

四川話、山西話），混雜的地方話裡讓影片更爲自然與生活。而關於
文本裡的權力、身分、階層以及自主能力等，賈樟柯的方式就是讓
角色自然傳遞。民工有民工的生活與日常，即便進入鏡頭也不應該
被改變成別的。東西方觀光客乘著觀光遊輪移行在風光明媚的長江
上，貪婪而滿意的欣賞著千年的美景與現代的偉大建設，走馬看花
稍停即去。而當地居民才是年復一年的生活者，他們接續著過去與
未來的傳遞，也爲文化意義鏤深時間刻痕。但那些外來者，誰真正
的注意到？在當代的經濟模式下，誰願意關注一下人民的處境？

　　至於電影文本中，如何表現這些由細節構成的主題？如何去述
說日常的百萬移民與兩千多年的古城被瞬間拆掉或淹掉的政策決
定，是正確與值得？以下試著分爲幾個部分，分別討論影片裡的影
像符號所象徵與傳遞的意義，並思考背後複雜的問題與脈絡。

一、身體：衣服與裸體

　　在影片中，從一開場，畫面上的山西煤礦工人（韓三明）與眾民
工共處於一條渡輪上，緩緩在長江上行進。由身體的暴露程度，展
現的是他們所處的的階層與生活。衣物在此，不僅只是遮蔽功能，
更顯示出身體的勞動性與所屬階級。當地民工們爲了氣候與工作的
便利，大多穿著背心或者光著兩條膀子，韓三明作爲一個外地來的
煤礦工人，原本與眾不同的穿著西裝外套上衣，但敵不過船艙的燠
熱與彆扭，還是脫去了外套，也露出裡頭穿的和其他民工一樣背心
內衣與汗涔涔的膀子，完全不同於甲板上穿著亮麗，還戴著一致的
遮陽紅帽的外來觀光客。

　　到了奉節城裡的租房店，何老闆所擁有的房舍其實也不過是破
爛簡陋的幾個房間。但，儘管到處悶熱異常，處處看見街頭民工光
著膀子穿著短褲頭的暴露在陽光下工作與進出；何老闆的造型卻是

從頭到尾整齊穿著長袖襯衫、西裝長褲、甚至在室內還戴著草帽。
從他手上不斷搖著的扇子，透露出其實他也很熱。但為什麼不跟其
他來租房的拆房民工一樣圖個涼快，乾脆光膀子穿短褲頭呢？軀體
所暴露的程度也透露了身分與階級的不同。何老闆好歹還是個非出
賣勞力的老闆，雖說終日與民工們打交道，但他幾乎是以他的服裝，
在捍衛著他的階層與差異性。

　　第二段情節裡的角色──護士沈紅，同樣大老遠自山西來到奉
節尋找失聯兩年的丈夫。沈紅在劇中不斷喝水解渴、散熱，卻始終
穿著有袖子的上衣以及長褲，與奉節當地的女性如幾度來攀談的婦
女等硬是穿著不同。她先生的戰友──在文化局工作的東明，也是
滿頭大汗卻依然穿著捲起袖子的長袖襯衫，**長褲**。

　　礦工韓三明在何老闆的「唐人閣客棧」裡與眾民工處於一室，
互相介紹家鄉。當地民工掏出十元人民幣，翻到毛澤東背面，秀出
上頭的夔門底圖。韓三明則掏出另一張不同面額的紙幣：「**我們老
家也在錢上**」翻轉紙幣背後秀出自己家鄉的黃河壺口瀑布圖案。一
群剛洗完澡，拎著濕毛巾只穿著內褲的赤裸民工們擠在小房間內，
喟嘆著「你的家鄉風景好美喔」、「他老家可以喔」。淡淡的描繪
出這些平凡人的美好家鄉，都只能留在「錢」的背後，而他們的生
活，都被迫為了溫飽與生存遠離那美好卻消失的家鄉。在走廊用曬
衣夾吊著點滴瓶的暗娼，讓斷手丈夫自動迴避走出家門，她立即反
身鎖上門。在室內與韓三明的對話是：「你男人怎辦？」「總不能
在這等死」。以細小、幽微的動作帶出人物背後的辛酸與平民在國
家計畫下的渺小意涵；奉節的人被大移民遷出，奉節的古城也即將
被江水吞噬。平凡世界裡的日常文化與記憶，就這樣在物理空間上
消失。也因為失去維生的方式，暗娼只能在拆房的民工間討生活。
她因工傷失去一條手臂的丈夫，也只能默默的、識時務的讓出家屋

空間給妻子使用。

「身體」這個符號，在文本中的呈現，出現三重指涉：

首先是以裸露對階級的指涉。身體裸露的多少與階級的高低或文化水平是息息相關的。特別是顯現在民工階層與文化局官員間、當地民工與外來觀光客間或當地民工與外來企業主之間的互動上。

第二是以完整性的喪失呈現出對能力的指涉。影片中因公傷殘的男性，失去的不只是一條手臂；他也失去與劉廠長（上級／官方）交涉與討公道的能力，一切都尚靠他妹妹來帶領他去理論。連帶的，因失去謀生經濟能力也失去家裡的主權，淪落為讓妻子當暗娼的沉默男性。

第三是以服裝來指涉地位。除了裸露／包覆之外，西式與中式也有所意涵。相較於大量赤裸的當地民工，文化局的東明與企業家、依附著女企業家的郭濤等人，韓三明的愛人（麻么妹）是個特例。她從頭到尾穿著長袖「毛裝」來包覆著，但她的地位在民工之下，她依附船老大而生存，沒有名分只討口飯吃。她的來去，全掌握在男性的交易中。先是兄長將他賣給韓三明（賣了三千元），韓三明要從船老大手中贖回她，要再花三萬元。但從中獲利者都是男性，她只是商品般不斷被轉賣。

是以這身體的三重指涉，指出了赤裸的原始不敵文明的衣裝、西方的文化霸權強壓了中國的形式、資本主義宰制了悠久的歷史與文化。

二、煙、酒、茶、糖

這些看似日常卻必需的物件，傳遞的是人們的情感與幸福。賈樟柯曾在訪談中提到：「那時候我覺得應該拍攝中國普通人生活，

就好像拍攝靜物一樣，把被人忽略的現實用電影方式呈現出來。」[25]
他在影面片中的呈現方式，是將畫面延長靜止的時間，再以中英文
並置的方式標示：煙(Cigarettes)、酒(Liquor)、茶(Tea)、糖(Toffee)。
他並表示：「所以我這個片子的英文名字就叫『靜物』。所謂靜物，
一方面是自然的東西，一方面講的就是被忽略的現實。因為一個物
品它本身就有人活動的痕跡，所有人的信息都在那個物品上。」[26]但
卻隱藏了他所想要說的關係：煙與酒，在男性世界裡的交流，不僅
是禮物，也代表了一種交情與交心。

　　先是煙，韓三明要向租屋房東打聽他以前的愛人(麻么妹)時，
先是遞上了煙。而屋內一旁的小馬哥立即發聲：「兄弟，這屋內還
有活人呢！」催促韓三明遞煙給他，方才算是在他地盤上打過了招
呼。韓三明在離開奉節的前夕，與眾民工喝酒話別前，先是遞上香
菸給一屋子的人，待眾人皆點上火後，才算是安頓好。彷彿同抽了
一包煙的情感，才是穩固的兄弟情誼。

　　接著是酒。韓三明上到妻舅麻老大船上，臨走前掏出兩瓶山西
白酒說：「哥，這是我老家的酒，你留著喝吧。」麻老大回：「我
不是你哥，我不喝你酒」。以拒絕接受贈酒的方式來拒絕承認彼此
關係。

　　韓三明回鄉前夕，與眾民工齊聚喝酒話別，原本屬於餞別酒性
質，卻在席間眾人決定隔天跟著韓三明一起去山西礦坑工作，因為
每天可掙200元，比起他們在奉節拆房子一天40-50元，還要搞得勞
民傷財可好多了。即便韓三明表明煤礦那活兒可危險：「我走的時

25　袁蕾、李薇薇，〈三峽的性感和悲涼〉，《藝術評論》10期(2006)，
　　頁61-63。
26　同上。

候，才死過兩個陝西人，一年要死十幾個人。早上下去，晚上還不知道能不能上來，大家可要想清楚啊。」大家還是下定決心跟他一起走。此時，酒不再是餞別作用，倒成了結義酒。一乾見底，再度締結了兄弟情。

　　茶的部分，在廢棄的廠裡，郭彬的置物櫃深鎖了兩年多，直到沈紅來尋人，才讓廠裡幹部領去打開領走物品。導演在一開始的這個橋段的安排，幾乎已經預告了情節發展的結局。因領取物品的方式，像極了家屬領取遺物，失去聯繫的時間裡，彷彿這個人已不存在世上了。而事實上，跟家裡失聯兩年的丈夫在奉節活得好好的，並且以單身姿態與女企業家(丁亞玲)關係非比尋常。在現實的另一面，也是「合法夫妻」關係的意義不存在，兩人的婚姻關係瀕臨破裂。沈紅所試圖尋找的先生，只是兩年以前的那個郭彬，不是現在另結新歡的這個郭彬了。當個體(工廠員)遇見象徵資本(女企業家)的誘惑時，是難以抵擋充滿各種慾望與利益的階級晉身機會。那些屬於傳統(婚姻關係)、歷史(從事拆除老舊房舍企業)與文化(奉節老城的歷史)的包袱，都在瞬間煙消霧散。

　　當鏽蝕的置物櫃鎖頭卡住無法用文明的鑰匙開啓，沈紅當下決定拿來一把大榔頭「匡噹」一聲打掉鎖頭。這個動作透露出她後來對這份關係與感情的決定是棄毀。櫃子裡的雜物中，最顯眼的是一包名爲：「巫山雲雨」的茶葉。後來沈紅在江邊的渡輪上直接將茶葉過量的倒進玻璃杯。茶的滋味，在她心中，或許再大量都無法恢復從前記得的味道了。

　　沈紅反覆補充喝進去的白開水，像是她內心先前甘於過的平淡日子。即便丈夫失聯那麼久，日常生活裡幾乎已經失去他的味道；但傳統平凡的沈紅，還一直試圖維護／維持這樣關係，不斷在爲平淡生活補充能量。

　　沈紅的隨身水瓶，打從抵達充滿水氣的奉節那一刻起，就不斷的重複裝滿水，直到她與丈夫戰友（文化局的東明）一起到輝煌無比的「企業家俱樂部」等待丈夫，那時她的水瓶裡，裝的不再是無色無味的白開水，澄黃的液體顯現出與茶葉的關係。沈紅的水與茶之關係，或許應該視爲她內心對現實的反射。在山西家裡，她原本可以等待分居兩地的關係，但漸漸連電話也不打的失去聯絡後，平淡如水的滋味的生活，變得無法忍受。一路尋到奉節，在短短停留的兩天時間裡，她所接收到關於丈夫與新歡的訊息，讓她更加無法忍受先前平淡如水的夫妻關係。於是，她才開始在水裡加進「茶」；爲白開水加上一些味道。

　　最後是糖。在片中，大白兔奶糖象徵的是幸福甜蜜滋味。大白兔奶糖在小馬哥手裡分發給底下弟兄，屬出任務前的慰勞。

　　與麻么妹現在的男人談妥了明年將拿錢來贖麻么妹的韓三明，在一處拆毀的空屋中，麻么妹從兜裡掏出一顆大白兔奶糖給他。韓三明接下，咬了一半，又遞回給麻么妹，兩人於是蹲在地上甜蜜的分享了一顆糖。雖然沒有語言只有緩慢的動作，但此刻兩人關係已經緩和、冰釋，等待著隔年掙夠錢來贖的那一天。

　　平凡小人物嚐著由糖帶來的微小「幸福滋味」，竟是如此摻雜著心酸與苦楚甚至是死亡滋味。這是都市裡的有錢人無法察覺到的底層人民痛苦。

三、水

　　在這雲氣氤氳的長江畔城市，水氣繚繞的空氣裡，瀰漫著一種即將被淹沒的末世氣氛。陸上的街道大樓牆外，給工人漆上水壩高度標號，也顯示江水將淹沒到此處。城鎮裡的一切，房舍、街道、橋樑、田地，通通都將消失。處處都瀰漫著這種末路盡頭的危機感。

大壩工程的建造，看似活絡了老古城的觀光筋絡，但也淹沒了所有人的記憶與老城文化。但觀光客在面對這些景色時，又不免記得要搬弄出古代詩人李白的作品「朝辭白帝彩雲間，千里江陵一日還，兩岸猿聲啼不住，輕舟已過萬重山」。卻又一面驚嘆城市的改變，對奉節來說，水既是功臣也是敗筆。

無論是沈紅手中不斷裝滿的飲用水，或是李白詩詞裡的千里江陵長江意象，甚至是鈔票背面的長江夔門、黃河黃菓樹瀑布互相呼應著，自古以來，能在青史上留下紀錄的，不外是偉大的工程、壯麗的景觀、或是天才般的超凡者。從來就沒有位置是留給為生活奔波或苦惱，活得像蚍蜉一樣的底層人民。賈樟柯在他的電影裡，從《小武》、《站台》、《任逍遙》、《世界》到《三峽好人》，甚至是後來的《二十四城記》或出書《中國工人訪談錄：二十四城記》的內容，都是站在人民那一邊，呈現人民的現實與處境。

四、隱藏的人物關係

```
第一段：   小馬哥        ╱被砸傷頭的民工 ╱韓三明江邊看到飛碟飛過
            ↓              ↓              ↓
第二段：大老闆為沈紅先生╱動手包紮的沈紅╱沈紅也在江邊看到飛碟飛來

第三段：老縣城已經淹沒、韓三明與女護士都自奉節離開。
```

在影片看似分段的情節裡，其實隱藏了互有交疊的人物關係，就如同茫茫人海網路當中，總是有一些人跟你連結上關係。

小馬哥出特殊任務前發糖給兄弟們，說了：「好好幹啊，彬哥肯定不會虧待你們的」，那裡知道這一趟任務，卻讓他自己一去不回了。這個背後大老闆「斌哥」，也就是沈紅失聯兩年的丈夫——郭彬。這個角色同時出現在兩個段落，既是迷惑於女企業家的金錢

與權力而背棄糟糠妻者，也是忘記自己出身，而站在企業資方位置幫著強逼被拆戶搬離的惡霸。既是眾民工口中的老大——「斌哥」，也是站在拆遷戶對立面的「郭老總」。

韓三明上了麻老大的船時，一船艙的人在床上吃麵條，當中一個起來蹭了韓三明兩腳的，就是讓被拆戶給砸傷頭的，沈紅出手幫忙包紮的那個民工。

而韓三明與沈紅雖然同樣來自山西到奉節尋人，兩人似乎沒打過照面。但在一幕江邊的場景，韓三明舉頭望見江上一架UFO橫空飛過，同時之間沈紅在江邊也抬頭望見凌空飛來的這個UFO。透過這樣一個奇異的意象，片中的兩個人物，不露痕跡的聯結上了。

五、華字塔：一飛沖天的移民紀念塔

在沈紅決定離開奉節所搭乘的森旅號長江客輪上，沿路上導遊透過廣播介紹著當地的文化與意義，是這樣說的：

> 「……今天，這裡又因舉世注目的三峽工程，而成為全世界的焦點。三峽工程的建設，是我國（中國共產黨）幾代國家領導人的理想。庫區人民也為此做出了巨大的犧牲。2006年5月1日這裡的水位將增高到156.3米。您看到兩岸這些小房子，屆時將全部淹沒……」

千年古城在一個計畫、一個命令下，人通通搬遷、屋宇通通拆掉！這些被迫當移民、移工的底層人們，獨自面對生活被強制改變的後果。失去工作的，開始往外地去，有到南方沿海地區做工（韓三明女兒）、到宜昌走船、萬州修高速公路（麻么妹）、南方打工（諾基亞公司）以及想到外地去找工作的岸邊女孩。奉節老城，地名還在、

地址還在，但物理性的空間消失了，街道房舍漸漸淹沒在江水下，座標成爲只浮出水面的「土包包」。一家人爲了生活分散到各地打工。套劇中人小馬哥的話：「那你們在家種田還不餓死？出來混就對了！」說盡了小人物在生存邊緣的無奈。

而當地的民居民宅，被看待與拆遷的方式，是如此粗暴的大榔頭揮擊著一磚一瓦，讓玻璃碎裂落下。而官方文化局在豔陽下，拿著小毛刷，一下一下輕輕的撥去泥土所對待的是：西漢的古墓遺跡。文化中的陰與陽、古與舊，竟在他們眼中有著如此大的差別。

難以數計的當地居民，爲了上頭的一紙遷移命令，舉家搬離世居多代的奉節老城，當局口口聲聲「感念」他們的偉大奉獻，所建造的「移民紀念塔」，也在現實生活中宣告跳票。影片中多次出現的怪異造型塔樓(華字塔)，由於種種不明原因停工，變成「爛尾樓」一直未完成，終於在2008年底被爆破拆除了[27]。當初當局信誓旦旦要紀念的移民偉大貢獻呢？就如同所有重大建設或工程裡，被犧牲或埋名的都是底層，被凸顯或褒揚的，都是上層。社會沒有真正看見底層的犧牲與貢獻，唯獨記得完工題字的落款者。

六、話語

兩段故事裡的男女對話，賈樟柯都安排得極有玄機。先是韓三明好不容易找到了麻么妹。做丈夫的很不明白，自己對她那麼好，爲什麼仍要懷著孩子捨他而去？問她：

---

27 參見東楚晚報2008年11月25日報導〈重慶「華字塔」被炸毀〉，據報導「此塔座落於奉節縣李家溝黑漢包，距離長江水面30米左右。塔高13層，建築外型爲正體字的『華』字樣，據稱耗資兩千多萬元（人民幣），奉節對內稱之爲『華字塔』，對外稱爲『移民紀念塔』。」

「你現在的老公對你好不好？」

「不算是老公。」「跟他跑船，給我飯吃。」

「你比以前黑多了。」

「也更老了。」

「你現在好嗎？」

「不好。」

「我對你那麼好，你都要跑。」

「那時候還年輕不懂事。」

「你都出月子了，我媽媽還不讓你幹活。養不住。」

「你有老婆嗎？」

「沒有。」

「我給你介紹一個。」

「不要。」「我只想看看孩子。」

「……」

「你連孩子一張照片都沒有？」

「有，在船上。」

「可以讓我看看女兒的照片嗎？」

「都那麼多年了，為什麼到這個時候才來找我們……」

　　這些看似一問一答的對話，回話的內容卻往往對不上前頭的發問，而是逕自發洩心中底層的怨懟，甚至發展了另一個問句。原來生活中的許多問題，是無法得到清楚或標準的答案。韓三明的好人性格，在於他的溫順、隱忍。即便逆境或屈辱在前，他只是沉默，不帶惡氣的出聲「我沒錢」、「我只是想看孩子嘛」、「我對你那麼好，你都要跑」等等。也如同奉節古城的居住人民，礙於官方一聲命令，大家捲起鋪蓋就移民去了。自己的家屋被公家噴上「拆」

的大字，或用紅漆標上水即將淹到的高度，眼見一生記憶、情感都
要消失時，他們還是默默的捲起鋪蓋，把被子、臉盆、行李扛在肩
上，就這樣頭也不回的魚貫離開。

　　護士沈紅終於找到先生，在臨走前一段江邊的共舞後，主動展
開對話：

　　「我喜歡上別人了。」
　　「誰？」
　　「你在乎這個？」
　　「什麼時候的事兒？」
　　「這還重要嗎？」
　　「他在宜昌等我呢。」「我們準備換船去上海。」
　　「那不是挺好？」
　　「我們離婚吧。」
　　「你想好了？」
　　「我決定了。」「我走了，有時間回來辦個手續就行了。」
　　……

　　千里來尋夫的女護士，在山西老家不見得真有其人在等待。她
對丈夫所虛構出的理由，不過是一種先發制人。畢竟在她到奉節的
短短一兩天內，她已經嗅出丈夫之所以不與家裡聯絡，不給增碼後
的手機號碼的真正原因。擁有金錢權力的的女企業家，對照只是個
護士的糟糠妻就如同國家的龐大計畫一展開，奉節的千年文化就不
堪一擊的潰敗下來，說拆就拆、叫搬就搬，人民毫無抵抗能力。沈
紅編出來的藉口，唯一的意義就僅是尊嚴。她不採取死纏爛打模式，
維持一種現代的貞節牌坊，堅持不肯退位。而是在男人尚未招認說

穿之時，迅速的一刀了結。

　　文弱的女護士，意外的展現了強大的力量，毅然斷尾求生去了。留下江邊有點摸不著頭緒的郭彬，不知要懊惱還是慶幸這個合法婚姻關係的結束。

五、結論：讓庶民說話

　　賈樟柯曾表示：「我在威尼斯拿獎的時候真的很激動，因爲我銀幕上的那些人受到了尊敬，過去銀幕上的他們是被遮蓋掉的。」正說明了拍這部片子的初衷。他在這樣一部以奉節古城爲地點拍攝的影片，是一貫的以勞工階層的生存狀態爲題材、一貫的以小眾電影來關懷大眾命運。「告訴大家我周圍的人是怎麼生活的。」[28]這正是他延續中國電影處理人民性的態度。

　　他將「即將完成的中國」，用紀實鏡頭給寫下來，那些常常被大眾、媒體、主流忽視的現實，他用「殉情票房」的方式也給留下來了。既破除進步、發展中的中國想像，也描繪出底層大眾的生命與情感。這些在商品社會不被看中的「不成功」大眾，賈樟柯用獨特眼光記錄下來，「讓庶民說話」本身就是反思現代化的最佳策略。

　　鍾秀梅，成功大學臺灣文學系助理教授，從事客家研究、婦女研究、社會運動與全球化研究。
　　胡蘊玉，台北醫學大學通識中心兼任講師、成功大學台灣文學所博士候選人。

28　〈亞洲電影閃電般耀眼的希望之光〉，《人民日報》海外版，第七版，2007年5月9日。

一盤散沙到鐵板一塊的革命者歧路？：
讀王奇生《革命與反革命》劄記

唐小兵

　　20世紀中國的革命話語與革命政治，對於中國的政治制度、經濟生活、社會結構、公共意識乃至私人生活都產生了無遠弗屆的深遠影響，雖然知識界曾有「告別革命」的言說，這只能說是對於異化了的革命政治和革命心態的告別；革命作爲一種歷史記憶和政治經驗，卻是永遠無法告別的，是值得我們反覆追溯和尋思的。既往的革命史學往往聚焦於高層政治文化，來考察革命者的思想、組織、政治鬥爭和領導體制等問題，革命史學成爲了類似於傳統「宮廷鬥爭史」的歷史書寫。近年來，史學界已經在開始反思，將對於革命歷史的研究視角下移。北京大學歷史系王奇生教授的近著《革命與反革命》[1]就是這一自覺的史學努力的結晶。正如他在序言中所指出的那樣：「革命史的書寫多關注『精英』而漠視『大眾』，只見『肋骨』而不見『血肉』，突顯『黨性』而淡化『人性』，充滿『教條』而缺少『鮮活』。其實革命並不缺少『鮮活』的史料，而是史家缺少『鮮活』的眼光。」[2]在此之前，王奇生教授的《黨員、黨權與黨

1　王奇生，《革命與反革命：社會文化視野下的民國政治》（社科文獻出版社，2010）。
2　同上，頁5。

爭：1924-1949年中國國民黨的組織形態》頗受史學界和知識界好
評，而且已經呈現了研究視野向社會文化、公共生活、組織體制等
中層空間轉移的趨向。

一、革命與傳統

　　魯迅《阿Q正傳》裡阿Q式「革命」，最核心的目的就是重新安
排權力秩序，而革命給了想像新世界和砸碎舊世界的正當性，所以
阿Q才敢於搭革命的便車。從晚清開始，新舊對立的尖銳程度，在
知識界越來越明顯，知識分子的論述很容易給我們一種閱讀的錯
覺，以為新世界將舊世界真的切割掉了。其實不然。傳統不是一條
死狗，如果那麼容易被砸碎，也就不成其為傳統了。王奇生的研究
發現，中共領導的革命，本以徹底顛覆舊世界為目的，然而就在這
樣一個革命的過程之中，舊世界以各種面目糾纏著中國革命。據王
所發掘的史料，1926年5月11日的上海區委主席團會議記錄：聯絡流
氓有成績，浦東大流氓已由顧順章拜他為先生，范孟叔也拜他做老
頭子；今天再請各流氓吃飯。號稱代表工人階級的中共為何跟流氓
無產者打得火熱？這是因為後者控制了絕大部分工人。工人離開了
熟人世界聚集的鄉村，進入了陌生的城市，異己感和無助感會讓他
們首先去尋找傳統的地緣、血緣網路對日常生活的支撐。而幫口就
利用其資源逐漸掌握了工人。

　　中共要動員工人罷工，便必須通過幫口仲介，否則就根本無法
用反帝反封建等口號動員工人，甚至連工人的面都難以見到。中共
要發展黨員和組織罷工，都必須依賴幫口這一上海工人的傳統組
織。這樣便賦予了幫口極大的政治資本。「幫口首領由『封建』式
的工頭，搖身一變為現代『工人領袖』或黨的支部書記後，利用工

會和黨組織所賦予的新的政治身份，反過來控制和壓迫工人，並在黨組織與工人之間上下其手，既挾黨的權威以令工人，又借工人的名義脅迫黨。這意味著中共在利用幫口的同時，也反被幫口所利用。工頭介乎黨組織與工人之間，實際隔斷了黨組織與工人群眾的直接聯繫。」[3]

革命，正如在未莊一樣，是一種公共名義，可以被各種力量挪為己用，它並不天然地僅僅與新生事物結成姻親，也可以與陳舊事物締結良緣。如同王奇生所反覆指出的那樣，革命既有殘暴的專斷性格，亦有內涵遊移的模糊性。它可以是一個道德概念，也可以是一個政治概念，還可以是一個法律概念。裴宜理在研究上海工人政治史時，也敏銳地把握到了傳統中國的各種網路，以各種形式「介入」工人政治之中：「雖然『現代』幹部們會將同鄉認同與行會公所視為產生真正的工人階級意識的『封建』障礙，但這類組織在工人戰鬥精神的發展中卻發揮著重要作用。共產黨組織者對於這份遺產雖然很憂慮，急於否定，但是如果沒有它，他們在後來取得組織上海工人運動的成功就無法理解。」[4]

中共在鄉村的早期革命，同樣面臨著傳統的強烈反彈，一套新辭彙、新行為方式要進入傳統中國，必然伴隨著苦澀、反覆與心靈的陣痛。大革命失敗後的廣東地下黨，發動農民去殺豪紳地主。結果，被黨組織指定去殺反革命的農民回家後幾次欲懸樑自盡，人問其故，他回答說：「共產黨要我殺鄉裡的人，倒不如自己死去還了

3　王奇生，《革命與反革命：社會文化視野下的民國政治》（社會科學文獻出版社，2010），頁154。

4　裴宜理，《上海罷工：中國工人政治研究》，劉平譯（江蘇人民出版社，2001），頁56。

得。」[5]以革命語詞和革命暴力鍥入中國鄉村社會的中共，其眼裡的
反革命，卻是農人日常生活世界裡的熟悉人，是抬頭不見低頭見的
父老鄉親。「在中共看來，這是農民的封建思想和小資產階級仁慈
觀念的表現，必須予以破除。」[6]戴上階級分析的有色眼鏡之後，中
國農民自然就時時處處成爲階級覺悟不高的群體了，他們賴以生存
的鄉村精神世界和信仰世界，更成爲革命的阻礙。革命就是用一種
排他性的秩序來替代舊有秩序，並重新提供人生意義的終極根源。
因此，革命者總是試圖操控對於人生意義的闡釋權。這是一個漫長
的過程，對中國鄉村人來說，也是一個不斷的去熟悉的過程，熟悉
的世界慢慢消退，人無所依憑，才會去尋找新的組織依靠和精神救
濟。

　　但這個時候的鄉村，傳統以及對於傳統的信仰依舊存續。在廣
東海豐，「農民黨員鄭重其事地向黨組織提出三點要求：一是不可
毀棄神明；二是會不要開得那麼多；三是女子不要那麼活動。」[7]第
一條說明信仰世界在1920年代中國人的日常生活中仍舊扮演重要角
色，不容輕侮，而第三條則說明傳統的對於女性角色的想像和定位
依舊非常強大。自然，中共並非如國民黨那樣的相對中規中矩和教
條主義(毛澤東和蔣介石的行事方式便可以體現出兩黨的差異)，當
遇到挫折，它就會嘗試調整方針。王奇生通過研究廣東地下黨的運
作方式指出：「中共一方面認爲宗族和地方觀念是農民封建意識的
表現，必須予以破除，而另一方面又鼓勵基層黨組織利用血緣、地
緣等傳統社會關係去大力發展黨員，導致黨員的分布明顯帶有村落

5　王奇生，《革命與反革命：社會文化視野下的民國政治》，頁189。
6　同上。
7　同上，頁172。

性和宗族性。那些帶有村落性和宗族性的地方黨組織在進行武裝暴動和屠殺反革命時，往往將與自己有宿怨的村落和宗族當做革命的對象，從而使階級鬥爭性質的革命行動異化為一村打另一村的械鬥式的鬥爭。黨在改造和利用農民的同時，農民實際上也在改造和利用黨。」[8]正如1920年代的上海幫口一樣，農民也並非呆頭呆腦的等待被「啓蒙之光」照亮的一群愚夫愚婦，他們在革命大潮中同樣是「弄潮兒」。這種歷史論述打破了以往的以中共為絕對主體的模式，發掘了革命過程中動員者與被動員者互為主體的面相，也就呈現出了革命源流的複雜性與含混性。

　　傳統的活力不僅僅表現在中共的革命事業之中。在鄉村教育中，同樣可以發現傳統頑強的生命力。新式教育雖然在科舉廢除後日益佔據中國教育市場，但是，傳統的私塾教育並沒有整體性的消逝。王奇生引用國民政府教育部1935公布的數字統計出，全國共有私塾101,027所，塾師101,813人，塾生1,757,014人。私塾總數約占全國小學校數的三分之一，塾師數約占全國教職員數的六分之一，塾生約占全國小學生數的八分之一。這在當時人看來，還很可能是低估了私塾的社會影響力。與此相關的背景是國民政府一直在用各種方式對私塾加以壓制、改良和禁止。這充分地說明瞭傳統的活力，當然也含蓄地說明瞭當時的政府是一個弱勢政府，當時的社會是強勢社會，正所謂「小政府、大社會」模式。據此，我才理解即使到了抗戰時期，童年、少年時代的余英時先生居留在安徽潛山縣的官莊鄉(1937-1946)，仍舊能對傳統獲得那麼深厚的同情之瞭解。他在一篇追溯學生時代的文章中，很動情地回憶道：「我們鄉間的秩序基本上是自治的，很少與政府發生關係。每一族都有族長、長老，

8　王奇生，《革命與反革命：社會文化視野下的民國政治》，頁191。

他們負責維持本族的族規，偶爾有子弟犯了族規，如賭博、偷竊之類，族長和長老們便在宗祠中聚會，商議懲罰的辦法，最嚴重的犯規可以打板子。但這樣的情形也不多見，我只記得我們余姓宗祠中舉行過一次聚會，處罰了一個屢次犯規的青年子弟。中國傳統社會大體上是靠儒家的規範維繫著的，道德的力量遠在法律之上。道理（或天理）和人情是兩個最重要的標準。」[9]

而在抗戰時期的西南聯合大學，雖然國民黨試圖以黨化教育來馴化知識分子群體，卻始終無法真正滲透一切。王奇生根據姚從吾寫給朱家驊的信函發現，當時西南聯大教師黨員（不含職員與學生黨員）合計實有150餘人。而是年（1944年）西南聯大教師總數為371人（兼任除外），其中教授155人。由此推斷，西南聯大教師大約40%加入了國民黨。其中教授加入國民黨的比例可能接近50%[10]。西南聯大一向被後人視為民主堡壘和自由聖地，這些教師是如何「歸化」為國民黨員的呢？歷史學家姚從吾扮演了重要角色。姚與國民黨中組部長（後任教育部長）朱家驊有師生情誼，本來對於政治不感興趣，勉為其難地接受了聯大三青團負責人（後又任聯大區黨部書記）的任命。王奇生敏銳地注意到了傳統網路在這種新型政黨組織（以俄為師的產物）擴張中的決定性作用。他通過考察姚朱之間的通信記錄，發現「羅常培、賀麟、雷海宗、華羅庚等人均是在姚從吾的動員和慫恿下，通過朱家驊親自介紹加入的。姚向朱家驊坦承，在西南聯大國民黨組織發展過程中，私人情誼遠勝過組織關係。當他向朱家驊推薦某教授入黨時，除簡介其學問品行外，還會介紹該人的

9　余英時，〈我走過的路〉，載氏著《現代學人與學術》（廣西師範大學出版社，2006），頁469。
10　王奇生，《革命與反革命：社會文化視野下的民國政治》，頁238。

私誼關係。姚從吾推薦給朱家驊的人，大多與朱家驊有一定的學緣關係，或留學德國，或出身北大，或中研院同事等。」正因爲並非通過組織體制的嚴格考察和規訓，而是依靠傳統的私人網路與國民黨組織發生關係，因此，這些國民黨教授的絕大部分與國民黨僅僅是一種「象徵性的關係」，而非依附型關係，這種關係也就不大會影響到學者的自主與學術的自由。時爲西南聯大學生並先後就讀土木、歷史、中文、外文四系的何兆武的回憶就印證了這一點：「聯大老師講課是絕對自由，講什麼、怎麼講全由教師自己掌握。」[11]更有意思的是，即使這樣一種疏離、空心化的政黨生態，也在國民黨六大之後被終止，六大通過的決議撤銷了軍隊黨部和學校黨部。

二、革命與世俗

阿Q的革命目的就是「想要什麼就有什麼」，白盔白甲的革命黨人，事實上才是搶劫城裡舉人寄放在趙老太爺家中財物的元兇（最後阿Q做了替死鬼）。革命是多麼神聖的辭彙，它象徵著高潔的情操、遠大的理想、脫俗的氣節和睥睨塵俗的精神，革命更是標誌著精神上的不斷自我揚棄和道德上的志士氣象。正因爲對於革命充滿如此絕對和聖潔的定義，反革命才顯得如此猥瑣和邪惡。1927年的《漢口民國日報》發表一篇名爲〈甚麼是反革命〉的文章（正是在國民政府的《反革命罪條例》出台前夕）的文章，羅列了32項「反革命」行爲，後又增補到53項。據王奇生的細緻文本解讀，「反革命」的覆蓋範圍幾乎無遠弗屆，除了助長軍閥、勾結帝國主義、破壞工農運動、反對聯俄聯共等「正宗」反革命外，「連個人主義、自私自

11　何兆武口述，文靖撰寫，《上學記》（北京三聯書店，2006），頁108。

利、畏難苟安、委曲求全、陽奉陰違、好逸惡勞、行動曖昧、模稜
兩可、吸食鴉片、賭博嫖娼、驕傲自信、感情衝動、意志不堅、重
視個人感情、抱家庭鄉土宗族觀念、黨員不納黨費、不參加會議等
等，均被歸入到『反革命』行列，泛化、激化到令人歎為觀止，也
意味著『革命』意識型態開始向社會大眾的日常生活倫理滲透。」[12]
從這些羅列的「反革命」罪狀可見，革命的目的絕對不僅僅是砸碎
一個舊世界，不僅僅是將個人從傳統中國的網路中抽離出來，而且
同時意味著從根本上改造人性，通過革命暴力和革命心理學的方
式，克治省察乃至連根拔除人性上的幽暗斑點，造就道德上無可挑
剔幾近完美的革命聖人。國民黨從來就沒能達到這一革命目標，雖
然蔣介石的一生都在以道德方式勸誡部屬與國民。倒是後來與其分
道揚鑣的共產黨，通過延安整風、審幹、肅奸等一系列社會運動和
思想運動，幾乎做到了。

　　但至少在延安時期以前，革命與世俗的關係就像未莊革命一
樣，彼此糾結而難以斷然區分。王奇生教授發現，大革命之後的廣
東東江特委在給省委的報告中，批評黨員存有兩大錯誤觀念：一是
把黨看作救濟會，以為黨可以有錢給他，當白色恐怖厲害時，黨的
財政來源斷絕了，他們也離開救濟會了；二是雇傭革命觀念，「在
那些財政來源容易的地方，一般同志對於金錢觀念非常厲害，無錢
不做工，路不過一二十里，每送一信非一二元不行。」有些地方，
農民不是因為地主壓迫而是因為自然災荒而要求入黨謀求生路。[13]
為了維持一大批失業黨員的衣食問題，各地黨委只好採取「捉豬」(綁
票)的方式籌款。當時的很多入黨者，對於中共幾乎全然無瞭解，大

12 王奇生，《革命與反革命：社會文化視野下的民國政治》，頁118。
13 同上，頁166。

部分是糊裡糊塗地入黨，又糊裡糊塗地退黨，其中大半是謀生之需要而入黨，並無所謂堅定的革命信仰。王奇生認爲這是一個兩難問題：「從黨的原則來講，無產階級政黨要求『黨員養黨』，但從黨員的社會成分而言，共產黨是一個『窮人的黨』，黨員多數是貧苦農民，客觀上又只能是『黨養黨員』。」[14]最後的結果就是通過綁票等方式(各地具體籌款方式不一，或公開向地主籌捐，或敲富人竹槓，或『掘富人骨頭勒贖』，甚至拍賣反動家屬之婦女兒童等)來維持黨組織的日常運作，而這種綁票與傳統的會黨等秘密組織的營生方式別無二致，以反革命的方式來追求一個革命政黨的生存，這無疑是一個巨大的弔詭。

在1920年代上海的工人政治中，對工人而言，工會相對於黨組織更具有吸引力，原因就在於工會是能夠發放救濟費的機關，工人罷工，可以在家休息，而同時從工會那裡領取救濟費，這種省力又來錢的方式便容易得到工人之擁護。一旦黨組織不能夠籌措到足夠的經費，通過工會發放給工人，工人便會表現出消極甚至怨恨的情緒。據王奇生引述的資料，當時的「基層黨組織在鼓動工人罷工時，往往輕易對工人許諾說：『你們倘若能夠罷下來的話，則上總(上海總工會)可接濟幾千元或幾萬元。』罷下來以後，因無法兌現承諾，工人極爲不滿。」[15]與廣東鄉村革命相似，上海的工人政治中，一樣存在著雇傭革命，革命是爲了生活費，革命成爲一種職業手段來謀生。標舉爲反封資反帝的工人政治，真正要落到實處，仍舊不得不靠物質上的刺激，工人並非如既往的歷史敍述那樣，是一個率先產生了階級覺悟的群體，能夠爲民族利益和階級利益而奮鬥。但

---

14 王奇生，《革命與反革命：社會文化視野下的民國政治》，頁181。
15 同上，頁147。

工人的這種實際情態，恰恰說明革命理論與實踐之間的深深鴻溝，同時也說明，歷史的真正動力，並不在於虛無縹緲的革命理想，而在於能否給參與革命者帶來實際的生活改善與幸福。這種經驗主義和人性上的自我考量，恰恰是在平衡革命理想主義者的高蹈，使之軟著落到平地。無獨有偶，即使是相對比較理想化的學生政治，也呈現出類似的面向。陳永發的研究發現青年知識分子與革命的共生關係：「1927年4月國民黨清黨以後，工人因為對革命失望而脫離中共的情形非常嚴重。相形之下，倒是學生與知識分子無論如何不願脫黨，千方百計要中共安排工作。這雖然與學生和知識分子的理想主義性格有關，但是他們在清黨以後找不到適當的工作，也不願俯身屈就，應該也是值得注意的因素。共產革命可以發洩學生和知識分子對現實的不滿，又可以滿足他們高遠的理想，更可以為學生和知識分子解決生計問題，一舉而數得。」[16]

　　這應該是常識，而革命領袖往往忽視甚至漠視這個常識，最後常常付出慘重的代價後又將歷史的鐘擺調回到人性的固定值上。問題是這樣的革命方式和革命目標，又似乎太實際了，太世俗了，太缺乏激動人心的精神力量和烏托邦氣質了，對於普通人或許能發生作用，而對於小資產階級知識分子乃至位居其上的人來說，如果革命僅僅意味著穿衣吃飯，那麼革命就像一杯白開水一樣平淡無奇了，革命的動員力量就會逐漸衰竭[17]。這真是一個歷史的兩難。

16　陳永發，《中國共產革命七十年》（上）（台北：聯經出版公司，2001
　　年修訂版），頁160。
17　伯林對史達林統治下的革命的正、反、合的辯證法的精緻分析，指
　　出了為何「不斷革命」的政治暴力是共產革命的內在需要，詳見氏
　　著《蘇聯的心靈：共產主義時代的俄國文化》（譯林出版社，2010）。
　　毛領導下的中國共產革命亦具有這種特徵。

　　阿Q的革命觀庸俗，讓人失望，一點也不具有道德美學的魅力，但真實，實在，確確實實能夠動員民眾。而像魯迅這樣的「反抗絕望」的革命者，卻往往是荷戟獨彷徨的孤獨者，決不是振臂一呼應者雲集的英雄。

三、革命與意識型態

　　1922年6月4日，胡適在其編輯的《努力》週報上發表一篇夫子自道的文章〈政論家與政黨〉，他在文中解釋了不組黨的理由，以及如何做一個超然的政論家來監督政治，這樣的政論家在他看來，「是『超然』的，獨立的。他們只認社會國家，不認黨派；只有政見，沒有黨見。也許他們的性情與才氣是不宜於組織政黨的；他們能見事而未必能辦事，能計畫而未必能執行，能評判人物而未必能對付人，能下筆千言而見了人未必能說一個字，或能作動人的演說而未必能管理一個小團體。他們自然應該利用他們的長處，決不應該誤用他們的短處。」[18]此時此刻，正是中國政黨政治開始風起雲湧的時刻，是中國國民黨、共產黨和青年黨三大政黨三足鼎立爭奪民眾的時刻。1923年，是一個轉捩點。胡適的文章微妙地反映出了，作為一個獨立知識分子在那個政黨政治的時代的個人抉擇。他的聲音迅速地被邊緣化了，而革命文化卻在加緊錘煉之中。

　　從思想源流來看，1923年前後，是中國思想界在宣布個人主義、國家萬能論破產之後，走向造社會和集團式政黨政治的開始。《新青年》作者群體的分裂是一個標誌性事件，一部分作者仍舊堅持思想文化啓蒙和漸進改良的立場，而陳獨秀等則認定中國社會非革命

18　胡適，〈政論家與政黨〉，《努力》週報，1922年6月4日。

不會有前途，從而開始擁抱激進革命和階級鬥爭的蘇俄模式。革命
時代，悄悄地醞釀著一種思想高壓，盤旋在每一個知識分子的頭頂
之上。當時人敏銳地注意到：「現在社會裡面——尤其是在知識階
級裡面，有一種流行名詞『反革命』，專用以加於政敵或異己者。
只這三個字便可以完全取消異己者之人格，否認異己者之舉動。其
意義之重大，比之『賣國賊』、『亡國奴』還要厲害，簡直便是大
逆不道。被加這種名詞的人，頓覺得五內惶惑，四肢無主，好像宣
布了死刑是的。」[19]文人的論述或許有一點誇大其詞，但從這篇文
字還是可以管窺到在1920年代革命文化的無遠弗屆，以及所向披靡
的情景。語詞居然可以讓個體戰戰兢兢如履薄冰，這說明瞭語詞所
表徵的那一套價值體系與思想模式，既已成爲一種每個個體不得不
尊奉(至少在公共場合必須展示出某種忠誠感)的主流價值觀，而且
也說明它是一種具有排他性和獨斷性的符號暴力，在這種暴力的背
後，往往矗立著刺刀式的革命暴力。1927年2月9日武漢國民政府通
過的《反革命罪條例》，更是給「反革命」制定了法律的依據，革
命以一種政治正當性，開始壓迫任何的質疑與挑戰，革命開始要求
絕對的服從與齊一。

　　與這種對「反革命」辭彙的警惕相對應的，則是其時諸多人士
對於革命的呼喚與參與，革命似乎成了一個盛大的派對。1927年2
月2日，學人本色的顧頡剛在給胡適的信中如此寫道：「自從北伐軍
到了福建(其時顧在廈門大學任教，引者注)，使我認識了幾位軍官，看
見了許多印刷品，加入了幾次宴會，我深感到國民黨是一個有主義、
有組織的政黨，而國民黨的主義是切中於救中國的。又感到這一次

19　唐有壬，〈甚麼是反革命〉，《現代評論》第2卷第41期，1925年9
　　月19日。

的革命確比辛亥革命不同，辛亥革命是上級社會的革命，這一次是
民眾的革命。我對於他們深表同情，如果學問的嗜好不使我卻絕他
種事務，我真要加入國民黨了。」[20]五四時期的師生輩所批評的一
盤散沙的中國社會，此時此刻，正在逐漸地被有主義、有組織的政
黨，向鐵板一塊的方向整合。而國民革命在顧頡剛看來，似乎又是
一次更加根本性的總體革命。即此可以窺見當時革命意識型態之深
入人心，以致顧頡剛勸其時出訪在外的胡適歸國後不問政治則已，
若問政治則最好加入國民黨。而當魯迅在武漢報紙發表書信指責其
反對國民黨，顧頡剛則大怒大悲不已。

　　正如王奇生通過對三大政黨的黨際互動的考察所指出的那樣，

> 自清末至1920年代，隨著革命在中國的潮漲潮落，革命話語亦
> 一直處於流變與演化之中。1920年代國、共、青三黨都主張革
> 命而反對改良，認為革命是一了百了地解決國民和民族問題的
> 根本手段。這種對革命的積極認證和遲想式期待，使革命日趨
> 神聖化、正義化和真理化。革命被建構成為一種與自由、解放、
> 翻身、新生等意涵相關聯的主流政治文化。另一方面，國、共、
> 青三黨分別以各自的政治利益和意識型態為依歸來詮釋其『革
> 命』行徑，使革命話語在日趨神聖化與正義化的同時，又意含
> 著濃烈的任意性和專斷性成分。三黨唯己獨革、唯己最革的內
> 在邏輯理路和策略考量，將「革命」與「反革命」建構成為一
> 種聖與魔，善與惡，正義與非正義的兩極對峙，並借助武力和
> 符號暴力，以不擇手段的方式來削弱對方，乃至剝奪對方存在

20　顧潮編著，《顧頡剛年譜》（中國社會科學出版社，1993），頁136。

的合法性，最終激變為你死我活的血腥屠殺和軍事較量。[21]

　　革命為何具有這麼大的魔力？革命改變了知識分子憂心忡忡的
中國社會一盤散沙的狀態了嗎？在20世紀的中國革命之中，我們可
以發現一個一直盤旋其中的幽靈，那就是現代政治特有的意識型
態。無論三民主義，階級鬥爭還是共產革命，都是一種現代社會才
特有的意識型態，這種意識型態一旦與組織體制相結合，就會發生
巨大的力量，真正做到從靈魂深處改造個體的深度與廣度。高華教
授的論文〈「新人」的誕生〉和〈在革命語詞的高地上〉[22]細緻剖
析了意識型態與組織體制契合之後，所釋放出來的魔鬼般的改造力
量與震懾力量。鐵板一塊的結果，是萬馬齊喑。

　　阿倫特在論述意識型態與恐怖統治的關係時曾指出：

　　極權主義運動的宣傳也是用來教導人民的思想，使人民的思想
　　脫離了經驗與實相；它往往試圖在每一種公眾的、可目睹的事
　　件裡插入「秘密的意義」，也常常懷疑每一種公眾的政治行為
　　背後都隱藏著一種「不為人知曉的意圖」。(極權主義)運動一
　　旦掌握政治權力，它們就會依照其意識型態的聲言來改變實
　　相。「陰謀」的概念遂取代「反對」的概念；這種改變會產生
　　一種心智狀態，如果由此心智來觀察外在的事物的話，實相──
　　譬如：真正的敵意或真正的友誼──再也不會為人所體認，人
　　不再以切合實際的概念去認識它，而只是戴一副有色的眼鏡去

21　王奇生，《革命與反革命：社會文化視野下的民國政治》，頁
　　100-101。
22　兩文收錄在高華論文集《革命年代》(廣東人民出版社，2010)。

理解它；以為實相的背後總是隱藏著一種秘密的意義或企圖。[23]

　　如果我們仔細地考察1920年代及其後的輿論環境，就會發現伴隨著政黨政治的激烈化和兩極化，宣傳意識在迅速傳播，而宣傳大都是以排他性的革命意識型態為核心價值，這種意識型態往往與事實的真相並不完全吻合。為了證明革命意識型態的偉大、光榮與正確，就常會犧牲、強迫事實以符合意識型態。在這樣一種歷史過程中，革命者的現實感與常識感逐漸消退，任何對這種意識型態的稍微懷疑、猶豫和挑戰都被認為是別有用心的，甚至是陰謀已久的。這樣一種革命文化發展到最後，就成為一種恐怖主義文化，它訴諸無法實證檢驗的內心動機和政治暴力高壓下的表態。革命，最終成為一種充滿悲劇性的公共表演，而每個參與者都成了權力祭壇上的犧牲或者跑龍套的幫閒。很難說這種革命文化的負面遺產已經被完全清理了。事實上，它頑強地存在於政治體的日常運作之中，也遺留在我們每個人的行事方式、思維模式和話語習慣之中。它已經成為一種我們習焉不察的「平庸的邪惡」，雖平庸，卻是一種更容易被我們輕視乃至縱容的「根本之惡」。當真正意義上的社會革命再造之時，我們何以能不成為魯迅所虛構的革命者形象阿Q的現實版？

結語

　　儘管20世紀的中國革命與傳統、世俗等「反革命」或者「非革

23　阿倫特，《極權主義的起源》，蔡英文譯（台北：聯經出版公司，1982），頁276。

命」因素有著千絲萬縷的關聯，但不能否認的是，這種革命仍舊具有一種與傳統社會的政治反抗根本不同的面相，它的訴求、理念、意識型態與運作體制等都在展現出一種獨特的現代形態，而其中最根本的一點，就在於其似乎永不衰竭的塑造新時代的新人類的強烈渴求與實踐，這是真正的從靈魂深處爆發的革命。這種革命思維的根源埋伏在20世紀初期的思想源流之中，當時激進的青年知識分子如毛澤東、陳望道等都已經在探索一種「新人」的可能性，正如王汎森所指出：

> 這種看似對當時中國「人」的狀態的極端不滿意，這種在內心中區分出兩種截然劃分的境界，這種將「人」定義為無限可能，當往上一階一階爬到最後真正達到「人性」時，可以實踐「普遍而永不消滅」的真理的心態，加上張灝先生所說的儒家思想中原有的「人極意識」的影響，塑造出一種「人的神話」。一方面是對自己的現狀極端鄙夷不滿；另方面是認為真正的「人」的狀態不只是我們所能想到的這些，我們所熟悉的，只是人的初級狀態，而真正好的狀態是無限開放的，永遠不能知道其極限的境界。這種心理結構建構了一個無限廣大的未來神話。未來理想的世界是「人為的」，是靠人的理智建構出來的，人的理智有多高，所建的世界就可以有多高，所以一方面是極端賤視自己所處的社會為骯髒、墮落，另方面極力歌頌未來、人為構作的「黃金世界」。[24]

---

24 王汎森，〈從新民到新人：近代思想中的「自我」與「政治」〉，見王汎森等著，《中國近代思想史的轉型時代：張灝院士七秩祝壽論文集》（台北：聯經出版公司，2007）。

　　中國共產革命的成功就在於細緻地拿捏到了20世紀中國社會的這種兩極心態[25]，這是生活在俗世社會的人類向充滿烏托邦色彩的神的世界的一次大跨越，註定只能自限於天使與魔鬼之間的人性，在這種反覆的新人製造的社會工程中經受了太多的折磨。如果說王奇生教授著作裡所描述的早期革命還能有種種容許幽暗人性存在的空間，那麼到了延安時期尤其是到了革命黨主控了全國政權的社會主義新中國時期，以理想主義為召喚的反人類、反人性政治實踐得以了強勢的推行，其悲劇已經成為無論哪一個階層或者個體都無法否認的既成事實。

　　唐小兵，上海華東師範大學歷史學系講師，歷史學博士，近來研究興趣集中在現代中國傳播媒介與知識群體之關聯，以及回憶錄、口述史與20世紀中國的歷史記憶等領域。

25　鄒讜就認為共產革命作為一種全能主義政治之所以最後能成功，其
　　獨特性就在於其系統化的意識型態能夠全方位地替代已經崩解的
　　儒家意識型態，並進行廣泛的社會動員並擴展社會大眾的政治參
　　與。詳見鄒讜，《二十世紀中國政治：從宏觀歷史與微觀行動角度
　　看》（香港：牛津大學出版社，1994）。

靈魂馬車上的獨語或對話：

柏拉圖兩則神話裡的生命抉擇

何畫瑰

旅人在陌生城市的街道上，聽到狗的哀嚎。

「請讓我帶這隻狗走吧！她的聲音裡有我死去朋友的聲音。」

於是，旅人從此有了旅行的伴。

＊　　＊　　＊

　　清晨微亮的天空，適合讓柏拉圖《菲得若絲》裡描繪的靈魂馬車巡遊。並不是說燦爛星光裡、絢麗黃昏裡的天外天，就不是那長了羽翼的靈魂馬車的巡遊地；只是，柏拉圖備受稱譽的文采，其實不在燦爛與絢麗，而在清新而不耽溺的思想裡。他無法倚賴語言去衍生繁花，他甚至害怕語言衍生的花朵過於繁複與華麗，這樣的柏拉圖只好脫離了詩人的行列，去寫他的哲學。可他又無法倚賴語言所編織的論證，因論證實在無法綁住飄移的信念，這樣的柏拉圖只好脫離了論證家的行列，去寫他的神話。他原不是要用「長了羽翼的靈魂馬車」這種神話的詞語，來迷惑我們。無法倚賴語言的柏拉圖，怎會用語言迷惑我們呢？然而，在超出他所能設想的語言的範圍外，他只好，一邊不時地提醒我們故事只是故事，一邊，不時地，提供我們，一則又一則看似落不到真實地面來的神話。

　　《菲得若絲》，*Phaedrus*，Φαῖδρος，是對話錄的名字，也是這篇對話錄裡角色的名字。這篇對話錄有兩個角色，菲得若絲和蘇

格拉底。在一個炎熱的夏日，菲得若絲得意洋洋地拿了演說家討論
「愛」的文稿，向蘇格拉底招搖——瞧，人家多會講啊，明明選一
個愛你的人才對，人家卻頭頭是道地分析，告訴你選一個不愛你的
人才好。(是麼？是該這樣選擇的麼？)於是，蘇格拉底先是作了一
篇更頭頭是道的分析，編織成論證，告訴你選一個不愛你的人才好。
然後，好了，準備跳出論證家的語言範圍了？好，跳！告訴你，愛
神會懲罰你！趕緊向愛神告罪，趕緊重新作一篇對愛的演說！踏著
「向愛神告罪」的小石階，蘇格拉底一躍跳出了長長的一段神話，
告訴我們靈魂猶如長了羽翼的馬車，曾在天上巡遊，望向天外天那
無色無形無以名狀的理型，然後，在生命輪迴的淘洗中，靈魂的馬
車要在「愛」的經驗裡，為她現在的生命作選擇、同時也選擇了她
未來的最美好的生命。

　　我們喜歡這些浪漫的關鍵詞。愛，羽翼，馬車，天際的巡遊，
無色無形無以名狀，還有那超越時間空間的永恆的理型。不華麗，
因為根本沒有色彩，可是卻澄澈透明。但是這種乍看之下很輕盈的
美，其實載負著難以克服的重量。墮入此世的靈魂，原已失去翅膀，
羽化的唯一機會是愛，但愛情當中必須忍受羽芽萌生的灼熱，與癢，
與刺痛，與騷動。羽毛的芽孢在這一輪迴之前早已布滿全身——我
的意思是整個靈魂——美妙麼？並不，在我們自以為美妙的畫面出
現之前，是慘不忍睹的發癢的芽孢，而且布滿全身。為了等待羽芽
獲得滋潤的那一刻(天曉得你所迎接的是怎樣的一刻)，靈魂得披著
這全身紅咚咚的癢癢，隨時遭受幾千幾萬個欠缺滋潤的芽孢因為乾
涸而引發的痛楚。

　　靈魂的全身，並不是用虛線畫出一個抽空的身體。靈魂像馬車。
不過，當然也不是用虛線畫出的一架抽空的馬車。在語言的界線裡，
實在無法真的去說靈魂這種看不見的東西究竟長成什麼樣子，因她

本來沒有個樣子。所以，請不要對那發芽的畫面有成見，也不要對那紅咚咚的畫面有成見，當然你也不要去想那紅咚咚的皮膚毛囊會引誘你去抓癢。

對話錄裡的蘇格拉底說，靈魂像馬車。一架雙輪馬車。車上一個駕車人。前面跑著兩匹馬。一隻眼睛亮晶晶，高貴聽話有教養；另一隻，不好意思，駕鈍得很。當你想著那紅咚咚的皮膚毛囊在引誘你抓癢的時候，柏拉圖可能不很欣賞這畫面，他把畫面換成這三隻動物一組的駕車狀況劇。狀況劇是這麼演的：駕車人駕馭著兩匹馬，經歷她的人生之旅。有一天，靈魂馬車，跑著跑著，遇見了愛。駕鈍的馬一見到心儀的對象就不行了。眼睛亮晶晶的馬（簡稱亮晶晶），則是乖巧地順著駕車人的命令，並不脫離原來的軌道。

駕鈍的馬忍不住吶喊著：「撲倒！撲倒！」

駕車人下命令：「給我回來！」

駕鈍的馬仍喊著：「撲倒！撲倒！」

駕車人重複下命令：「給我回來！」

「沒種！」駕鈍的馬驕傲地譏笑著駕車人和亮晶晶，帶著強盛的氣勢往前衝。跌跌撞撞的馬車即將翻覆（噢，有時我們的確想要它翻覆），亮晶晶的步蹄也幾乎要給駕鈍的馬帶亂了，駕鈍的馬什麼也不聽，駕車人也只好什麼也不說，硬是用蠻力勒馬，終於把馬扯得跌坐到地上。經典的柏拉圖狀況劇。我們說，這一次，理性說服了慾望。

當羽翼的芽孢發癢時，千萬個毛囊孔穴裡都埋著駕鈍的馬的衝力和亮晶晶的毅力。

＊　　＊　　＊

小狗問旅人說：「那，馬會說話麼？」

旅人摸摸小狗的頭說：「好問題，就像問小狗會不會說話一樣。」

「理性的碎碎念不曾真的說服過慾望吧！勒馬靠的是蠻力，不是語言。那麼，找不找得到語言，也許也不是多重要。」

小狗歪著頭，小小的頭，很難想出什麼可以轉換成我們語言的話。她本來想要汪兩聲的，但又找不到恰當的聲調，就暫時不汪了。

＊　　＊　　＊

我們聽到的故事是，在愛情當中沒讓馬車翻覆的靈魂，由於在所愛的人身上看到「美理型」發出的微光，使這靈魂的視覺學著去看這世間一切事物裡所透出的理型的光，「轉向」哲學。「轉向」也是故事裡的詞，不見得真的要「轉」。也許也就是這雙眼，就這麼著直直看著所愛的人，而就直直看到了美理型的光，而就直直看到了其它理型的光。馬車可能沒轉彎，沒經過什麼轉角，就遇到了愛。重要的是馬車沒翻覆。於是，羽毛豐了。到這一對真心學會了愛的靈魂脫離此世那一刻，長好翅膀的靈魂，就能輕盈飛到天上。馬車翻覆過，也不要緊。如果是真愛（如同寬慰人心的偶像劇），靈魂羽毛的芽已經滋長，翻倒的馬車重整出發（提醒你，如果把駑鈍的馬打死了，馬車就再也重整不起來了），兩個靈魂互相滋養情誼，將來總有飛翔的時刻。

得了，一輩子遇不到真愛的，怎麼辦呢？

際遇，命運，幼年與雙親相處的經驗，莫名其妙初戀留下的印記，錢，經濟環境，社會地位，教育過程，所有影響著情愛交往的細節，和一開始靈魂馬車所配備的馬，不管是亮晶晶還是不亮晶晶的那一匹——是誰，決定了我馬車走的路徑？是誰，決定了我靈魂的馬車翻不翻覆？又是誰，決定了我靈魂馬車翻覆之後是隨著駑鈍的馬拉扯、還是能夠重整出發？什麼是抉擇？什麼是命運的轉捩點？轉向哲學的轉捩點，其實是一連串細節組成的無法選擇的命運，在馬車展開此生的巡遊以前就已經開始了的命運。可是，所有

當下的細節，也在序列裡，也是我的選擇。這一刻的馬車行進，踏成我下一秒、下一世的車軌路徑。

宿命與自覺的生命抉擇，交纏在一起。

厄爾神話，也是這樣。

厄爾神話，the Myth of Er，ὁ μῦθος Ἠρός。（誰用希臘文寫這個詞啊？）一個死裡復生的人厄爾的故事，《理想國》最後作為全書結尾的一則故事。死裡復生這回事，也就是說，這個人在暫時死亡的過程裡，觀摩了死者靈魂所去的地方，而又帶著這個記憶活了過來，除了活過來這件事可以嚇大家一跳之外，還能以活人的身分跟大家說說死人的事。在《理想國》這本書最後四十二分之一的地方，蘇格拉底把這位死裡復生的人在冥界裡的所見所聞，講給書裡的其它角色聽。人死了以後，到哪兒去呢？一條條的靈魂，脫去了身體的外衣，也脫去了錢、經濟環境、社會地位、教育過程、所有影響著這一輪生命的細節，光溜溜地聽候自己這一輪生命的審判結果。靈魂沒個遮蔽，這輩子裡做的好好壞壞的事，痕跡畢露，善的判到天堂路，惡的拋到地縫裡。審判是這一輪生命的結局，但不是靈魂的結局。鬼的旅程，漫長得很。不論是被拋到地獄熬過一千年的靈魂，還是上天堂去看美妙天外天的靈魂，走完這段歷練後，先是在一片不可思議的綠草原緩和個七天，然後還要繼續走到頂著穹蒼的虹彩光柱，去見命運三女神。我們要開始覺得無聊了，這不是勸世良言麼？一個幾乎要變鬼的人忽然活了過來，對活著的人說，善有善報，惡有惡報，不是不報，時候未到。而且──柏拉圖，竟然在這畫面裡開始塗顏料了──什麼頂著穹蒼的虹彩光柱，更別說那七八層彩色碗公套合成的星體運行圖了，命運三女神一面用手撥動著這些已經上了彩的碗公，一面唱著歌，每個彩碗的邊緣上再加碼坐一個唱歌的女妖。就好像，那各宗各派傳教的跟你散發彩色加圖版

的宣教傳單。

＊　　＊　　＊

「我很嚴肅。」旅人手裡拿著一張彩色版的宿命論傳單，這麼對小狗說。

於是小狗湊過來看：「這個，幾十年前的雅典就有了；這個，我在小亞細亞的城市裡也看過；另外這個，靈魂輪迴嘛！還有七八個碗公旋轉發出聲音合奏成宇宙和弦——這個，我在義大利南部學幾何的時期，也聽過了。」她的狗掌，在傳單各處拍擊，指指點點。

「唉呀，狗當然看過、聽過這些了，地獄王本來就帶著一隻三頭狗，看守著地獄門。那我試著說一些狗沒聽過的。」

小狗卻不怎麼聽，自顧自樂用她小小的狗掌在泥土地上畫三角形。

是直角三角形。

$a^2 + b^2 = c^2$。

＊　　＊　　＊

當鬼影幢幢的場景移轉到七彩畫面裡，一條條的靈魂在命運三女神跟前，揀選自己的下一輪生命。這時候，你才知道，你這一輪生命裡累積的所有自覺的抉擇，真正影響深遠的地方，與其說是當作死後審判的依據，不如說是在當作你揀選下一輪生命的依據。

偶像劇裡尋得真愛的人，狗血劇裡浪費著暴君般慾望的人，勵志劇裡努力向上的人，溫情劇裡犧牲奉獻的人，還有很難編入任何劇種裡轉向哲學的人。這些人的靈魂，在所有自覺抉擇所織就的一片恩仇中，學著辨識什麼才是真正美好的生命，並憑著這一生學習到的知識（或訣竅？），來到三女神跟前，看著散落在眼前的一條條生命，進行著更重大的抉擇。

所有自覺的選擇，都與宿命交疊，每一項選擇都是兩重的。所

有自覺行為的選擇，又都跟自己對整個生命型態的選擇交疊，每一項這層意義的選擇，也都是兩重的。不安的人，在這一個轉角，看到自己的影子被轉角兩方不同角度的光線照射成兩個。於是，你蹲了下來，在陰影重疊處，掏出口袋裡藏著的塔羅牌，焦慮地洗牌、抽牌、把牌排在地面。可你下一張翻出的，既是你親手放的，又是你親自解讀的；你既想要逃避自己的責任，把它當作宿命的訊息，又希望自己總是擁有選擇權，不願全然把它的意義託付給宿命。選擇的權利與責任，終究落在你身上。就好像，兩個影子終究都落在同一雙腳跟上。你思索著，自己終究是一個怎樣的人，然後跨出去，然後一步一步走成了整個人生的軌跡，然後，你就是這麼樣的人。或許可以假想一對全觀縱覽的眼，看到這所有的轉角、步伐與軌跡。這雙眼睛都看到了：軌跡上的每個點，和軌跡所形成整條蜿蜒曲折的線，其實無所謂先後，都是你選的。每個靈魂自己選自己的命，與神無涉，下好離手，責任自負——厄爾神話裡，神明的使者這麼說。

　　厄爾神話裡的哲學家，還沒有長了羽翼的靈魂馬車的意象，但是已經很明確披負著擁有真正知識的形象——這個了不起的駕車人，一生恰當的駕馭，贏得又一次駕著馬車繞行天際的巡遊，再次看到彩色世界之外無色無形永恆常是的理型——此時，這隻幸福的鬼，終於可以在善理型的光照下，把那散落平鋪的無數生命看個仔細，真正辨識出一條好生命來。

　　喔，那張彩色加圖版的傳單，圖片豐富得很。有在激昂儀式中被女人撕裂成碎片的樂師奧菲斯，因為不願再從女人身體裡生出，選擇轉生到一枚天鵝蛋。另一個傳奇歌手兼樂師桑米拉，則是愛戀著歌曲，選擇轉生成夜鶯。倒也有天鵝什麼的，一干喜歡音樂的小動物，不曉得是憑著什麼樣的信念或衝動，反而選擇下一輪的生命

要生成爲人。還有討人喜歡的那個奧德修斯，漂流了十年的返鄉故事繞成長歌《奧德賽》。這傢伙麼，聰明伶俐備受雅典娜女神喜愛，經營了花俏的一生，愛情事業兩得意，到了命運跟前，卻選擇了一條最平常的人生，撿到時還喜孜孜慶幸沒有別的靈魂發現它。

看完了圖，故事接近尾聲，論證也接近尾聲。

＊　　＊　　＊

「小狗這條生命又是怎麼選來的？」旅人問她的旅伴。

小狗沒有說話。

小狗也許從來不曾說過話。

旅人把捲成一圈的小狗往懷中靠了靠，騰出一隻手，把《理想國》的本子闔起來，裝進包袱裡，枕在頭底下。睡夢中，她記起柏拉圖講到狗有哲學特質的一段文字，又下意識地伸手摸摸包袱裡的《菲得若絲》還在不在。可能是因爲喝了忘川的水，意識逐漸消去。意識消去的時候，已經午夜。忽然一陣巨大的雷響與振動，無數靈魂化作光點四射。旅人與小狗，就像流星一樣，射落到塵世，進入下一輪生命的旅程。

何畫瑰，興趣在古希臘哲學，近年主要研究柏拉圖知識論及靈魂論。現任中國文化大學哲學系助理教授。

共和主義新貌：
裴迪特來訪演說記事

劉俊麟

　　目前任教於普林斯頓大學政治系與哲學系的裴迪特（Philip Pettit）教授，是當代政治哲學界主張「公民共和主義」的健將之一。2010年10月底中研院人社中心邀他來訪，在台灣進行兩場關於公民共和主義的演說。熟知公民共和主義發展的人知道，當代建立公民共和主義最關鍵的代表人物有三位，分別爲史金納（Quentin Skinner）、裴迪特與維羅利（Maurizio Viroli），其中裴迪特在哲學領域上的貢獻更甚於其他兩位。他在1997年出版了《共和主義：一種關於自由與政府的理論》，十多年來不僅在政治理論界引起了許多的討論與迴響，而且在2004年，接受西班牙總統薩巴特羅的邀請，在馬德里就公民共和主義發表演說。薩巴特羅表示，希望西班牙的公共政策與裴迪特所主張的公民共和主義能夠有所呼應。

　　由此背景看來，裴迪特教授首次來台灣訪問演說，應該會對於國內學界有所助益。根據筆者側面觀察，國內學者包括哲學界、政治學界、社會學界、法律學界、甚至有研究中國政治思想的代表學者，在這兩場演說中都到場聆聽與發言。由於筆者在2008年有機會去普大就教於他，所以他此次來台，除了有幸可以接待他之外，私底下也讓我更進一步感受到他是什麼樣的學者。當然，對於讀者而言，我想更重要的是，裴迪特對於西方固有的共和傳統究竟有何重

要貢獻值得我們在今天求教於他呢？熟知當代政治哲學發展的人都
知道，1980年代自由主義與社群主義之間爭辯得沸沸揚揚，其中最
重要的爭辯點是究竟應該如何看待個人主義方為適當。社群主義反
對自由主義過於崇尚個人主義，導致人們原本應該珍視、分享的社
群生活被忘記或者扭曲。社群主義者主張，公民的積極參與應該是
所有公民最重視的政治權利，個人權利的優先性反而應該淡化。批
評羅爾斯正義理論的學者沈岱爾（Michael Sandel），即是社群主義思
想家之最重要的典型。由此脈絡，社群主義者為了深刻反思個人自
由與社群價值之間的關係，進一步援引西方人長期以來相當重視的
共和主義傳統，希望能彌補當代自由主義在個人主義面向上的問
題。在這個趨勢之下，共和主義在學界中漸漸引起人們的注意。

　　「共和主義」在當代有不同詮釋版本，基本上，我們可分出兩
種共和主義。一種是純粹強調公民積極參與政治的共和主義，認為
一來公民可以透過積極參與政體以充分發展人性，成為完整的「社
會人」，二來可以讓政治社群本身更有凝聚力，鄂蘭、波考克（J. G.
A. Pocock）、瑞赫（Paul A. Rahe）等等是重要代表。另一種同樣強調
積極參與政治的共和主義，則主張公民積極參與政治的意義應該在
於，參與乃是保障政治自由的重要手段，但非唯一手段。史金納、
裴迪特與維羅利是這種共和主義的支持者。一般人們認知的共和主
義較為接近前者。從亞里斯多德以降，所謂共和主義即主張，積極
地參與政治社群不僅可以實現盡己之「本性」的美德，而且也認為，
政治自由的實現乃是實現個人自由的關鍵要件。這種從古希臘傳承
下來的共和主義，應該屬於伯林所言的積極自由傳統。

　　但是，另外一種強調政治自由的公民共和主義者，卻不認為一
般人認知的共和傳統會是正確的，或者僅能有一種詮釋。史金納從
歷史學的角度指出，共和主義的自由傳統並不是伯林所言的積極自

由傳統。相反地，他們認為，共和主義的自由觀與當代自由主義奉
行的消極自由傳統，同樣是一種消極性的自由觀。這種觀點不僅扭
轉了一般人對於共和自由的想法，而且更重要的是，對於在什麼條
件下可以調解個人自由與政治社群的關係，現代公民共和主義者提
出一種獨到的看法。在這個議題上，裴迪特作為一個哲學家或者理
論家，根據史金納的歷史研究所得，系統性地提出一種相當新穎的
自由觀，他稱之為「自由即非宰制」（freedom as non-domination），
以對比於一般學者熟知伯林在消極自由與積極自由之間的區分。對
於裴迪特來說，在現代社會中，一般人對於自由的想法往往局限於
伯林所設想的「自由即非干涉」（non-interference）。自由主義者認
為一個人若能擁有愈多不受他人干涉的機會或者選項，則表示這個
人就擁有更多自由，因此所謂的消極自由，若用「機會的概念」來
做詮釋會是最為恰當。

　　但是裴迪特卻不認為如此。在這次第一場關於自由概念的演說
中，裴迪特清楚指出，主張非干涉自由觀的人並沒有注意到，「干
涉」本身不是只單純涉及選項的多寡、或者選項是否有被外力剝奪
而已。所謂的「干涉」還包括欺騙、操控與取代等等形式，而所謂
的欺騙、操控與取代，常常又涉及權力掌控的問題。所以，傳統上
支持非干涉自由理念的人，會忽略權力對於個人自由的深刻影響。
有鑒於此，裴迪特認為，如果想更清楚且正確地解讀非干涉的自由
觀，我們應該從共和主義的自由觀或者非宰制的自由觀著手才是。
唯有如此，非干涉的自由觀才能更健全地站穩腳步。根據裴迪特的
分析，因為一個強而有力的人可以利用他的力量，隨心所欲地控制
個人原先有著甚麼選項，所以有沒有自由，不能只看選項是否被外
界剝奪，因為「沒有剝奪」並沒有確實保障個人擁有自由的選項。
自由應該從個人的選擇能力是否有被外來對象控制，作為首要的觀

察重點。

　　裴迪特認爲，外來控制的形式可以有很多種，除了上述提及那種涉及欺瞞、操控與取代等等干涉作爲之外，還有那種根本不需要實際採取干涉作爲、卻仍能完全操控個人意志的情況。裴迪特在演說中舉了一個囚犯坐牢的例子。假設囚犯坐牢期間無法在外間得到自由，但是裴迪特說，囚犯仍然可以不斷修正自己的欲望，如覺得可以在牢中讀很多書、或者想很多深刻的基本問題，最後竟讓自己覺得是自由的。但這顯然荒謬。裴迪特認爲，或許囚犯可以因此得到更大的快樂與滿足，但是，這並不表示囚犯因此獲得了自由。另一方面，根據裴迪特，還有一種不需要實際採取干涉行動就能控制他人的顯著情況，就是在權力關係已經是明顯不對稱的情況下，強勢者剛好喜歡弱勢者，所以就不會干涉弱勢者，而且很有可能弱勢者還會向強勢者阿諛諂媚，使得強勢者沒有機會干涉弱勢者。裴迪特的重要貢獻不僅是擴大了「干涉」概念本身的理解，而且對於權力關係中那種不需要實際產生干涉又能產生極大控制效果的情況，也有深刻的分析。筆者認爲，原本想深刻理解宰制或者不對稱權力關係的人，若是苦於找不到理解的資源，可以從這種分析方式獲得許多啓發。

　　然而，裴迪特不滿足於修正伯林的非干涉自由觀；他更積極地提出一種能夠直接符合非宰制自由觀的政治制度。原本在以古羅馬傳統爲依歸的公民共和主義中，非宰制自由觀與非宰制的政治體制是共榮共存的，也就是說自由體制的建立本身即體現了非宰制自由觀的精神。所以，裴迪特在第二場演說中，順勢提出當代公民共和主義者會主張的民主制度。在建立共和民主制度的過程中，共和主義者首先會去注意，哪些場所最容易發生宰制關係。根據裴迪特，一般社會領域與政治領域都會發生宰制關係，其中社會領域的宰制

問題需要國家介入解決，而政治領域發生的宰制關係則需要健全的民主制度才有辦法解決。由於共和主義者強調社會宰制的問題需要經由國家制定公共政策去解決，所以，裴迪特必須回應的挑戰是，如何避免國家形成宰制性國家，好讓人們可以相信，國家的確可以有效解決社會上發生的宰制問題。近年來，裴迪特的論證策略是先說明公民所面臨的國家環境。根據裴迪特的觀察，既然這個世界上幾乎已經沒有任何地方可以脫離國家的影響，我們便不能如傳統觀點，一昧地將國家視為必然會危及個人自由的組織，因為這種預設無法讓我們區分宰制性與非宰制性的國家，所以，裴迪特主張從一種社會學式的經驗觀察去區分宰制性國家與非宰制性國家，或者至少不要先預設本質上原即具有壓迫性質的國家必然是宰制性國家。從經驗上觀察，我們應該思索哪一種國家是傾向非宰制的國家。但是，這種想法仍然過於抽象，因為裴迪特仍然必須說明根據甚麼標準，才可稱得上是非宰制的國家。

　　裴迪特強調，可以實現「共享標準」（shared standards）的國家即為非宰制的國家。但是，為何不是其他傳統標準，如「共善」、「普遍意志」或者「共享利益」等等標準呢？裴迪特認為，傳統上所主張的共善，是一個不穩定的概念，因為實際上找不到所有人對於某種對象有一致意見的情況。每個人對於這種對象有不同意見，所以，我們不能一廂情願地認為這種東西必然能夠滿足所有公民的期待，因此也就不能在民主政體中宣稱這種共善必然存在，否則會形成家長制國家。到了18世紀，盧梭主張的普遍意志想要取代共善觀念，但是，若普遍意志也要求所有公民對於某種對象有一致的意見，那麼普遍意志本身不僅無法穩定產生一致的結果，而且會發生多數宰制少數的問題。至於所謂的共享利益或者共享的判斷是否最能滿足公眾的期待，裴迪特仍然認為，由於真正可資眾人共享的利

益與判斷可以說非常少，甚至可說沒有重疊之處，所以，所謂共享的利益或者判斷也難以真正滿足公眾的期待。而且，共享的利益或者判斷即便可能產生，這種共享性會是不穩定的，容易受到當時社會不同情境的影響。因此，裴迪特還是不主張我們應該用共享的利益與判斷作爲建立非宰制性國家的標準。

最後裴迪特認爲，共享標準才是最自然且最直接可以作爲建立非宰制性國家的依據。裴迪特相信，只要每個參與的公民願意依照共享標準建立國家，推行相關的制度，則如此共享的標準本身可以穩定地滿足公眾的期待，建立起可被所有公眾接受的民主制度。裴迪特認爲，共享的標準是一個能滿足公眾期待的集體規範概念，沒有誰會被排除在這個標準之外，也就是說在這個共享標準之下，每個人都有對集體生活的安排有發言的權利。每位參與者基本上都對集體政治與社會制度有相同的發言地位。如果一個國家沒有給予每位參與者平等的發言權利，則這樣的國家不會是民主國家。所以，對於裴迪特而言，每個參與政體的公民有平等的發言地位，是構成民主國家的必要條件。而且，民主國家唯有滿足公民平等發言的權利，才不會成爲一個宰制性國家。公眾也才能真正平等地共同控制民主國家的運作。

但是，爲何裴迪特的共享標準如此重視每個政治參與者平等的發言地位？筆者認爲可以從兩個方面看待這個問題。首先，裴迪特延續共和傳統精神，將公民身分或者公民地位視爲個人實現自由的首要目的，所以，堅持發言地位的平等其實也等同於堅持個人實現非宰制的自由理念。其次，就裴迪特的政治觀察而言，宰制性問題無法純粹用暴力完全克服，所以比較恰當的方式仍然透過審議或者公民彼此對話的過程中減低宰制帶來的各種影響。但是，是否不斷鼓勵公民審議或者對話就能解決宰制？裴迪特的回應是，至少從歷

史經驗看來，如奴役制度的廢除與婦女贏得參與政治的權利，就是不斷地透過對話與抗議去達成的，因此此途徑仍然有機會克服或者減少宰制性的問題。裴迪特強調，真正的關鍵是，公民之間的對話是否真的在平等的基礎上影響政府的程序與決議。如果國家沒有充分給予公民平等對話的環境與條件，則國家會淪爲宰制性國家。

所以，對於裴迪特而言，如果政治是對話的過程，而人民又是政治權力的最終來源，則所謂共享標準即是一種經由交互對話，以作爲界定政治正當性的標準。這表示共享標準不是某種特定或者先天即可判定的標準，而是一種必須經過相關討論者共同努力得出的結果，國家進而根據這個結果，制訂與選擇應該執行的公共政策。裴迪特稱這種結果是一種附帶產生的結果（a byproduct），這表示參與相關討論的人對於會產生何種結果須保持開放的態度，沒有任何人可以強迫他人必須接受何種立場，也沒有任何人應該預設討論的結果，因爲唯有如此，國家根據討論的結果制定與執行相關的公共政策，才不會引發許多爭議。政治正當性的問題也才能減到最低。裴迪特在此似乎企圖扭轉我們平常所認知的共和主義，而改採一種強調常識性與日常生活的方式理解共和主義。這使得我們必須重新思考共和主義究竟意指爲何的問題。姑且不論我們是否贊同裴迪特的想法與策略，裴迪特的確在當代政治哲學界開創了一種相當嶄新的共和主義，增添了不一樣的自由思維。

在裴迪特訪台的行程中，就我印象所及，裴迪特就如同其他有些重要的學者一樣，非常積極投入學術活動，而且非常配合邀請單位的請求。在這兩場研討活動中，他都對來賓的提問充分回應，讓人感受對提問者與來賓的尊重。筆者也觀察到，裴迪特對周遭事物常保好奇心，而且反應很快，無怪乎他在許多哲學領域都有所貢獻。記得2007年普大的哲學家們已經幫裴迪特舉辦一場名爲「共同心靈」

的學術研討會，以感謝與釐清他的哲學貢獻。筆者希望，未來相關
學術團體也能舉辦類似研討會，再度邀請裴迪特來台灣訪問。

　　劉俊麟，中正大學哲學所博士候選人、中央研究院人文社會科學
博士候選人培育計畫。

《呼吸鞦韆》的風波

胡昌智

　　諾貝爾文學獎2009年得獎人荷塔・慕勒的作品《呼吸鞦韆》，描寫二戰後1945到1949年俄國勞改營裡一群德裔羅馬尼亞人的故事。故事的主角Leo就是歐司卡・帕斯裘奧（Oskar Pastior 1927-2006）。帕斯裘奧17歲時在羅馬尼亞Hermannstadt城被徵集，遣送到烏克蘭，服了五年的勞役，1950年重回家園。19年之後，帕斯裘奧離開了齊奧塞斯庫(1918-1989)獨裁統治下的羅馬尼亞，到了西柏林，從事寫作。在他長期寫作生涯裡，他得過德國各種獎項，他也是德國最高文學獎蓋歐格布希納獎的得獎人。《呼吸鞦韆》是一個真實人物的故事。

　　荷塔・慕勒在柏林文學館館長Ernest Wichner的介紹下，2002年認識了已享盛名的75歲的鄉親長輩帕斯裘奧。荷塔・慕勒跟館長以及帕斯提奧一樣，出生在羅馬尼亞，在那裡成長。30歲的荷塔・慕勒無法忍受國家秘密警察的監控，1982年逃離了獨裁的羅馬尼亞，輾轉也住到了西柏林。

　　荷塔・慕勒的母親於二戰後同樣的被俄國人遣送到烏克蘭，替俄國做戰後重建——替希特勒的德軍贖罪。她母親在極度的心理創傷下，絕口不談勞改營的事。被問急了，她母親會說，不記得了；頂多說很冷或很餓。所有其他村裡生還返鄉的人亦皆如此。這段經

歷緘默地籠罩著她成長的Nitzkydorf村。帕斯裘奧卻是能夠描繪記
憶。2002年荷塔.慕勒在她一直想了解母親，以及在她一直想解開少
年時期的納悶的情況下認識了帕斯裘奧。

　　帕斯裘奧同意荷塔・慕勒寫他的勞改營故事，也答應全力協助
她。在Wichner館長的協助下，他們獲得羅貝・博許基金會的創作獎
助，三人結伴，於2004年前往烏克蘭，造訪當年勞改營的舊址。之
後，帕斯裘奧不只每個週日與荷塔・慕勒見面，口述他當時生活的
片斷，以及當時勞改營裡的人物；他也親自撰寫，提供手稿。2005年
他們更決定以共同作者的方式寫這本書。合作進行當中，帕斯裘奧，
如自己所預感的所剩時間不多，於2006年過世。傷痛無法工作有年
餘之久，荷塔・慕勒最後還是在2009年3月把作品完成，也幸運的獲
得了諾貝爾獎。

　　一年之後，慕尼黑大學歷史系教授Stefan Sienerth 公布了（2010
年9月）他研究羅馬尼亞國家安全檔案發現的五頁資料。帕斯裘奧在
這五頁的資料裡，簽名同意以Otto Stein為化名，替國家安全單位工
作，當秘密警察的線民。對德國文學界尤其是對荷塔・慕勒，這是
青天霹靂。接著作家Dieter Schlesak 也發現羅馬尼亞國家安全檔案中
他2500頁的個人資料，裡有Otto Stein打的報告。帕斯裘奧因此不只
是消極不動的線民，事證確鑿。11月中Schlesak在法蘭克福廣訊報
（FAZ）以「分裂人格訓練班」為題揭露此事，揚起了巨大波瀾。

　　三個多月以來，德國學界，作家，媒體評論，講了很多話。各
方的立場在交互質疑之際，都說得很明白了。荷塔・慕勒與帕斯裘
奧的這個事件，雖然還會發展下去，沒有塵埃落定。但是從一個台
灣到德國旅居的外人看來，有兩個現象已經是很清楚的。第一，對
「犯案者」表達悲憫之情需要很多道德力量。第二，晚近移民進來
的新德國人替德國批判的傳統注入新力量。

先說第一點：

荷塔・慕勒在Sienerth教授公布帕斯裘奧當秘密警察線民資料時，表示「震驚」。畢竟她正是在秘密警察監控下已經無法再生活下去，才逃離羅馬尼亞的。她被密告的資料不多，但是也有900頁。柏林文學館替她舉辦的「生平著作展」展場，沿著三個展示廳的天花板，懸掛著帶有諸多簽名，有官印，有內政部公文頭銜的一頁頁的密告。密告的紙頁冷冷地從上方俯視展示櫃裡展出的生活相片，以及詩文手稿。而她最敬愛的帕斯裘奧竟然是線民。稍後她表示「諒解」，諒解他被脅迫的處境。德國筆會的會長Johano Strasser也說，在獨裁的政權下，有誰能挺著腰桿生活？秘密警察制度下生活的恐懼，不是沒有沾到邊的人能夠體會的。他呼籲大家不要驟下對帕斯裘奧個人定罪的斷言。報紙與電子媒體分別報導帕斯裘奧早年從勞改營回羅馬尼亞後寫的詩，因為譏諷蘇聯，有七首詩成為秘密警察隨時能囚禁他的把柄。同時，帕斯裘奧已非真正秘密的同性戀的身分，在齊奧塞斯庫的羅馬尼亞是可以判處死刑的。《呼吸鞦韆》裡有多處他對自己早年如何隱藏同性戀身份的細膩描寫。他1969年離開羅馬尼亞，是為了脫離秘密警察的掌控嗎？他常年在柏林以隱居的方式寫出待詮釋的詩，是出自他的羞恥心嗎？他儉樸生活所留下的財產成立帕斯裘奧基金，是為了贖罪嗎？只要在國家安全檔案裡沒有1969年他離開羅馬尼亞以後提供的密告資料，像上述這些媒體同情、悲憫的文字還會不斷地出現。要把一位事證確鑿的「犯案者」轉詮釋為制度的「受害人」，需要足夠道德勇氣，需要承擔許多冰雹般批評的危險。但是很多人這麼做。柏林文學館館長 Wichner 在他主辦的「東歐獨裁者罪行」研討會致詞表示：他能站在帕斯裘奧的位置易地設想，但是他還要靜待是否有更多的資料出現。

第二點很清楚的是：

荷塔·慕勒一直不忌諱表達她對正統德國文學界的怨言。尤其
是她經常取笑文學界問她的問題：「既然用德文寫作，什麼時候寫
寫真正德國的問題？」很顯然，她是有「家鄉」歸屬困境的德國人，
或者說，她是新的德國人。荷塔·慕勒可以代表從二戰後到歐洲統
合以來逐次移入德國的德裔人群。這些人來自羅馬尼亞、捷克、俄
羅斯、烏克蘭、拉脫維亞、立陶宛等國家。有些是原來東普魯士或
奧匈帝國的地方。這些人大都是在那裡成長，經歷共黨統治，都有
自己的文化背景以及反省問題的對象及方式。長期以來，尤其是二
戰之後，德國人深刻的檢討自己，本土人問的問題會像是：宗教虔
敬主義有非理性的成分嗎？德國的唯心主義是領袖崇拜的一個根源
嗎？我們的自由的概念為什麼與英法的傳統不一樣？德國國家的觀
念裡為什麼有道德的色彩？新德國人似乎不問這些。他們問人權的
問題，問家鄉權的問題。諾貝爾文學獎2009年頒給荷塔.慕勒的理由
是「她同時以濃郁的詩的語言及樸質的散文的語言描寫失鄉的景
象」。 她當然不只是描寫；她是在做定義的工作。新德國人都是跨
文化的人，兩個制度下的人，是雙語言的人。他們看到本土人看不
到想不到的現象。 這是他們的批判力所在。

帕斯裘奧有關雙語創作及反省力的論述已是經典。荷塔·慕勒
一方面感謝羅馬尼亞彩色鮮豔富於比喻的語言對她創作的貢獻，同
時她強調她隨時在尋找揭露真相的語言及詞彙，找尋脫離舊意義的
新語言。荷塔.慕勒得諾貝爾獎前三天回答奧地利文學評論人Renata
Schmidtkunz訪談問題時說：「我不相信語言。我知道，要是我相信
它，我不會成為作家。事情就是這樣，我在獨裁統治下生活了幾十
年。我深深的懷疑語言，我尋找語言，因為我不相信它。」她的寫
作是她展開對周遭情境的定義。她的書都可以這樣看。她隨時意識

到她的定義權。毫無疑問，荷塔‧慕勒代表新德國人給德國帶來的
新的思想的力量。

胡昌智於漢堡 2010.12.18

胡昌智，曾於東海大學教學以及在波恩與倫敦從事學術交流工
作。德國浪漫主義對歐洲啟蒙運動的反思是主要研究興趣。目前從
事譯著。

思想
書評

評胡鞍鋼的《毛澤東與文革》：

兼論毛劉周鄧的思維方式及文革的起源[1]

郝志東 著　　王欣 譯

　　只有讀懂了毛澤東和他的同志們，我們才能讀懂中國和中國革命。但是迄今為止，學者們仍然不能說自己已經完成了這一任務，部份原因在於我們還不知道在過去的歲月中究竟發生了些什麼。很多檔案仍然沒有對學者開放。香港大風出版社於2008出版了胡鞍鋼的著作《毛澤東與文革》。這是當前「毛澤東研究」中又一值得歡迎的新作。其可資借鑑之處既在於為讀者們提供了更多的史料，也在於作者自己對歷史的詮釋。本文在評論胡書的同時，著重分析了文革的起因。然而更重要的是，我希望加深對毛澤東、周恩來、劉少奇和鄧小平的理解，從而加深我們對中國和中國革命的了解。在文章的後一部分，我將總結本書的長處與不足。目前的毛澤東研究儘管還有諸多局限，但是任何一種努力都有助於我們更好地理解毛澤東和中國革命。

胡鞍鋼書的架構與敘述方法

1　本文原文為英文，發表於*H-Diplo Roundtable Reviews*(美國), Vol. XI, No. 43 (2010), pp. 6-13. 中譯本應編者要求內容有所增加，個別地方行文有所調整。

　　胡書共分六章826頁。包括1.導言：歷史教訓與歷史財富；2.毛
澤東爲「文化大革命」做準備；3.全面發動、全面內戰(1966-1969)；
4.毛澤東與林彪殊死鬥爭(1969-1973)；5.鄧小平與江青政治博弈
(1973-1976)；6.對「文化大革命」的評價。胡鞍鋼認爲文革十年「是
黨、國家和人民遭到建國以來最嚴重的挫折和損失的十年，是毛澤
東晚年的歷史悲劇」（頁3）。本文質疑「歷史悲劇」難道是毛的晚
年才開始嗎？恐怕不是。胡鞍鋼聲明「本書以史實爲基礎，以事件
爲線索，以分析爲手段，以評論爲精華，『邊讀邊議』，『邊敘邊
議』，以便來挖掘歷史悲劇及其背後歷史成因，將歷史教訓轉化爲
歷史財富，使今人和後人記住這段刻骨銘心的歷史，『以史爲鑑』」
（頁3-4）。本文也會評價胡鞍鋼在這些方面做得如何。

文革緣何成爲可能？

　　毛澤東爲什麼要搞「文化大革命」？如胡鞍鋼指出，官方闡明
的目的是要「鞏固無產階級專政，防止資本主義復辟，建設社會主
義」(頁5-6)。這是毛澤東當時的接班人林彪在1969年4月中國共產
黨第九次全國代表大會上所作的報告中指出的。在某種程度上，這
一目的是真實的。毛澤東的打擊對像是劉少奇和他的同志們，因爲
毛確信他們代表了資產階級思想、資本主義路線。所以他們被稱作
「走資派」。

　　但是，文革這一冠冕堂皇的目的儘管是原因之一，但並不是所
有的原因。因爲如果果真如此的話，那麼毛澤東就應首先界定什麼
是無產階級專政、資本主義或者社會主義，進而查明劉少奇等人是
否真的像他說得那樣在走資本主義道路。顯然，文革的發動勢必還
有其它因素。正如很多人指出的，權力鬥爭就是其中之一。毛澤東

渴望絕對的權力，他會不惜動用一切手段鞏固這一權力。

換言之，從「整黨內一切走資本主義道路的當權派」來看，毛澤東是個理想主義者、民粹主義者。他要建立一個共產主義社會，在這裡工農兵是國家的主人。然而他並不清楚這樣的社會應如何建立、如何管制。在文革中他讓各地成立革命委員會，將普通工人和農民納入到管制結構中就是一種嘗試。1950年代，農村的集體化，包括人民公社和大躍進，還有1960-70年代毛澤東對於第三世界國家的慷慨援助也是例證[2]。但是更為重要的可能是第二個原因。如胡鞍鋼所指出，毛澤東是一個沿襲中國極權主義傳統的獨裁者，也是一個陰謀家。他利用「分而治之」、「殘酷鬥爭，無情打擊」的策略，鎮壓任何可能有損到他權力的思想、行為和個人（頁6-7）。

毛澤東為什麼會這樣做，怎麼可能這樣做呢？胡鞍鋼將原因歸結為兩個方面：第一，毛澤東無法獲得決策所需的所有信息；第二，黨內缺乏權力制衡的民主機制（頁9-13）。胡的第一個原因似乎不太能够讓人信服，因為畢竟毛澤東擁有可以弄清各種情況底細的一切手段，他想要得到的信息，也的確可以得到。問題是他對和自己觀點相左的信息視而不見。這裡最好的一個例證就是彭德懷向他報告了人民公社和大躍進的失敗之後，他不但故意忽略了彭德懷所提供的信息，而且開始了一個批判彭德懷的運動，並免去了其國防部長

2　　另見辛子陵，《紅太陽的隕落：千秋功罪毛澤東》（香港：書作坊出版社，2007）。本書對1949年建國後的毛澤東做了詳盡的介紹。作者希望這本書具有可讀性，因此沒有過多注釋，不過這也是本書的遺憾，儘管該書所提供的信息應該基本可靠。另一方面，胡鞍鋼書的注釋卻過多，有時不免冗贅、重複，挫傷讀者的閱讀意願。這一點我將在後文再做說明。

的職務。這是毛澤東處理意見分歧的典型方式[3]。

　　因此，造成毛澤東獨裁專治的主要原因應是胡鞍鋼總結的第二個方面：缺乏權力制衡的民主機制。但這裡有一個同義反覆的問題：因為缺乏民主，毛澤東就可以排斥不利於自己觀點的信息；由於毛澤東沒有將所有的信息一視同仁，所以導致其獨斷專行。這似乎並沒有將問題講清楚。這兩個問題實際上只是一個問題，即缺乏民主機制的問題。毫無疑問，中國共產主義革命的悲劇就在於其沒有建立一種機制，以保障政黨或國家可以避免諸如文革這樣的悲劇。

　　那麼，為什麼共產黨沒有能夠建立民主機制便是一個更好的問題。共產主義革命取得勝利，一定程度上是源於其對民主的主張和追求，比如對國民黨獨裁的批判和對聯合政府的設想。但是共產黨一旦掌握政權之後，便大行其獨裁專治之道。這是為什麼呢？原因之一是由於共產黨及其領導人對於過去革命時期做法的路徑依賴，感到很少有制度變革的需求，至少缺乏足夠的動機。我們現在就來對比一下文革中發生的情況和中共歷史上發生的情況，來看文革是否是中共歷史發展的一個邏輯結論。我們會具體分析毛澤東、周恩來、劉少奇和鄧小平的思想和行為方式。

毛澤東對異見者所采取策略的延續性

　　我們之前提到，文革的官方目的是「整黨內那些走資本主義道路的當權派」。我們也提到說這是毛澤東理想主義的表現。確實如

3　關於毛澤東在大躍進和饑荒時期對信息採取「去蕪取菁」（或者更準確地說是「去菁取蕪」）、為我所用的態度，也見辛子陵，《紅太陽的隕落》。

此，如果毛澤東的思維方式還有一點一致性的話，那就是他一直認
爲世界上存在著大量的階級敵人，這些人在妨礙他實現他自認爲正
確的中國革命之路。這些敵人不僅來自黨外，如蔣介石及其國民黨、
美帝國主義和蘇聯修主義者，尤其來自黨內。早在1920-30年代，在
中國共產黨拼死抵抗國民黨的圍剿，力圖生存下來的時候，毛澤東
就發動了「肅清AB團」的運動。他認爲這些人都是國民黨特務。結
果數千名紅軍幹部和士兵被錯殺。毛澤東領導的那一部分紅軍部隊
中，超過4,400名AB團分子被殺害，大約是其所指揮部隊人數的
10%[4]。

　　毛澤東對階級敵人保持著高度警惕，只要他認爲這些人是他的
絆脚石，就必除之。1940年代延安整風運動中他對王實味等知識分
子的態度就是這樣。王實味曾抱怨中共作風缺乏民主。1957年針對
知識分子和幹部的反右運動、1959年對彭德懷等人的批判和打擊，
均如此。彭德懷等人只是提出要反省1950年代末人民公社化運動及
其導致的1960年代初的饑荒。一個不爲更多人知道的例子是，毛澤
東堅信河南信陽的饑荒是階級敵人陰謀破壞的結果，這裡的地方領
導被說成是地主階級的殘餘或代言人[5]。當劉少奇等人試圖解決農村
的饑荒問題，准許農村地區實行有限度的私有制時，他們立刻被毛
澤東扣上了「走資派」的帽子[6]。既然毛澤東相信中共的大部份領導
已經變成了走資派，那麼他在1966年發動文化大革命來整他們，就
合乎邏輯了。發動一個涉及到批判並整肅如此衆多的中共領導的運

4　高華，《紅太陽是怎樣升起的：延安整風運動的來龍去脉》（香港：
　　中文大學出版社，2000），頁16-17。

5　楊繼繩，《墓碑：中國六十年代大饑荒紀實》（香港：天地出版社，
　　2008），頁67-68。

6　見辛子陵，《紅太陽的隕落》，第22章。

動，要想成功沒有別的辦法，只能通過動員廣大群眾，發動一場由
下而上的人民戰爭、繼續革命。於是便有了無產階級文化大革命。
對於毛澤東來說，這是合情合理的。

　　毛澤東打倒走資派讓他們永世不得翻身的信念一直堅持到其
1976年去世之前。當毛於1972年讓鄧小平復出，準備接周恩來的班
的時候，他認爲鄧能够繼續推行他的路線，他相信了鄧對於文革「永
不翻案」的承諾。當他開始懷疑鄧小平「永不翻案」靠不住，「走
資派還在走」的時候，就旋即於1976年剝奪了鄧的一切職務（頁
616-618、634、714）。毛澤東心裡有一個共產主義的理想，儘管這
個共產主義到底是什麼樣子，他自己也不清楚，但是他知道這肯定
不是資本主義。無論誰擋住他通往理想的道路都將被他掃除。這是
一個階級對另一個階級的鬥爭（頁 599、603-604、694-695）。這個
鬥爭將永遠進行，直到共產主義的實現。

　　實現這一理想的方法是殘酷的。從上世紀1920-30年代的肅AB
團運動到1940年代的整風運動、1950年代的反右，再到1960年代的
文化大革命，毛澤東始終堅信暴力革命。他的邏輯依據是：要實現
這一目標，一些犧牲是在所難免的。正如毛澤東自己所說：我們殺
了4,500人，但我們保存了四萬紅軍[7]。文革期間，當毛澤東聽到有
幹部遭到紅衛兵的毆打、造反派之間也互相殺戮時，他的反應却是
「打得好」。他認爲好人打好人誤會，不打不相識；好人打壞人活
該；壞人打好人，好人光榮（頁 176、262）。的確，在毛的眼裡，在
所有之前的那些階級鬥爭的暴力之後，文革中的暴力幾乎是微不足
道的。毛就是用這樣的方法來追求自己的理想，並捍衛他至高無上
的權力。

7　高華，《紅太陽是怎樣升起的》，頁498。

周恩來、劉少奇和鄧小平所體現的歷史延續性

如果可以將毛澤東的想法與暴戾追溯到早期的革命年代，其他領導人的思想和行為方式同樣可以追溯到他們的早期。例如，周恩來早在學生時代就已被認為「性溫和誠實，最富於感情，摯於友誼，凡朋友及公益事，無不盡力」[8]。至於周恩來在文革中扮演的角色，鄧小平的評價頗耐人尋味：「如果沒有總理，文化大革命的局面可能更糟。但是如果沒有總理，文化大革命也不會拖得那麼久」[9]。成也蕭何，敗也蕭何。換言之，周恩來力求在毛澤東和其批評者之間保持平衡。他總是希望對同志施以援手，但是如果讓他在毛澤東和其他人之間作出選擇，他也總會站在毛的一邊。周和毛的關係，真的有點像蕭何與劉邦的關係。遺憾的是即使如此，他最終還是沒有贏得毛澤東的完全信任。直到毛去世，他都認定周恩來不是他的人，而是劉少奇、鄧小平的同路人[10]。儘管毛澤東這樣認為，可是胡鞍鋼說周恩來仍舊是過大於功（頁150、204、285），因為周恩來對於劉少奇和其他同志們的批判和毛澤東一樣殘酷（頁315-316）。

然而，周恩來歷來如此。作為當時中共中央的主要領導人之一，他認為毛澤東等人1920-30年代的肅AB團運動是絕對正確和必要的，只是有點簡單化和擴大化的問題。儘管周恩來也試圖保護與毛澤東意見相悖的同志，但他最終還是成為毛澤東「伐異」的最重要支持者[11]。周恩來在文革前後發揮了同樣的作用，雖然他也竭盡全

8 高文謙，《晚年周恩來》（香港：明鏡出版社，2003），頁15。
9 同上，頁208-209。
10 同上，頁569-570。另見胡鞍鋼，《毛澤東與文革》，頁487、614-615。
11 高華，《紅太陽是怎樣升起的》，頁34、39、63、86。

力減少毛澤東對黨造成的傷害。

劉少奇的道路也可以追溯到革命的早期,但是這條路却最終導致他的滅頂之災。胡鞍鋼解釋說,劉少奇在文革初期支持毛澤東批判北京市黨委書記彭真(頁143),却怎麼也沒有料到自己會成爲下一個重點打擊對象。毛澤東寫了他自己的一張「大字報」對劉發起進攻時,劉少奇一味做自我批評,而不是反抗自保(頁194-199),他想證明自己永遠是毛澤東的支持者。

確實,自從1920-30年代時起,特別是毛澤東需要對抗王明等親俄領導人和張聞天等知識分子領導人以便確立自己的領導地位時,劉少奇一直是毛的支持者。正是劉少奇首先提出了「毛澤東思想」的這一術語,並將毛澤東推崇到理論家的地位來與王明和張聞天分庭抗禮[12]。1950年代,劉少奇支持毛澤東搞大躍進,鼓動地方幹部不現實地提高農業產量。隨後,他又大力支持毛澤東對彭德懷的批判[13]。他也是對毛澤東個人崇拜的鼓吹者之一。在某種程度上可以說,劉少奇不能將自己與毛澤東和毛澤東的行爲方式徹底劃清界線導致了他成爲文革的主要犧牲品之一,正是他的革命道路導致了他的悲劇。但是最大的悲劇在於黨的絕大多數領導人身陷中國傳統的極權主義和專制獨裁的政治漩渦而難以自拔。這種情況也發生在鄧小平身上。

作爲後毛澤東時代的最高領導人,鄧小平本有機會改變中共在革命年代一直依賴的傳統的、不民主的路徑。但他沒有這樣做。他說毛澤東的錯誤在於用「封建主義」思想來指導黨的工作,包括選擇自己接班人(頁556, 786)。但是鄧小平也用同樣的辦法選擇了自

---

12 同上,頁98-99、220-221、608-609。

13 見辛子陵,《紅太陽的隕落》,第16章和17章。

己的接班人，甚至是兩代接班人，比毛澤東有過之而無不及。雖然他談論民主和政治體制改革（頁635），但僅僅限於能夠保障中共統治的民主制度或體制。在1976年4月5日紀念周恩來逝世、表達對四人幫不滿的「四五運動」中，鄧小平對遊行者深表支持，並親往天安門廣場看望。但在1989年紀念胡耀邦逝世的六四運動中，鄧小平竟命令部隊向遊行示威者開火，成百上千的普通市民和在校大學生被殺害。

鄧小平之所以可以大搞經濟改革，却不能進行政治改革，是因爲他仍秉承了毛澤東和他的同志們的思維方式，儘管他自己或許並不這樣認爲。的確，無論如何，鄧小平都是毛澤東的戰友之一。例如在後毛澤東時代爲所謂的「右派」恢復名譽時，鄧小平強調不是「平反」，僅僅是「改正」。但是「反右」是一場導致了成千上萬無辜的人死亡、受難的浩劫：55萬名知識分子和幹部被錯劃爲右派，被強制接受勞動改造或受盡其它折磨。這還僅僅是官方數字，實際數字可能更多。許多人因此喪命。而他們僅有的「罪行」就是一些對黨的工作的批評言論。「改正」錯誤就意味著這些人不會獲得補償。很明顯，鄧小平意識到黨做錯了。他當時是反右辦公室主任，肯定知道這一點。但是在政治方面，鄧小平仍沒有脫離傳統的「革命」暴力，畢竟這條路是他和他的戰友們，特別是毛澤東、周恩來和劉少奇等人一以貫之的。儘管在經濟方面他已經選擇了毛澤東所擔憂的資本主義道路，然而他並不願意讓別人和共產黨分享權力。他和毛澤東等人一樣，也是個權力追求者。

我們在上面對毛澤東、周恩來、劉少奇和鄧小平路徑依賴的分析進一步解釋了文化大革命緣何成爲可能。1949年建國前後的共產主義革命中發生的各種事件幫助毛澤東確立了自己在黨內的領導地位。周恩來、劉少奇和鄧小平是這場建立了一個不民主的制度、樹

立起了對毛澤東的個人崇拜的革命的一部分。文化大革命是先前發
生的各種革命運動的邏輯結論，正如「六四」屠殺是鄧小平中共一
黨專政思想的邏輯結論一樣。除非中共承認普通民眾與中共黨員有
同等的政治權利，中共沒有絲毫特權，否則對於異見者的鎮壓將永
不停歇。

對胡鞍鋼書的其它評述

　　現在我們來看一下胡鞍鋼書的其它一些方面。如前所述，本書
的優點之一就是敘事詳盡，並有豐富的注釋。但其冗長和重複未免
給閱讀帶來一些不便。不過一個更為重要的缺陷在於作者的一些行
文方式和思維方式。

　　完善「民主集中制」是中國政治的出路嗎？雖然本書在香港出
版，但讀者仍能感到作者時不時被大陸的意識型態所圍。例如，作
者總結道，文革的教訓之一就是黨需要切實履行「民主集中制」（頁
12）。胡鞍鋼就像胡錦濤一樣，仍然認為建基於民主集中制之上的一
黨專政還是不夠。這一點令讀者驚訝不已。當然，任何人都可以有
自己的觀點。但是如果他當真認為中國仍需要更多的民主集中制，
他就應該對此詳加論證。他不可以想當然地認為這就是中國政治的
唯一出路。

　　中國共產黨文革前的管理是「有效」的嗎？作者另一個牽涉意
識型態的敘述是「文化大革命開始之前，中國共產黨是當時世界上
最有效進行國家治理和社會治理的執政黨」（頁74）。難道這一「有
效」治理也包括反右運動，大躍進和1960年代初的所謂「三年自然
災害」等等「三分天災七分人禍」嗎？如上所述，如果作者真的這
樣認為，那麼他就應當論證這一觀點。不可以簡單地講黨的工作還

是不錯的，只是由於傳統的慣性和外部的壓力，所以出現了一點瑕疵，甚至有時是很嚴重的瑕疵而已。爲黨辯護，爲黨道歉，也要有理有據才可以。

什麼叫「罪有應得」？作者還有其它一些論述是不能證明的，是一些不嚴謹、不科學、想當然的說法。例如，當提及江青、陳伯達或者林彪時，胡鞍鋼使用的詞彙多如「罪有應得」，「惡有惡報」，「沒有無懲罰的罪惡」，「多行不義必自斃」等等（頁472、474、575、645、633）。這些都是用來表達願望的說法，絕非學術研究的結論。雖善不賞，雖惡不罰的情況在這個世界上比比皆是。

誰是「人民」？作者對「人民」一詞的使用通常是有問題的。他說，4月5日「天安門事件」喚醒了人民，早日結束文化大革命是人心所向（頁645）。作者是從何得知「人民」的想法呢？當時的多數人民並不了解真相，他們實際是和黨中央、毛主席站在一起的。或者即使「人民」果真如此認爲，他們的想法能够左右政局嗎？權力精英們真的會在乎「人民」怎麼想嗎？權力精英們關心的是自己的權力，而不是人民的權利，難道不是這樣嗎？胡鞍鋼說鄧小平和他的同志們在1975代表了「人民」的意願和江青集團進行「政治博弈」（頁598）。是哪些人民選舉了鄧小平做他們的代表呢？作者還說，從那時起，全國人民開始認識了鄧小平，也更爲擁護鄧小平（頁601）。這些「人民」又是指誰？作者又是從何得知他們支持鄧小平超過支持江青呢？這更多是宣傳字眼，忽悠人的說法，而不是學術研究（作者在其它地方關於「人民」的使用，見頁 615、623-624、637）。作者把江青形容爲「政治瘋狗」也是不合適的（頁606、658）。

周恩來是被氣死的嗎？另外一個詞彙使用不精確的例證是「人民都曉得周恩來是被毛澤東氣死的」（頁563）。如果情況屬實，那麼周恩來早在1920-30年代就被毛氣死了。而且此後的很多次他都在劫

難逃，應該已經死去多次了。最有可能的一次是大躍進中他被剝奪
國務院領導權的時候。當時毛澤東不相信周對大躍進的領導，而啓
用了另一套人馬，致使周的辦公室陷於癱瘓[14]。在胡的書中也可看
到，周恩來生前，無論是文革前，還是文革後，都做過不計其數的
自我批評。照理，他該死過很多次了。

周恩來代表黨內「健康和進步」的力量嗎？作者也時而會自相
矛盾。作者在一處提到，周恩來代表了黨內的健康和進步力量（頁
422），但在另一處又說，周在破壞黨的制度方面的副面作用超過他
千方百計保護老幹部的正面作用（頁285）。這又如何體現健康和進步
呢？應是自相矛盾了。更爲精確的描述或許應該是周恩來有時候代
表了進步，但在其它很多時候代表的是落後的力量。他畢竟是造成
諸多災難的中共統治結構的一分子。

毛澤東在四五事件中到底起了什麼作用？作者提到，毛澤東指
示政治局在處理1976年4月5日的「天安門」事件時不要調野戰軍，
不要開槍；但就在同一頁，作者又說，這些決定是政治局作出的，
因爲毛澤東已經不能說話，甚至呼吸都很困難（頁641）。真實情況是
怎樣的？作者並未解釋。

或許作者的寫作風格在某種程度上是造成以上這些問題的原
因。作者在開篇表示希望在故事的敘述中穿插進自己的評論。他主
要是在講故事，而不是對故事進行分析。前者是非正式的、較隨意
的，而後者卻是正式的、學術的。作者的寫作風格更似前者，但其
豐富的注釋倒是更像後者。在這種相互矛盾的情況下，作者措辭不
夠嚴謹就可以理解了。

---

14 見辛子陵，《紅太陽的隕落》，第11章。

　　雖然存在上述問題，胡鞍鋼的《毛澤東與文革》仍是對於毛澤東和他的同志們以及文革研究的一項應該受到歡迎的貢獻。另外，香港中文大學2008年出版的中華人民共和國史中關於文革的幾卷，如卜偉華的《「砸爛舊世界」：文化大革命的動亂與浩劫(1966-1968)》，就已經基本上沒有這些問題。而河南人民出版社(1996)出版的王年一的《大動亂的年代》，以及星克爾出版(香港)有限公司(2009)出版的麥克法誇爾和沈邁克所著《毛澤東最後的革命》(台灣版，左岸文化，2009年6月)等等文革研究的著作，也都值得一看。我們越是深入研究，就越能更好地理解中國的過去、現在和未來。

　　郝志東，澳門大學社會學系教授。研究興趣為知識分子社會學、兩岸民族主義與兩岸未來、農村發展、澳門歷史與社會，並出版了這些方面的書籍及文章多種。詳見網頁：http://www. umac.mo/fsh/soc/Faculty/hao.htm

　　王欣，前澳門大學政府與公共行政系碩士研究生。

思想
人生

夏志清：
反思中國文學

李懷宇

　　夏志清，1921年生於上海浦東，原籍江蘇吳縣。上海滬江大學英文系畢業。1948年考取北大文科留美獎學金赴美深造，1952年獲耶魯大學英文系博士學位。1962年應聘為哥倫比亞大學東亞語文系副教授，1969年升任為正教授，1991年榮退後為該校中國文學名譽教授。2006年當選為中央研究院院士。著有《中國現代小說史》、《中國古典小說》、《夏志清論中國文學》、《文學的前途》、《人的文學》、《新文學的傳統》、《談文藝 憶師友》等。

一、下次結婚再到這地來

　　在訪問生涯中，我不時有「人不如其文」的經驗，然而，對夏志清的性情，我自信從熟讀的文中便可猜中十之八九。未見夏志清時，我早就想好了，訪問孫康宜教授之後，請她打電話幫我約夏先生。果然，我在耶魯大學和孫康宜相談甚歡，當孫教授和夏先生通過電話後，把話機遞給我，馬上聽到夏先生說："You are welcome!"

　　2007年11月19日，我從波士頓坐車到紐約，剛放下行李，就步行到了夏志清先生位於113街的寓所，這裡可以步行到哥倫比亞大學和赫德遜河。我看過夏先生〈書房天地〉一文，對他坐擁書城的情

景早已了然于胸，夏先生也樂於帶我四處看藏書。書架上外文書看得我眼花撩亂，夏先生笑道：「我看的外文比中文多得多了。」夏太太王洞在一旁解釋：「因爲他以前是研究西洋文學的，只看西洋東西，連張愛玲都看得很少。」夏先生帶我到另一間房子的書架上看中國作家送的著作。「師陀一直感激我，因爲《中國現代小說史》有他的一章，他是河南人，河南大學出版社也感到光榮，爲他出了一套全集，載有我的書信和照片。全集八冊，你看多麼精美！」

孫康宜的〈「快人」夏志清〉中說，夏志清自稱保持年輕的秘訣不過是按時吃許多維生素而已。我特別留意到夏家一個桌子上擺放維生素之類的藥品。聊起長壽之道，夏先生說：「我的祖父死得早，他去世後，家裡的情況就大不如前。中國衛生真壞，我活到現在八十多歲，清末民初，很少人壽命這樣長。最不好是得過且過，生一個小病都要去看醫生，看病是麻煩，但是不要怕麻煩。人老了一定要住大城裡，看病方便。」話猶在耳，如今撰寫此文時，聽說夏先生身體欠佳，思之悵然。

夏太太王洞總在一旁悉心照顧，後來交往我才知道，連夏先生給我的電郵，也由夏太太代筆。笑談中，我問起當年結婚時，夏志清是否對唐德剛講過「下次結婚再到這地來」的話。夏志清笑道：「我說，這地方真好，下次還來。這是紐約當年最有名的 Plaza Hotel，已經關門了。這個 hotel 很大，吃午餐都很貴，我們只請了15個老友。我亂說瘋話。自己說了什麼，都不記得了。」

初次見面，我送了一本《訪問歷史》給夏先生。2007年11月26日下午再去夏家，發現書上凡是提到「夏志清」之處，均劃上了標記。夏先生提起其中因緣，夏太太則特別跟我說：「你訪問陳之藩那篇寫得最好。」我才想起《訪問歷史》中陳之藩先生的談話：「唐德剛和宋淇、夏志清因爲《紅樓夢》爭起來了，讓我斷。唐德剛認

為《紅樓夢》裡的女孩，大腳就是旗人，小腳就是漢人。《紅樓夢》我也看過，我確實沒想過。他說人一睡覺不就得露腳嗎？怎麼曹雪芹就沒說過腳呢？那時宋淇和唐德剛打得一塌糊塗，還把我捲進去。唐德剛罵夏志清，他說：我看《紅樓夢》都是在重慶防空洞裡面看的，你夏教授在哪看的《紅樓夢》？你在美國哥倫比亞大學皮沙發上看的，我看了多少年了，你才看了幾年。這話損人了，倆人擺資格，無聊罵起來了。」當年唐夏二公因《紅樓夢》而吵架之事，如今可置之一笑，我卻發現夏先生有點黯然神傷，夏太太說：「我們兩家還是好朋友。」

二、一生最大的福氣

夏濟安一定是性情中人。我從劉紹銘和白先勇的回憶中得到這個印象。可惜這位性情中人1965年2月23日去世，年方49歲。

夏志清說：「我從小有這樣一位長兄照顧我，這是我一生最大的福氣。」

我問起夏志清記憶裡小時候哥哥夏濟安是什麼樣的。夏志清說：「他比我大5歲。他去打天下，先在蘇州讀桃塢中學，後來到上海讀立達學園、上海中學，高中則在蘇州中學畢業，同學不少是名人。他念書很好，後來得了一場病，沒有根治。」

我說：「您哥哥太可惜了，那麼有才華，在最好的年華裡走了。」夏志清語帶感傷道：「我哥哥在南京讀大學時，因患肺病而休學，在昆明、北京教書時，身體已不錯。他到美國來，太用功，不去看醫生。他太忙，又是單身漢，不禁煙酒，常在外頭吃飯，腦充血，一下子就走了。」

我至今沒有讀過《夏濟安日記》，只看過夏志清寫的《夏濟安

日記‧前言》，便問起日記中關於夏濟安暗戀女學生的故事。夏志清說：「哥哥1943年11月才去內地，1945年在西南聯大教書，才同大一女生李彥一見鍾情。1965年2月我去伯克萊奔喪，從他1946年的日記簿上看到他癡愛李彥的細節，過了幾年後才決定把日記發表。原先同時在台北香港報章上連載，果然轟動。女性讀者尤其喜愛這本日記。」

《夏濟安日記‧前言》中還說：「卞之琳是名詩人，翻譯家。聯大解散後，他隸屬南開。我在北大時，他常從天津來北平，找我哥哥談談。他多少年來一直苦追一位名門閨秀(沈從文的小姨，寫一手好字，也善唱昆曲)。我離開北大後，她同一位研究中國文學的洋人結了婚，卞之琳的傷心情形可想。」

我笑談不久前恰去訪問了夏志清文中提到的「名門閨秀」——張充和女士。

夏志清說：「卞之琳為人大概沒有passion。一個男人太斯文了，就不一定有勇氣談戀愛。」

我笑問：「您自己在讀大學時有沒有談戀愛？」

「我太窮了！」

「窮跟談戀愛沒有關係。」

「大有關係！至少要有一場電影看。總之就是窮了，沒有條件。」

三、我對胡適越來越佩服

1921年，夏志清生於上海浦東。父親讀的是吳淞商船學校，卻一生從商。夏志清1942年自滬江大學英文系畢業時，自稱「當代中國小說，簡直不看，一直在研讀西洋文學。」

我問：「您在上海讀的滬江大學算是什麼樣的學校？」夏志清

解釋：「比聖公會辦的聖約翰大學稍為差一點，NO.2。教會學校有很多種，滬江大學是美國南方浸禮會辦的，址設江灣的校園很大，抗戰開始後，學校搬進上海租界。我也住在租界，上學就像上班一樣的，乘電車，回家也是這樣。」

我問：「您在滬江大學英文系，英文念得怎麼樣？」夏志清道：「沒有問題！學校的教師有好有壞，學生也有好有壞。教會學校的好處就是不少課程是美國人用英語講授的。」

1946年9月，夏志清隨長兄夏濟安至北京大學擔任助教，寫了一篇研究英國詩人布雷克（William Blake）的論文，脫穎而出，取得留美獎學金。當時胡適從美國返回北大任校長，夏志清恰因留學之事有了和胡適面談的機會。

那次面談的印象，夏志清說：「胡適看不起教會學校，一聽我是滬江大學的畢業生，就大失所望。他對英美文壇的行情不熟悉，他說美國大學英文系的正派教授最討厭艾略特、龐德，這是20年前的老話，早已站不住了。那時候艾略特已經公認是英美的首席詩人、批評家。」

夏志清又笑道：「我在街上也跟胡適見過一次面。我帶著一個女孩子，這個女孩子是另外一個班上的，她帶著另外一個女孩子陪她來看我，正好胡適走過來，看了我一眼，不好講話了。他以為我拿到留美獎學金後到處風流。」

我問：「在1940年代，胡適在中國學術界的地位怎麼樣？」夏志清答：「左派要搞他，我在北大那一年，很同情胡校長的處境。學生很凶，其實一般教員並不要罷課。沈崇事件完全是造出來的！為了這個事情學生完全不上課，造反，造得胡適實在可憐，我很同情他。我是個助教，當時右派不便講話，都是左派在講話，左派出風頭。」

　　1978年，夏志清爲唐德剛的《胡適雜憶》寫序道：「德剛兄認爲胡適在哥大研究院兩年，絕無可能把博士學位修完，這一點我完全不同意。」又道：「胡適是『當代第一人』，一方面因爲『他的爲人處世，眞是內聖外王地承繼了孔孟價值的最高標準』，另一方面因爲不論國粹派也好，共產黨也好，反胡陣營中竟找不出一位學問、見解(且不談人品)比胡適更高明的主將堪同他匹敵。」

　　當提起唐德剛這位常常鬥嘴的老朋友，夏志清說：「唐德剛捧胡適，同時也要開胡適的玩笑。胡適很好，我對胡適越來越佩服。我們是研究中國東西的，都講眞話。」

四、從西洋文學到中國文學

　　夏志清的留學生活，他的長文〈耶魯談往〉已經細敘。我看得最感動的一個細節是：夏志清要乘車往耶魯大學所在的紐黑文時，是蘭蓀教授親自開車送他到火車站。「我乘船來美，帶了一鐵皮箱書。抵達三藩市後，又買了一架打字機，沒有人接送，簡直難以行動。留居美國已53年，還沒有第二個長者詩人學問家爲我這樣服務過，至今每想到蘭蓀，還是不知如何報答他。」──我初抵美國，從普林斯頓要乘車往紐黑文時，正是余英時先生親自送我到火車站，當時我也帶著一個裝滿書的行李箱。那是我今生難忘的經歷！

　　1952年，耶魯大學博士夏志清獲得洛氏基金會三年贊助，從此「過了三年(1952-1955)無拘無束、讀書寫作的生活。」1961年，夏志清的《中國現代小說史》由耶魯大學出版。

　　我問：「您怎麼研究起中國現代小說？」夏志清答：「我開始是研究西洋文學的，從做學問開始，當年眞是沒有時間去研讀中國文學的。我最近看金庸的一篇文章講，他看《家》是在小學時。很

多中國人年紀輕輕就看了巴金，感動得不得了，待年長後，對年輕時所看過的像巴金這類的作家，仍保持好感，改不過來。我是拿到博士後，才去仔細審讀中國現代文學，就不容易像當年中學生一樣被感動而叫好了。我原先是要寫一部現代文學史的，發現早期白話新詩寫得這樣壞，簡直無法作評，倒是小說比較耐看，就認真去寫一部小說史吧。我不看中國東西的，一直看西洋文學。我讀英國文學，主要先研讀英國的大詩人，中國新詩太嫩，簡單明瞭得一點韻味也沒有，沒法跟英國名詩比。散文好多了，可是散文不好討論，小說寫到人生各種問題，容易討論。」

當年耶魯大學所藏中國現代小說很少，哥倫比亞大學因為開發得早，這類藏書比耶魯大學多，夏志清便每個月到哥倫比亞大學來一次。我問：「那麼多書怎麼看？」夏志清說：「不要怕書看不完，現代小說這麼多，但名家的作品，一本一本，仔細看下去，應看的東西，好像都看完了，再去找新的看，假如自己能發現一個新作家，多麼開心呀！」

夏志清談起寫《中國現代小說史》的心得：「中國文學史最不好就是抄人家的，人家這樣講，你也這樣講。我是不跟人家走的，自己有自己的看法。而且我西洋文學的根底好，看的書也多，寫出來的評論，較有分量。《小說史》有個好處，每一個人都不一樣，是有個人觀點的第一本。別人的書，大話很多。我批評魯迅的話，別人不懂的，魯迅的小說不錯，《阿Q正傳》不太好，滑稽太多了。我也沒有罵魯迅，可是我覺得魯迅這個人膽子太小了，他罵國民黨很厲害，蘇聯他一個字都不敢罵，這一點是丟人的地方。」

夏志清又說：「老舍的《四世同堂》抗戰以後為評者大捧，惟我獨表異議。當然老舍有才，有中國老派人的味道。老舍在英國、美國都待過，後來變了。中國作家變得最可怕的要算郭沫若和老舍

兩人了。郭沫若不用提了，老舍變成了一個多產作家，寫了不知多少劇本。」

我說：「您對茅盾的評價好像不太高？」夏志清說：「茅盾開頭很好，我很歡喜他。後來就不大好，一個人根據一條路線寫小說，這就不行，我一看就看出來。中國人每一個人都是不一樣，不能因為小資產階級就要罵一通，這是不通的。1940年代他寫《霜葉紅似二月花》，還是寫得不錯的。」

我問：「在寫《中國現代小說史》時，像蕭紅的書，您就沒有看？」夏志清說：「當時沒有看，因為圖書館沒有書，後來看了，發現蕭紅好得一塌糊塗！蕭紅真是偉大，茅盾曾為《呼蘭河傳》寫序，其實茅盾哪裡能寫出像《呼蘭河傳》這樣讀後回味無窮的作品。」

我接著問：「《中國現代小說史》初版裡沒有講蕭紅，會不會覺得遺憾？」「當然遺憾，應該講的，後來我要為蕭紅寫篇專論，碰巧那時葛浩文正在寫蕭紅的博士論文，假如我先有文章刊出，他的博士論文就更難寫了。因此我改寫端木蕻良，讓葛浩文有充分的時間把論文寫完。」

五、有沒有看走眼？

《中國現代小說史》成為經典，夏志清頗為得意的是捧四個人：張愛玲、沈從文、錢鍾書、張天翼。在他之前，一般現代文學史對這四個人重視不夠。

那時李安導演的電影《色戒》正在紐約放映，至少在紐約華人圈中是熱議的話題。我便順口問夏先生：「您怎麼看張愛玲的小說《色戒》？」沒想到夏志清的回答是：「《色戒》是後來的東西。很奇怪，張愛玲從上海到香港，再到美國，要寫的東西實在是寫不

完的呀。可惜她雖長期住在美國，她想寫的資料，還停留在當年上海那段歲月，所以很吃了些虧。她到紐約來住過一兩個月，我請她到上海飯館吃湯包、蟹殼黃都請不動。」

我便將話題扯到張愛玲將作品「托孤」的宋淇上，夏志清說：「宋淇好人一個，我的事宋淇都幫忙，錢鍾書、張愛玲都是他的好朋友。宋淇的爸爸宋春舫同徐志摩有一樣的家庭背景，一方面從商，一方面又愛好文藝，都是有錢人家。宋淇為人真偉大，他的英文也好。」

《中國現代小說史》中認為「《圍城》比任何中國古典諷刺小說優秀。」我問：「在1940年代，《圍城》到底有多大的影響？」夏志清說：「《圍城》初在《文藝復興》上連載的時候，讀者一定很多。可是到了1940年代後期，上面要打錢鍾書，即在香港就有幾篇文章苛評《圍城》，上海當然更多，當年罵錢鍾書、罵沈從文，都是配合上面的需要。罵人最厲害的就是郭沫若了。」

1976年1月3日，夏志清寫了一篇〈追念錢鍾書先生〉，事緣宋淇寫信告訴他「錢鍾書先生去世了」。後來知道是誤會，夏志清和錢鍾書在哥倫比亞大學見面後，便寫了〈重會錢鍾書紀實〉。等到錢鍾書逝世，夏志清又寫了〈錢氏未完稿〈百合心〉遺落何方？〉悼念他。我問：「見了錢鍾書真人，跟看他的文章有什麼不一樣？」夏志清說：「他對我很好，很感激我，他是在義大利看見我那本《中國現代小說史》的，一看到，就大為感動。本來內行都知道他才高博學，可是在1940年代末期，上面有意要打擊他，他的小說就沒人看了。後來大捧他是我的書發行以後。錢鍾書就是寫信太捧人了，客氣得一塌糊塗。錢鍾書待人過份客氣，但對我真是當知心朋友看待的。」──錢鍾書給夏志清的信中稱道：「文筆之雅，識力之定，迥異點鬼簿、戶口冊之倫，足以開拓心胸，澡雪精神，不特名世，

亦必傳世。」

《中國現代小說史》中大讚張天翼的才華，我不免要問：「現在很少有人再提起張天翼了，為什麼？」夏志清說：「不曉得，當年紅得很，在美國也很紅，什麼原因不曉得，一直不提他。張愛玲、沈從文、錢鍾書都紅了，就張天翼沒有紅。」

我說：「經過半個多世紀以後，應該是作品來說話，現在看起來，張天翼的東西站得住嗎？」夏志清馬上說：「當然站得住了，我的話也沒有假的，他最厲害了。張天翼腦子裡資料豐富，文采比魯迅不知道高出多少倍，諷刺天才！沈從文和張天翼兩個人才太高了。可張天翼就是不紅。」

「我懷疑是不是作品本身的問題。夏先生，您有沒有看走眼？」

「我怎麼會看走眼呢？沒有人捧他，什麼道理？這句話問得好！很可能，他奉命改寫兒童文學，對整個文壇就沒有影響力了。」

夏志清捧的四個人中，我最喜歡沈從文的小說，便故意笑問：「現在人家把沈從文捧得那麼高，會不會過了一點？」夏志清答：「不好這樣講，因為他是另外一種才！他把湘西講得這樣好，真奇怪，多少人捧沈從文。張天翼一個都沒有，左派朋友一個都沒有為他講話，沒有人回應的。」

六、不看通俗小說

我向來喜歡看些「好看」的小說，對一些文學史上評價甚高的小說，有時看了竟想打瞌睡。記憶裡，許多慕名的小說買來看不到十頁，便丟到一邊去了，包括夏志清認為很好的一些小說，我都沒有耐心細讀，真佩服他為了寫《中國現代小說史》竟看了那麼多小說。

　　我問：「《中國現代小說史》爲什麼不提張恨水那麼暢銷的小說家？」

　　「流行作家我是不寫的。」

　　「但張愛玲也是流行作家。」

　　「不對，張愛玲新派得一塌糊塗，不一樣。張愛玲是洋派的。」

　　我又問：「金庸的小說呢？」

　　「金庸的也不看，都不看。張恨水屬於『禮拜六派』。一定要把張愛玲歸入流行作家，是不通的。」

　　「我們現在看暢銷程度，20世紀上半葉，張恨水極爲暢銷，下半葉金庸極爲暢銷。」

　　「你要看武俠小說，有多少小說要看？金庸的小說要看的話，早期的《江湖奇俠傳》也要看，那還得了？武俠小說，我一律不看。當年是界線分明得不得了，新舊分明。現在的文學史，金庸當然要放進去了。中國小說現在不一樣了，近代、現代、當代都分得很清楚。我們那時候是五四運動發生新的文學，別的不管。」

　　「問題是張恨水、金庸的小說也是在五四運動之後才出現的啊。」

　　「這不一樣，等於美國小說一部分是大學生看的，一部分是普通人看的。張恨水、金庸的小說也有一點西方的東西。我看過一下《啼笑因緣》，樊家樹是一個杭州來的大學生，一個有錢人的女兒愛他，一個女俠也愛他，一個唱戲的也愛他，沒有道理的，三個人都愛他，完全是發瘋的。」

　　我想起金庸在《天龍八部》後記中提到「夏濟安先生也喜歡我的武俠小說。」江湖上傳聞：當年夏濟安看了金庸的《射雕英雄傳》，禁不住拍案叫絕，連忙給好友寫信：「真命天子已經出現，我只好到外國去了。」

　　夏志清說：「我哥哥在台灣教書的時候，武俠小說很新鮮，他看過的。中國人看武俠小說，尤其是科學家。1960年代在加州大學，有一陣子大家都在看武俠小說。有人從小喜歡看武俠小說，我就怕這個事情，我覺得好玩就去看電影，看武俠小說，no time。偵探小說和武俠小說我一概不看，現代通俗小說我都不看。我哥哥什麼都看，而且覺得張恨水很好。」後來在閒談中，夏太太告訴我，金庸曾經送過一套作品集給夏志清，倒是夏太太很喜歡看。

七、王德威早已是夏志清了

　　夏志清1962年應聘爲哥倫比亞大學東亞語文系副教授，1969年升任爲正教授，1991年榮退後爲該校中國文學名譽教授。他揚名海內外的兩部英文專著是《中國現代小說史》（1961年初版，1971年增訂）和《中國古典小說》（1968年）。我和夏先生的兩次長談，話題的中心總是《中國現代小說史》，反而沒有細問《中國古典小說》。現在回想，可能《中國古典小說》中探討的六大名著說的人已經太多了。關於夏志清與唐德剛爭論的《紅樓夢》，我更不願多談。後來發現夏志清生平所讀的第一本名著是《三國演義》，不免勾起我少時讀《三國》的快事，夏志清的許多見解很合我的口味。至於夏志清說《蔣興哥重會珍珠衫》是「明代最偉大的作品」，獨家分析之妙，更使我心折。

　　夏志清專門提起他的英文著作翻譯成中文的種種遺憾，可惜我英文太差，無法理解其中的曲直。夏志清說：「我改治中國文學之後，並未忘本，西洋文學仍是我治學關注的一部分。當今有特別好的歐美文學作品、文學批評著作，我是盡可能要去閱讀的。我仍在繼續研究中國古今小說，你若看了我的新著《夏志清論中國文學》

(*C.T. Hsia on Chinese Literature*，哥大出版社，2004年)就知道，我已寫了不少篇明清小說的論文，不僅是《中國古典小說》裡那六大名著。我評論《鏡花緣》、《老殘遊記》、《玉梨魂》等近代小說的文章，皆見《夏志清論中國文學》，早已有中譯本，可惜一般訪問者都沒有看過。一有空，我即要寫一篇評論《海上花》的文章。我的研究主題早已不是張愛玲、沈從文這些現代作家了。我要研究三本英文專著裡尚未討論到的中國古代、近代、現代的小說名著，所以絕對沒有時間去研究、閱讀當代武俠小說了。」說來慚愧，我這個「一般訪問者」至今沒有看過《夏志清論中國文學》。

　　談《中國現代小說史》的翻譯，不得不提到主持者劉紹銘之功。對這位比自己低半輩的老朋友，夏先生說：「劉紹銘可靠，編了好多中國文學讀本，他對我很好。」又說：「李歐梵近年到香港教書後，多寫文章講電影，談音樂，我從小未受過西洋音樂教育，吃了大虧。我跟他們夫婦常通信。莊信正就住在紐約，他在洛杉磯時幫了張愛玲大忙，他為人很好，對我也很關心。」印象中，那天夏先生還專門在電話本裡找出莊信正和喬志高兩位老朋友的電話給我，可惜我的美國之行安排太緊，沒有時間去訪問這兩位先生。不久後，我便傷心地聽到喬志高先生逝世的消息。

　　在夏先生家，我留意到紐約華人祝賀他當選中央研究院院士的一個小賀禮。2006年，夏志清當選院士時已是85歲，而他的得意接班人王德威早就是院士了。我問：「王德威是您最欣賞的後輩？」夏先生說：「他是最好的。」我又問：「20年後的王德威會不會成為夏志清？」夏先生馬上說：「他早已是夏志清了。他手裡有錢，才華也出眾，跟我不一樣，他不批評人的，人也很好。每年開一兩個學術會議，討論當代的台港大陸作家，讓年輕的中西學者有發表論文的機會。他是做大事業的，闖天下闖得不錯。」

參考書目

《中國現代小說史》，夏志清，復旦大學出版社，2005年7月第1版。
《中國古典小說》，夏志清，江蘇文藝出版社，2008年4月第1版。
《談文藝 憶師友》，夏志清，上海書店出版社，2007年4月第1版。
《新文學的傳統》，夏志清，新星出版社，2005年5月第1版。
《文學的前途》，夏志清，北京三聯書店，2002年12月第1版。
《夏志清序跋》，夏志清，古吳軒出版社，2004年7月第1版。
《歲除的哀傷》，夏志清，江蘇文藝出版社，2006年9月第1版。

李懷宇，傳媒人，作品有《訪問歷史》、《世界知識公民》等。

致讀者

新年伊始，首先祝各位在未來一年健康、進步、收穫豐碩。

法律在我們的生活中無處不在，很多人也都親身經驗過——或者從旁意識到——以法律為名施加的刑罰。在民主制度之下，法律的民主正當性容易建立，可是法律本身是不是合理，則與民主正當性無關（正當的法律可能並不合理），也顯然不是民主所能解答（不合理的法律反證了民主程序的局限）；而刑罰的合理性要按甚麼標準確認，更是聚訟紛紜，答案並不明顯。一般人常會訴諸「情理法」這個包裹，不過這三樣事物的並舉，可能正好混淆了這三件事物各自的獨特內容，也模糊了它們之間的緊張關係與局限。人情、常理、法律必然會衝突，會產生很不同的指示與要求，同時卻都會主張自身的要求具有優先甚至於獨立的地位。這中間要如何調停呢？

其實，情、理、法都不是終極權威；它們最後都要接受說理的檢驗。說理讓理性的推敲與協議進入公共生活，對人情、常理適用，對法律也一樣適用。法律專家囿於專業的成見，為了維護法律邏輯的內洽，對於公共的說理會有所抗拒；一般人基於熟悉的情感與常理，為了維護經驗的穩定與完整，也會排斥說理。結果，一旦遇到死刑存廢這樣的議題，既屬於法律的極限懲罰、卻又觸動人情最強烈的情緒、常理最根本的報應正義觀，公共討論就很難進行了。

年來台灣關於死刑存廢的討論已經很多了，不過本期的專輯「死刑：倫理與法理」可望將討論帶到一個更深入、開放、而且以對話為主要宗旨的層次。我們邀請的作者們立場不一，關懷的角度不一，

提供的觀點不一，個人的知識背景與經驗不一，但都力圖讓問題擺
脫法條的牽制以及情緒的籠罩、常識的羈絆，設法把視野拉遠擴大，
也都儘量回應異議者的想法與批評。這場圓桌討論的重點不在於站
邊表態、擺道德優越感，而在於交換理據與思路，相信對於一切關
心死刑議題的人，都會有相當的啓發效用的。

在幾個主要的華人社會之間，馬來西亞華人的處境較爲獨特。
他們居於少數，受到主要族群公開的歧視與猜忌。不過，馬華與台
灣的關係密切，不僅歷來均有許多「僑生」在台灣求學，也在台灣
的文學和其他領域有超乎人數比例的精彩表現。本期《思想》有幸
同時發表兩篇有關馬華文化與文學的文章，足以呈現馬華在文化權
利與文化認同議題上的豐富經驗與獨特思辯。華人作爲主要的少數
族群、華人作爲在馬來文化、西方文化與中華文化之間游移周旋的
「離散者」，馬來西亞華人的多元生存經驗值得珍視，供台灣以及
其他地區華人參考。

我們之所以很高興發表這兩篇有關馬華的文章，自然是因爲《思
想》一向不僅以台灣的刊物自居，更希望跨出台灣，藉助於中文的
國際地位，促進各地中文知識分子的交流與切磋。也是基於這份用
心，本期開始，我們邀請了北京的陳冠中先生與香港的周保松先生
加入本刊編委會，藉助於他們在港、台、大陸以及西方的豐富經驗，
幫我們擴大視野，增廣接觸。在他們的引領與協助之下，相信本刊
議題與文章的涵蓋面向會大爲增加，請讀者拭目以待。

最後，我們要向香港中文大學的劉笑敢教授致歉。前期《思想》
發表劉教授的大作〈學術自述〉，卻因操作時的技術疏忽，在目次
頁劉先生文章的標題之後，誤加了一個問號。無心之失，顯示了我
們的工作還嫌草率，要請劉先生以及讀者們寬宥、包涵。

編者 2010-11年之交

《思想》徵稿啟事

1. 《思想》旨在透過論述與對話，呈現、梳理與檢討這個時代的思想狀況，針對廣義的文化創造、學術生產、社會動向以及其他各類精神活動，建立自我認識，開拓前瞻的視野。

2. 《思想》的園地開放，面對各地以中文閱讀與寫作的知識分子，並盼望在各個華人社群之間建立交往，因此議題和稿源並無地區的限制。

3. 《思想》歡迎各類主題與文體，專論、評論、報導、書評、回應或者隨筆均可，但請言之有物，並於行文時盡量便利讀者的閱讀與理解。

4. 《思想》的文章以明曉精簡爲佳，以不超過1萬字爲宜，以1萬5千字爲極限。文章中請盡量減少外文、引註或其他妝點，但說明或討論性質的註釋不在此限。

5. 惠賜文章，由《思想》編委會決定是否刊登。一旦發表，敬致薄酬。

6. 來稿請寄：reflexion.linking@gmail.com，或郵遞110台北市基隆路一段180號4樓聯經出版公司《思想》編輯部收。

第14期：台灣的日本症候群(2010年1月出版)

第15期：文化研究：游與疑（2010年5月出版）

第16期：台灣史：焦慮與自信 (2010年10月出版)

思想17
死刑：倫理與法理

2011年1月初版 　　　　　　　　　　　　　　　　定價：新臺幣360元
有著作權・翻印必究
Printed in Taiwan.

編　　　著	思 想 編 委 會
發 行 人	林　　載　　爵

出　版　者	聯 經 出 版 事 業 股 份 有 限 公 司	叢書主編	沙　淑　芬
地　　　址	台北市基隆路一段180號4樓	校　　對	劉　佳　奇
編輯部地址	台北市基隆路一段180號4樓	封面設計	蔡　婕　岑
叢書主編電話	(0 2) 8 7 8 7 6 2 4 2 轉 2 1 2		
台北忠孝門市	台北市忠孝東路四段561號1樓		
電　　　話：	(0 2) 2 7 6 8 3 7 0 8		
台北新生門市：	台 北 市 新 生 南 路 三 段 9 4 號		
電　　　話：	(0 2) 2 3 6 2 0 3 0 8		
台中分公司：	台 中 市 健 行 路 3 2 1 號		
暨門市電話：	(0 4) 2 2 3 7 1 2 3 4 e x t . 5		
高雄辦事處：	高 雄 市 成 功 一 路 3 6 3 號 2 樓		
電　　　話：	(0 7) 2 2 1 1 2 3 4 e x t . 5		
郵政劃撥帳戶	第 0 1 0 0 5 5 9 - 3 號		
郵 撥 電 話：	2 7 6 8 3 7 0 8		
印　刷　者	世 和 印 製 企 業 有 限 公 司		
總　經　銷	聯 合 發 行 股 份 有 限 公 司		
發　行　所：	台北縣新店市寶橋路235巷6弄6號2樓		
電　　　話：	(0 2) 2 9 1 7 8 0 2 2		

行政院新聞局出版事業登記證局版臺業字第0130號

國家圖書館出版品預行編目資料

死刑：倫理與法理/思想編委會編著．
初版．臺北市．聯經．2011年1月（民100年）．
336面．14.8×21公分（思想：17）
ISBN 978-957-08-3754-4（平裝）

1.死刑　2.文集

585.5107　　　　　　　　　99027142